本书为中宣部"文化名家暨'四个一批'人才"课题成果

求索

出版行与思

罗勇 —— 著

Copyright © 2023 by SDX Joint Publishing Company.
All Rights Reserved.

本作品版权由生活·读书·新知三联书店所有。
未经许可，不得翻印。

图书在版编目（CIP）数据

求索：出版行与思 / 罗勇著. —北京：生活·读书·新知三联书店，2023.9 （2023.12 重印）
ISBN 978-7-108-07688-5

Ⅰ.①求… Ⅱ.①罗… Ⅲ.①出版事业 – 研究 – 四川 Ⅳ.① G239.277.1

中国国家版本馆 CIP 数据核字 (2023) 第 123550 号

责任编辑	柯琳芳　万　春
装帧设计	刘　洋
责任校对	曹秋月
责任印制	李思佳
出版发行	生活·讀書·新知 三联书店
	（北京市东城区美术馆东街 22 号 100010）
网　　址	www.sdxjpc.com
经　　销	新华书店
制　　作	北京金舵手世纪图文设计有限公司
印　　刷	天津图文方嘉印刷有限公司
版　　次	2023 年 9 月北京第 1 版
	2023 年 12 月北京第 2 次印刷
开　　本	635 毫米 × 965 毫米　1/16　印张 23.5
字　　数	284 千字　图 26 幅
印　　数	5,001 – 8,000 册
定　　价	89.00 元

（印装查询：01064002715；邮购查询：01084010542）

目　录

序　一　邬书林　　　　　　　　　　　　　　　　1
序　二　阿来　　　　　　　　　　　　　　　　　5

第一章　塑造：山河育情，水土育人　　　　　1
　一、那片土地，那些人　　　　　　　　　　　　3
　二、人生第一课　　　　　　　　　　　　　　　5

第二章　情缘：改变人生轨迹的摄影生涯　　13
　一、"多彩的草原"　　　　　　　　　　　　　15
　二、行走山水间摄影二三事　　　　　　　　　17

第三章　使命担当：民族出版二十年　　　　21
　一、不断壮大的四川民族出版社　　　　　　　23
　二、积极作为，践行社会责任　　　　　　　　27
　三、传承文脉：镌刻进生命中的文化项目　　　52
　四、用心用情，知人识人　　　　　　　　　　87

五、对民族出版工作的思考　　　　　　　　　　　　99

第四章　跨越式发展：四川出版发行的重组历程　　119
　　一、四川出版发行的"前世今生"　　　　　　　121
　　二、重组！打通出版发行产业链　　　　　　　　133
　　三、强强联手的聚合效应　　　　　　　　　　　161

第五章　"二次创业"：四川出版集团再造主业之旅　191
　　一、走出舒适区，艰难再造主业　　　　　　　　194
　　二、风雨兼程，打造完整文旅产业链　　　　　　206
　　三、从无到有，文化产业投资的尝试与启示　　　227
　　四、社会效益优先，助力四川出版、影视事业振兴　241
　　五、完成转型，驶入高质量发展快车道　　　　　249

第六章　新新华　新征程　　　　　　　　　　　253
　　一、牢牢把握新形势　　　　　　　　　　　　　256
　　二、认识自身，直面挑战　　　　　　　　　　　261
　　三、奋力开创新局面　　　　　　　　　　　　　267

附　录　　　　　　　　　　　　　　　　　　　301
　　一、对《出版业"十四五"时期发展规划》的思考——
　　　　以服务人民为中心，推进文轩出版高质量发展　303
　　二、天府书展举办随想——新时代书展的核心价值在于
　　　　"跨圈链接"　　　　　　　　　　　　　　310

三、对出版强国建设的几点思考——深入推进出版创新，
　　加快出版强国建设　　　　　　　　　　　　　　　320

四、地方出版集团推进精品出版的思考——坚持精品出版理念，
　　深入推进地方出版高质量发展　　　　　　　　　　324

五、坚持"三化"出版，推动出版业现代化发展　　　　333

后　记　　　　　　　　　　　　　　　　　　　　342

序 一

纵观人类历史,出版一直发挥着传播知识、传递信息、传承文明的重要作用。出版工作者肩负着记录历史、发展文化、服务人民的重任,承担着社会主义文化建设的使命和责任。长期以来,我们出版人更习惯于去记录其他行业的历史发展、知识传播和文化建设,对自身出版业经验进行整理、梳理、传承则比较少,这是一个缺憾。比如,重要出版集团的掌门人,他们的从业经历,他们的战略决断,他们对产业发展的思考,都是非常宝贵的一笔财富,但通过图书出版这种方式将这笔财富传承下来的却比较少。因此,当我看到罗勇同志的这本书时,内心是非常欣喜的。

罗勇长期奋战在四川出版战线上,深受巴蜀文化的滋养。四川素有天府之国的美誉,物产丰富,人杰地灵,自古以来就注重读书求学,著书立说,涌现出了一大批大家名家,出版了许多文献价值极高的图书,在中国出版史上具有举足轻重的地位。唐宋以来四川就是中国的出版重镇,早在宋代蜀版图书就有了比较完善的版本记录和版权保护意识。今天我们可以在国家图书馆看到宋版书的版权页,上面清楚地写着"眉山陈氏已呈上司,复版必究"。这在当时是非常先进的理念,体现了四川人民"敢为天下先"的创新精神。

奋楫争先,勇立潮头,以"出版川军"命名的四川出版,是中国出版传媒产业版图上的一支劲旅。特别是20世纪80年代中期由四川人民出版社编辑出版的"走向未来丛书",代表了当时中国思想解放最前沿的思考,在全国产生了深远的影响。"大家文学"系列也曾引领20世纪80年代的文学风骚。进入21世纪后,在四川文化强省战略的指引下,四川出版迎来了新的发展。新时代以来,四川省委、省政府深入实施"振兴四川出版"战略,四川出版影响力持续提升,精品力作不断涌现,在"两个效益"方面都取得了亮眼的成绩。

四川出版在事业发展的同时,也为我国出版业贡献了一大批优秀的出版人才。比如上世纪,时任四川省出版局副局长兼四川人民出版社总编辑李致、时任四川文艺出版社总编辑王火等,他们不仅是大名鼎鼎的出版家,还是各专业领域学养深厚、著述颇丰的学者。他们的出版经历和成就,为四川出版赢得了荣誉。四川出版在他们的带领下,团结了一大批全国知名作者,留下了大批的优秀作品。在我看来,罗勇也是这些佼佼者中的一位。

罗勇从小在藏区长大,是个地地道道的康巴汉子。他从《甘孜日报》的一名普通编辑记者开始职业生涯,从出版社的一名普通编辑做起,最终成长为四川新华出版发行集团的掌门人,先后获得韬奋出版奖、中宣部文化名家暨"四个一批"人才、全国新闻出版行业领军人才等国家级荣誉称号。他的成长经历丰富而独特,值得认真梳理和总结,对后来人有重要的参考价值和借鉴意义。

——他是民族出版和文化传承的行家里手。在四川民族出版社任社长期间,罗勇始终把为人民服务和为少数民族地区广大农牧民服务的社会效益放在图书出版的首位,策划组织实施了一大批民族文化传承重点项目,重大项目获奖数量在全国民族出版社中位居第一。在他的领导下,四川民族出版社连续多年图书发行码洋过亿元,1997年到2009年这12年间,全社资产总额实现了近5倍的跨越式增长,成为全国民族出版社中综合实力第一的强社。

——他是资源整合和改革创新的领军人物。在担任新华文轩总经理期间,罗勇整合省内出版发行,完成四川出版最为重要的一次产业重组,为后来新华文轩的高速发展奠定了基础,使新华文轩成为行业体制改革的标杆。在他任期内,新华文轩产业转型升级加速,文轩网、教育信息化等闻名行业内外的品牌都是那个时候打下的基础。

——他是战略谋划和产业布局的管理行家里手。在担任四川出版集团总裁、董事长期间,罗勇展示了卓越的战略谋划和资源整合能力,布局文化金融、文化旅游等大文化消费产业链,集团多元化发展更加稳固,取得了显著的社会效益与经济效益。

——他更是四川出版向前发展的推动者和守护者。三年疫情期间,在出版业整体下行的背景下,他带领四川新华出版发行集团成功实现主营业务连年增长,为稳住四川经济发展基本盘做出了积极贡献。全国"三大奖"时隔多年后重新回归四川出版:《〈格萨尔王传〉大全》(300卷)荣获第五届中国出版政府奖图书奖,图书《我用一生爱中国:伊莎白·柯鲁克的故事》、电视剧《湾区儿女》分别获评第十六届精神文明建设"五个一工程"图书类、电视类优秀作品,《武则天研究》《青藏高原考古》(全10册)、《重返狼群背后的故事》、《辑补旧五代史》(全10册)等荣获中华优秀出版物奖。他的人品和业绩,在四川出版界乃至全国出版界都赢得了广泛赞誉。

实践与思考,是每一位出版人永恒的课题。罗勇同志将自己一路走来的产业实践和理论思考记录下来,总结成篇,这不仅是四川出版业的宝贵财富,也为全国出版工作者送上了一块"他山之石"。希望有更多的出版人能像罗勇同志一样,在工作中思考,在思考中实践,用更多的实践经验和研究成果,来丰富我们的出版理论,提升我们的出版能力,壮大我们的出版力量。建设社会主义文化强国,出版人肩负着时代重任。勇敢坚毅、勤奋质朴、豪爽奔放、矢志不渝,是康巴汉子最为可贵的性格。真诚祝愿罗勇同志在以后的工作和生活中，继续发扬善于总结思考的作风，写出更多的优秀作品，为出版业高质量发展提供更多的智力支持，做出更大的贡献。

邬书林

2023年4月20日

序 二

长江上游重要的支流雅砻江，山幽谷深的一段，有一县，叫雅江县。此地人类活动的历史久远，汉代为白狼属地，隋朝为附国属地，唐宋为吐蕃属地，元代直辖于军民宣慰使司，自此，明清俱为中央王朝册封的土司属地。清末改土归流，始设县治，时间是1908年。县名河口，因雅江地理位置，在由川入藏的大道上，是渡雅砻江西去的重要渡口。"木船官渡，皮船民渡。"民国三年，即1914年，河口县更名雅江县，至今已一百余年。清廷当年设县，即以兴办学校、改善交通等新政为主要事务，目的在于加快"车同轨，书同文"的历史进程。结果自然是郁闭蒙昧的风气为之一开，不少当地青少年进入现代学堂。这些率先启蒙的当地青少年，又于中华人民共和国建政初期，加入革命队伍，在解放西藏和当地民主改革、社会主义建设中，自身不断进步成长，同时也对革命事业贡献良多。

我的朋友罗勇，就出身于雅江当地这样一个率先开化，继而参与共和国解放和建设事业的革命家庭，从小便在家国意识和文化观念方面，受到父辈良好的影响。我们这一代人，最大的幸运是受过学校教育。在川西高原，两三代人以前，得到这种教育机会完全是不可能的。虽然我们接受的教育，与内地相比，算不上完备，质量上也相差甚远，但教育毕竟是面向世界、面向现代社会的，从而启迪了一个人对文明的认同，对进步的向往。这种教育教会了人向善向美，教人懂得一个人要有所进步，必得一辈子通过学习提升自己。

更为可喜的是，我们刚进入青年时代，就欣逢中国改革开放。在这种向新求变的气氛中，我对一切表现川西高原自然山川之美，表现人民生活新鲜气象的文艺与新闻都充满兴趣。那时我在阿坝州工作，还不认识在《甘孜日报》从事新闻工作的罗勇，却看过他不少摄影作品。这些作品，一部分是侧重新闻性纪实性作品，反映当地干部群众工作生活新风貌新精神的；一部分是关于山川与人文之美的，显然具有更多的艺术性。这些作品，无论侧重纪实还是趋于审美，背后都有一个敏锐上进的青年的形象。社会多元，不同的人有不同的生活态度，同气相求，不论认不认识，我总是把这样的人引为同调。

后来，我到成都工作，办科幻杂志，仍然关注高原文化，长期搜求这方面的出版物，以为滋养。同在人民南路上的四川民族出版社的出版物，正是我书库的一个重要来源，特别是当时他们出版的一套清末民初外国探险家描述川西高原地带文化地理的丛书使我深感兴趣。到出版社寻书时遇到一个身材壮实的同龄人，时任出版社办公室主任，他就是我已经看过他许多摄影作品的罗勇。自此交往日多，成为越往后友情越深的朋友，至今已经快30年了。

那时，我们都是出版人，业务方向却不相同，我做大众化的科幻文学，他在出版社深耕"藏羌彝走廊"的多民族地理、历史、文化方面的各种选题。更让我赞赏的是，他并没有止步于为学术而学术的层面，而是以不同的图书选题，积极投入川西高原这一特殊地区社会经济发展和文化教育的推广普及，数十年间久久为功，成绩有目共睹。

在他任四川民族出版社社长后，出版社的工作，无论是少数民族语言的古籍整理，还是少数民族语种的中小学教材的编写，还是用汉文将全中国与世界范围内对四川少数民族地区的研究成果做更大范围的普及推广，从选题策划，到成书出版推广，都成绩斐然。所有这些工作，在使少数民族地区干部群众树立中华民族共同体意识，使中国和世界了解"藏羌彝走廊"的文化多样性与生物多样性，助力文化旅游发展等方面，孜孜以求，功莫大焉。他在所有这些方面的工作成绩，有其多次荣获国家出版方面的最高奖励为证，更有这本他检视自己成长之路的书中的详细记录为证，无须我多言。

我想强调的只是，通过这本书，我们可以见证一个出生于文化教育水平相对滞后地区，并不具备先天优越条件的人由时代提供机遇，由各级组织关心培养，加上个人努力学习奋进，而如何得以迅速成长。也由此得以见证，任何个人进步，都与社会文明、时代进步紧密相关。

李白诗说："却顾所来径，苍苍横翠微。"这本书满怀真诚的回顾与总结，所提供的不只是一部令人信服的个人成长史，更是以一个人的成长为例，见证了在今日中国，一些少数族裔的专业人士，如何艰难跨越巨大文明落差，通过不断学习而积跬步以至千里的过程，见证了在这个国家，这些专业人士的进步是如何被重视、被鼓励的。从这个意义上讲，这本书更具有了存史的价值。这也是罗勇把这本书的手稿给我，我读后多有会心之处，而愿意写下这些读后感的最主要的原因。

写下这些文字时，罗勇已经在四川最大的出版发行集团新华文轩任主官多年，其间经历了大规模的公司资产重组，传统出版和发行业务向数字化的转型，上市公司资产管理和保值增值等全新领域工作的挑战。学习，实践，再学习，再实践，不断提升与丰富自己。古人云，世事洞明皆学问，人情练达即文章。他在这一岗位上所取得的成绩有目共睹，并获得中国新闻出版界的最高奖——韬奋出版奖。作为多年老友，我也非常欣慰于他在这些方面所取得的进步与成功。

他在这个新年，把这本书稿给我，我也乐于在春节期间，读完全稿，而把这样一些感想写在这里。并以为，这是一个使我别有收获的新年。作为一个作家,我是时代进步的参与者,也是进代进步的见证者。这本书,也是一份真实的见证。通过这本书,我再次重温了罗勇个人的成长史,却又不限于他一个人,而是从这样生动的个例,看到了一个地区,一个民族,社会的进步,文化的发展。

我们欣喜于在时代风潮推动下,互相见证了彼此的进步,并共同感恩在共和国的天空下所沐浴的风雨阳光。

阿 来

2023年2月元宵佳节

第一章

塑造:山河育情,水土育人

马（罗勇摄）

求木之长者，必固其根本；欲流之远者，必浚其泉源。树木根基越牢固，扎得越深，才越会长成参天大树。一方水土养一方人，一方山水育一方情，桑梓大地，不光是脚下踏着的绵绵泥土，更是我们的一枚精神印记，忘不掉，抹不去。她不仅孕育了我们的祖辈，还浸润出独一无二的民族性格，在此基础上又衍生出独有的精神价值，潜移默化地塑造我们的人格品质，一代又一代……汲取地域文化的精华，读懂家族的责任与担当，内化于心，外化于行，固其根、浚其源，循道而行，方能行稳致远。

一、那片土地，那些人

我是在康巴地区出生的，青少年时代一直在康巴大地上生活成长。康巴，永远不缺连绵豪迈的雪山和不羁奔流的江河，更不缺肥沃的田园和诗意的牧场。这里的气候变化万千，一山有四季，十里不同天，尽管道阻偏远，神性的光芒却让这片秘境幸福恒常。

康巴地区跨西藏、四川、云南、青海四省区，地处西藏高原与四川盆地之间，是我国三大藏族地区的接合部和交通枢纽，是连接西藏与祖国腹地的桥梁和纽带。同时，康巴地区处于青藏高原向云贵高原和川西台地过渡地带的横断山区，澜沧江、怒江、金沙江、雅砻江、大渡河平行地自北向南纵穿全境，低浅的河谷形成天然的通道，成为历史上我国西北地区氐羌系民族南下，西南地区越、濮民族北上，汉族西进，藏族东渐的民族走廊地带。不同的民族在此走廊内或迁徙，或定居，彼此交汇融合。周遭的江河支流纵横，将横断山区天然地分割出众多相对独立的小地理区域，从而孕育出了深厚的多民族文化。

民族走廊的这一特殊背景也造就了康巴地区民族分布广、民族构成复杂多元的局面。各个民族来到康巴地区，选择适合自己的定居地，按自己的风俗习惯、生活方式生活下来。这个民族大家庭中的成员彼此来往，互通有无，团结互助，交流融合，大家尊重彼此的宗教信仰、风俗习惯和文化，形成了你中有我，我中有你，又各具个性特色的"多元一体"格局，还共同肩负起了传承康巴文化的使命。

而我的出生地雅江县，更是这片康巴大地上一颗璀璨的明珠，享有"中国香格里拉文化旅游大环线第一县"和"茶马古道第一渡"之称。雅江县方圆7000多平方千米，地处康南要塞，全境峰峦起伏，沟壑纵横，江水奔腾，溪流潺潺。雅江古称"中渡"，清光绪三十四年（1908年）推行改土归流，划雅砻江以东明正土司辖属6个土百户和雅砻江以西理塘土司辖属4个协廒村，筹建河口县。宣统三年（1911年）三月六日设治建河口县。藏语"亚曲喀"，即"河口"之意。民国三年（1914年）1月改河口县为雅江县，因地域在雅砻江两岸而得名。雅江山川秀丽，原始森林遮天蔽日，终年苍翠；辽阔草原一望无涯，夏季繁花似锦；群山连绵，云蒸雾绕，似大海波涛；溪流潺潺，阳光下熠熠生辉，像一条条飘逸的哈达；德差乡一带108个高山湖泊连绵不断，系火山爆发的神工造就，俯瞰如一串明珠；城郊箭杆山高耸入云，登上山顶向东南远眺，贡嘎雪山格外耀眼。

独特的民族背景和地域文化也深深地影响到康巴人。康巴女子美丽大方、能歌善舞，康巴汉子性格豪爽、果敢有担当。无论男女，都有个性，有魄力。英勇无畏、舍我其谁、大义凛然这些词是康巴人的精神写照，这是一种由自然锤炼塑造而成的本真性格与精神气质。同时，康巴人都持有超越地域、民族、阶层，甚至超越亲情的包容、宽厚态度，这也是康巴社会普遍的价值取向，给康巴文化增添了深厚的人道主义情怀，体现了康巴人的人性品质——超越个人恩怨，以及对生命的终极关怀。

康巴大地的地域文化和人文风貌无疑对生于斯、长于斯的我产生了重要的影响。在人生路上，我遇到过无数的艰难险阻，但正是承袭了康巴人一往无前、刚毅果敢的性格，以及守信重义、宽以待人的为人原则，才克服了重重困难，跨越了一个又一个障碍。而其中，对我影响至深的第一个康巴汉子，就是我的父亲。

二、人生第一课

我父亲罗通达是康巴大地上成长起来的优秀藏族共产党员。他生在甘孜，长在甘孜，并长期战斗工作在甘孜，他对康巴大地和康巴人民充满了无限的热爱。他的大半生都在康巴大地上默默耕耘，无私奉献，并对我的成长和价值观的形成产生了巨大的影响。

我出生在雅江，但是出生后不久便随同父母到了甘孜州乡城县，之后一直到读小学二年级才回到康定。之所以出现这种情况，也是父亲工作的原因。对于父亲在雅江和乡城工作的那段经历，当时的我并没有多少感触，但是随着年龄的增长，我才逐渐意识到，正是从那时开始，父亲对党的忠诚、对人民的担当和对民族的热爱便一直在潜移默化地影响着我。父亲教给了我人生的第一课，也是至关重要的一课。

（一）雅江的艰难创业

提起雅江，我的心头便有一种亲近感，一种自豪感，一种充满热情的神圣使命感。那里，是我出生的地方，是我祖祖辈辈的生息之地，同时也是我父亲奔向光明、投身革命的地方。

1949年10月1日，中华人民共和国成立，但西南还有大片国土没有解放。1950年1月2日，毛泽东给彭德怀、刘伯承、邓小平、贺龙等人发电报，要求西南军区就解放西藏的具体事宜进行筹划。1月18日，刘伯承、邓小平向中共中央和毛泽东报告，拟定人民解放军第二野战军第五兵团十八军进藏。3月18日，十八军在四川乐山召开进军西藏誓师大会。同年4月26日，西康省人民政府在雅安成立，随后十八军从康定分南北两线进藏，北路先遣部队前往康北重镇甘孜，南路先遣队进军康南重镇巴塘。十八军的进军，受到沿路各县人民的热烈欢迎，南北两线沿路各县先后被十八军接管，成立支前委员会，西康藏族地区正式实现和平解放。

解放前，我父亲在国民党边疆师范学校读中专，1950年毕业后参加了革命工作。由于他对于汉文藏文都非常精通，是当时十八军进军西藏急需的人才，因此加入了十八军，担任解放军雅江兵站（隶属十八军）翻译。之后，我父亲便在雅江县工作奋斗了13年，先后担任雅江县人民政府秘书、办公室主任，雅江县人民政府副县长、副书记兼县长。他亲眼见证了雅江县的新生，更是雅江县建政发展过程中的重要"创业者"。

1950年11月，西康省藏族自治区（四川省甘孜藏族自治州前身，全国第一个成立的自治州）人民政府成立。当时，"建政"是州政府面临的主要任务之一，即是要充分发动和广泛扶持广大贫苦农牧民，尽快建立县、区人民政府。所以在1950年底，成立不足一月的西康省藏族自治区政府便向雅江县派遣了7名干部组织建政。这7名干部由军事代表刘泽（建政后任雅江县委第一任书记）带队，那时不足17岁的父亲亦在其列。1951年1月和3月，父亲他们在雅江县举办了两期藏族干部训练班，共招收培训干部71人，使得雅江建政的基础条件日趋成熟。1951年3月29日至4月3日，雅江县第一届各族各界人民代表会议召开，正式成立了雅江县人民政府。

雅江县人民政府成立后，如火如荼的基层区、乡建政工作旋即拉开了帷幕。基层建政，困难重重，作为创业者的先辈们每走出一步，都仅是完成一次尝试，要真正完成好任务，还有无数艰难困苦在等待着他们，当时很多人甚至抱定了"以身殉职"的决心。明知是这种情况，我父亲在当时却主动放弃了雅江县城相对较好的工作环境，坚决地向组织提出要到艰苦的环境中去锻炼，要求跟随工作队前往基层区、乡组织开展建政工作。在父亲的申请书中，他这样写道："我是一个受党和人民哺育的藏族年轻干部，是党和人民赋予了我建设家园的神圣使命，我愿用自己的青春和智慧去点燃农牧民们为家园建设默默奉献的熊熊烈火，用自己辛勤的汗滴去浇灌雅江这片干涸的土地。我之所以这样做，并不是出于一时冲动，也并非对未来充满奇思幻想，而是出于对祖国的那么一份深沉的爱，出于自己对建设家园的一种神圣责任感。"

那时的雅江县还非常贫穷落后，工作条件更是十分艰苦，下基层开展建政工作并非一件易事。后来听我父亲讲，当时从雅江县城到孜河区所在地即使骑马也要走上7天，从孜河区到边远的江宗堂乡还要走上3天。当时要到偏僻的边远山区，副县长以上的干部才能够配备马匹，其他机关干部除了大件行李有牲畜驮载外，完全要靠自己的两条腿去跋山涉水，加之高原气候多变，一忽儿雨、一忽儿风、一忽儿冷、一忽儿热，不是马背上的被褥被雨浇透，晚上在帐篷里难以成眠，就是有人腿肿、生病，而且缺粮缺药。加之敌情、社情相当复杂，基层建政更是困难重重。我父亲曾经给我们讲了他在基层建政过程中遇到的一件事。他们的工作队1951年6月前往雅江西俄洛区建政，在路过理塘县木拉区时，当地的一个小头人百般刁难，不准工作队途经他的辖区。后来经过长时间的宣传解释、分化争取才得以通过，顺利到达目的地。面对艰难困苦，我父亲他们宁肯累死在自己的工作岗位上，也没有一人有半点怨言。他们硬是以一种共产党人的大无畏的牺牲精神，舍身投入到这场轰轰烈烈的战斗中，一路宣传党的方针政策、组织群众，并为群众劈柴、做饭、看病、理发，以自己的实际行动不断感化人民群众，积极塑造人民政权的光辉形象。

（二）临危受命

我是在1963年出生的，而我父亲也正是在这一年被组织安排前往乡城县抗击百年难遇的旱灾。

1959年至1961年，中国连续几年遭受大面积自然灾害，导致了全国性的粮食和副食品短缺危机，直到1962年上半年，全国形势才开始逐渐好转，从"三年困难时期"逐渐走了出来。然而，当时四川的情况却仍不容乐观，所以中央专门派出了以毛泽东的秘书田家英为首的17名干部到四川做调查，其中大部分人先以探亲的名义回到自己的家乡，再分头去各地调查四川旱灾的情况。

在这个节骨眼上，甘孜州内紧挨着云南省的一个不起眼的地区——乡城县，由于极端天气等各种因素的影响，遭遇了百年难遇的大旱灾，并惊动了中央。乡城县地形极为特殊，生态环境极为脆弱，县境内的硕曲、定曲、玛依三条河流依山势走向由北向南并列纵贯全境，把该县地貌切割为三谷、四山、六面坡。县内山原地带约占总面积的68%，高山峡谷地带占29%，零散分布的平坝仅占3%。因此，乡城在遭遇旱灾的时候，比其他地方受到的冲击更为强烈。

河谷干涸，赤地千里，乡城的老乡连续两年都背井离乡去云南省逃难，给川滇两地造成了很大的社会影响。从1961年6月到1963年3月，外流到云南丽江等地的人就达3000多名。外流人员的剧增，不但扰乱了当地的人心，影响了他们的生产自救工作，而且加重了兄弟省区的社会治安、生活环境的困难。云南省委多次与四川省委协商，要求尽快将四川省外流人员接回去，实现自身的生产自救。1962年，云南省将这一情况反映给了国家民政部，并最终上报到了国务院。

就在这非常时期，党和国家无微不至地关怀着灾区，中央除了为农牧民们紧急划拨救灾款、粮食、衣物和用于恢复生产的农具、种子等，还要求四川省抓紧组织力量开展抗旱救灾工作，帮助解决旱区群众面临的缺饮水、缺口粮等基本生活困难，尽快恢复受灾群众的生产生活正常秩序。省、州两级党委、政府领导更是心急如焚，四川省委做了明确指示，当时主持州委工作的柳云和州委常委、副州长王润富也带着甘孜州的20余名干部到了乡城实地了解受灾情况和救灾状况。

这个时候，我父亲刚刚从雅江县调到康定市，组织上已经安排好让他在甘孜州委工作，但抗旱救灾工作形势严峻，当时的州委副书记、州长沙纳同志和组织部长找到我父亲谈话，要求他在此危难之际前往乡城县组织开展抗旱救灾工作。

（三）父亲的抉择和担当

1963年3月，我出生的时候，父亲正在州委开会，会议的主要内容是州委准备安排他前往乡城县开展救灾。当时我母亲白继珍在父亲办公室，马上面临生产，被紧急送往医院后就生下了我。直到我们都被接到奶奶家之后，父亲才匆匆赶了过来。

看到母亲和我后，父亲既高兴又愧疚，高兴的是自己的妻儿平安、家族又添新丁，愧疚的是面对产后虚弱的妻子和刚出生的儿子，他不仅不能担负起一个丈夫和父亲的责任，反而要在这时选择与他们分别。在藏族文化传统中，我的出生是家族里尤其重要的一件事，因为我当时是家里唯一的儿子，是整个罗家的"根根苗苗"，我奶奶等长辈非常重视，觉得这是天大的喜事，甚至还从牛场上牵了一头产奶的牦牛来给我供奶。所以，父亲内心非常纠结，临危受命的他一时间都不知如何将自己即将前往乡城县的事情告诉母亲，他面对的是一个非常大的心理难关。后来母亲跟我说，虽然父亲当时极其不舍，但他还是做出了艰难的抉择。前往乡城的前夕，父亲拉着母亲的手久久不肯松开，他对我母亲说："我是一名共产党员，组织指向哪里我就应该奔向哪里。咱们乡城的同胞正在受苦受难，我又怎么能够不管不顾？只是这个时候走，实在对不起你们娘儿俩……"最后，父亲选择了舍小家顾大家，服从命令跟党走，于是在我刚出生不久便只身前往乡城县。

闯过了这道心理难关，又遇到了实实在在的第二个难关。在去乡城县时，父亲在甘孜州委任书记处书记，主要在康定工作，而康定的自然和社会条件是整个康巴地区最好的。但乡城县就不同了，不仅山高谷深交通不便，还存在较多的滑坡等地质灾害隐患，自然环境非常艰苦。乡城县的医疗、卫生、交通、通信等方面的条件就更差了，解放前基本处于闭塞状态，只能通过驿道与外界联系，1958年才修通了第一条公路——中乡公路（云南中甸县—四川乡城县）。直到1990年，才实现所有乡镇通公路。后来听母亲说，在我两岁时，她带着我去乡城，那时只有邮车是畅通的，客车一个星期才发一班，还极不固定。当时母亲带我只能坐大货车，需要翻越几座海拔4000—5000米的大雪山，经历几天时间才到，可以想象父亲当时面对的生活条件是多么艰苦。然而，父亲从不将这些困难看在眼里，他总是不畏艰难、冲锋在前。在往后的日子里，他也同我们说起过这段经历，但言辞中没有一点抱怨，有的只是和当地干部群众、族人同胞共同奋战抗击灾难的激情。

父亲遇到的第三个难关便是抗旱救灾工作该怎么开展。乡城大部分区域都位于干旱半干旱高山河谷地带，土地贫瘠，农民只能靠种植小麦、青稞、玉米等传统农作物为生，收入微薄。而一旦出现旱情，就会产生灾难性的后果，别说种植庄稼的水，就是人的饮水都没有保障。父亲到了乡城县才发现，当地群众能够逃难的基本上已经跑得差不多了，剩下的都是老弱病残跑不动的。父亲到了之后的第一件事，就是抽调民族、财政、粮食、卫生等部门的机关干部组成工作组，并带队到处找老乡做思想工作，到其他县，甚至是到云南把老乡请回来。他情深意切地告诉大家：大家现在背井离乡不好受，不管怎么说乡城才是真正生我们养我们的地方，才是我们的"根"；我们抛弃了自己的家园跑到其他地方，也不会好到哪里去。毛主席讲人定胜天，现在从中央到省上，再到州里，都非常重视乡城的情况，只要我们人心齐，劲儿往一处使，就一定能够战胜这次旱灾。

经过父亲反复做工作，很多老乡又回到了乡城。但人是回来了，干劲却一直提不起来，悲观情绪占了上风，抗旱也不积极。父亲为了弄清楚大家所思所想，深入当地和大家坦诚交流，最后才了解到，原来在旱情刚开始的时候，少部分干部只管人不干活，不仅没有发挥带头作用，还存在多吃多占的情况，伤了老百姓的心。了解到这个情况后，父亲从两个方面入手来提振士气：一方面从干部身上找问题，教育少部分有问题的干部及时认识自身错误，改正工作作风，严肃对待抗旱救灾工作；另一方面也引导群众，让大家看到大部分干部还是好样的，而且抗旱救灾的好处归根到底是自己的。父亲以身作则，事事为先，带队承包受灾严重的地区，带领干部们一起投入轰轰烈烈的生产自救、建设家园的行动中，同群众一道车水、筑坝、挖井，抗旱工作初显成效后，又和大家一起下地下田，帮助老乡种庄稼抓生产。就这样，与群众同呼吸共命运，老乡们也就把干部看成自己中间的一员，抗旱的积极性也调动起来了，再也没有了抵触情绪，大家在抗旱救灾的过程中有了共同语言和共同感情。万幸的是，1963年风调雨顺，大旱解除了，乡城迅速恢复了正常的生产生活。到了第二年，乡城还迎来了久违的大丰收年，农牧民的生活得到了改善，大家最终顺利地渡过了这次难关。

后来，父亲再对我们说起这段经历时，常以此为例来教育我们："我是出生在农牧民家庭的，所以做到这些不难，而且也是应该做的。你们兄弟姊妹几个现在虽然比我当时的生活条件要好一些，但是一定不能忘本！我们做事要对得起党和人民，对得起生养我们的这片大地，万事都要不愧为一个康巴人。"

我父亲是真正做到了把感情融入这片康巴大地，后来我还经常听到有人这样评价他："罗通达没有一点官架子，和灾民同吃同住，和当地人民一起度过了那段艰难时光。罗通达在那里待了好几年，和有些走马观花的、临时装出来的领导不一样。从他的为人、做事可以看出来他本性就是这样，他没有把自己当书记，也没有把自己当成官，他真正把自己当成了这儿的一分子。他是任劳任怨、不知疲劳的老黄牛。"听到这些评价时，我比听到别人夸我自己还要高兴。这些话不仅让我感到骄傲、自豪，以自己的父亲为荣，也常常激励着我，无论面对顺境逆境、荣辱浮沉皆安然。

现在回想起来，正是父亲的表率作用和人格魅力启迪和引导了我，赋予了我健全的人格和不断进取的精神，使我懂得了担当、善良、豁达、无畏，在为人处世上能做到真诚无愧。

第二章

情缘：改变人生轨迹的摄影生涯

渡船（罗勇摄）

都说干一行爱一行，我是爱一行干一行。我的第一份工作是在甘孜报社做摄影记者，一干就是6年。摄影从一开始就是我的爱好，我努力把它变成了自己的工作；而这一爱，便改变了我的人生轨迹，使我从此与新闻出版业结下了不可分割的情缘。这6年的摄影生涯给我的职业生涯起了个好头，也为我以后的工作打下了坚实的基础。

一、"多彩的草原"

新中国成立初期，在党的领导下，民主改革的春风也吹拂着甘孜大地。1954年8月23日，一张印有藏汉两种文字的《康定报》应时而生，这也成为新中国第一个地区级少数民族自治州的州委机关报。1956年1月，《康定报》正式更名为《甘孜报》。从此，甘孜地区藏族人民有了自己本民族文字的报纸。报头上，由藏汉两种文字印成的"中华人民共和国各族儿女团结起来"的醒目铅字，字字千钧，力透纸背。2004年1月1日，《甘孜报》汉文报正式改为《甘孜日报》。

1981年我进到甘孜报社，幸运地成了一名摄影记者。之所以说幸运，是因为青春年少时，摄影便深深地吸引着我。一有时间，我就手捧摄影书籍，反复阅读，乐此不疲。我在一幅幅生动而真实的作品中，从大师们的著作中不断汲取灵感和专业知识。范长江、周道凡、吴印咸、蒋齐生、李少元等摄影大师的著作,带给我的震撼和冲击,让我对摄影的喜爱日渐加深。为了在专业上更进一步,我又去了中国摄影函授学院继续深造。在这里,我不仅有机会系统地学习摄影理论知识,还有了大量实践的机会,能如愿以偿地上手拍片了,这在当时也是十分难得的。那段时间,我将摄影理论应用于实践,再从实践中检验理论、提炼理论,就这样反复地学习思考,不断将自己的爱好定格为一幅幅美丽的图画。或许,从那个时候开始,我就与出版业在冥冥之中结下了深厚的情缘。

成为一名摄影记者后,我背着相机跋山涉水,踏遍了全州,定格了一个个难忘的瞬间。当时条件十分艰苦,除了相机是公家的,其余都要自己来做。现在的年轻人可能都不知道胶卷时代的摄影流程。当时的摄影记者,不仅要会拍照片,还要学会冲洗照片。当时,我天天不是跑外面拍照片,就是窝在暗室里洗印照片。这么一来,摄、洗、印这一套流程我全部都学会了、学精了。功夫不负有心人,经过几年的积累,我拍出了一些精品,有不少在国内还拿了奖,比如摄影作品《牧场晨曦》获全国"今日长征路"影展一等奖,还有一些摄影作品在美国、日本、阿尔及利亚等国展出。后来,中央电视台曾以"藏族青年摄影家罗桑道吉(我的藏名)"为题,对我的摄影成长过程和创作活动做了专题报道。不得不说这对年轻的我是一种极大的鼓舞,传播民族文化和家乡自然风光的使命感在我的内心深处扎根发芽,对我后来人生道路的选择也产生了深远的影响。

时过境迁,在《甘孜日报》成立64周年时,报社邀请我写一段寄语。这个邀请一下把我拉回到40多年前,我仿佛又回到了那个充满激情的年代。甘孜日报社的这段工作经历,承载了我初出茅庐的懵懂,又见证了我磕磕绊绊成长的心路历程。

"万里征途远,秣马再启程。我也借此机会真诚祝愿改版以后的《甘孜日报》越办越好，希望她从内容到形式都更加丰富，从文字到图片都更加出彩，从思想性到艺术性都让读者喜闻乐见；希望她能坚定不移地传达党中央的声音，真实地表达人民群众的愿望；希望她像圣洁的雪山、多彩的草原一样，成为当代甘孜新的文化名片；希望她不忘初心，砥砺前行，传承发展，开拓创新，为建设和谐美好的家园，谱写新时代甘孜州改革发展新篇章而不懈努力。"这就是我对曾工作6年的《甘孜日报》的寄语。

二、行走山水间摄影二三事

步履所至，美景在心。行走在山山水水之间，人们会有不同的感受。对于我来讲，高原的美令我心驰而神往，摄影的乐趣，便是在行走之间，用艺术的手法，去发现美，去表达美，去传播美。高原上原始的美经过艺术的加工和创造，展现出更久远绵长的生命力。拨动心弦的轻柔之美，抑或震撼人心的壮烈之美，都让我为之心醉神往。在这片生养我的土地上，我不断举起相机，频频按下快门。那一幅幅作品，不仅凝聚着我对康巴大地的深情与厚意，也表达出我对藏族文化的感悟与眷恋。

我时常会回看我以前的摄影作品，回想年轻的自己在高原上创作的场景。这些作品有些获了奖，有些上了新闻，有些展出过，有些只有自己看过……但对我来说无一例外都是很重要的作品，都凝结了我在拍摄那一瞬间的无限神思。遗憾的是，有一些照片因为这样那样的原因没能保存下来。

我拍摄的作品主要有两类。一类是新闻照片。比如白玉县发现一块重8斤4两的黄金的新闻照片，被《人民画报》单独采用。我拍过《马背上的放映员》等新闻题材的照片，曾被《四川日报》《中国画报》等报刊采用。这些作品大多表现的是高原上发生的一些有代表性的新闻事件，虽然我将它们定义为新闻类作品，但拍摄时都怀着对家乡的眷念和对康巴大地的敬畏之心。这些照片除了传达新闻信息外,还充满了艺术情怀。

还有一类作品是艺术类的。我自己喜欢搞艺术创作。对我们这些藏族摄影师来说,内心深处都很想将藏乡的风土人情、几十年来的变迁轨迹,用纪实摄影的方式原汁原味地呈现出来。一方面,我们有这个资源——在藏乡土生土长,对藏文化的理解也比其他人要深刻,因此我们也更有义务和责任去记录和传播这些历史和文化;另一方面,我们拍这些照片,阻力相对要少一些,大家都是藏族人,交流沟通起来没有那么多障碍。我当时心中也有一个质朴的想法,就是用这些作品,去表达藏族人民豁达的胸怀、朴素而真挚的情感,向世界介绍精深独特的藏文化。

于是,在这些照片背后,便自然有了许多故事。

在甘孜报社当记者的时候,我接到组织的任务要下乡去色达向阳采访一位人大代表,还要拍一张人物像。由于他的住址在海拔4200米的地方,已经快到四川与青海的交界地了,路途十分遥远,我就找到了爱好摄影的货车驾驶员多吉彭措,他恰好拉货到色达,听说我要去采访人大代表,立即表示要免费送我过去。

当时多吉彭措拉了一车粮食,所以我们要先把粮食送到乡下去。车开到草原上的高山坡下时,下起了毛毛细雨。草原的山坡海拔都比较高,大多超过了4300米,而且那个时候道路崎岖,很不好走,毛毛细雨使得本就起伏不平的路面更加泥泞,车子怎么都开不上去了,迫于无奈我们只得掉头回去。但生活往往就是这么捉弄人,车子上不去,深陷在烂泥路里也退不下来了。没有办法,我们只有先把车上的粮食卸下来减轻车子的载重,然后再试试。车厢里满载着150斤一袋的大米,足足几吨重,荒郊野外又找不到帮忙的人,只能靠我们自己了。于是,我、多吉彭措和他的徒弟,用三双手把大米一袋袋卸了下来,放在车下的纸板上,终于将车子开出了泥泞处,掉头成功。等到再次把大米全部装回车上后,我的手脚早已麻木了,连提麻布口袋的劲都没有了。惭愧的是那个时候人家还要照顾我，其实我也只扛了1/5的粮食，其他都是他们师徒搬完的。现在回想起来，当时多么艰苦的环境，我竟不以为意，或许这就是本能的热爱吧。回家的路上，我看见前面有个人披着雨衣，拿根钢钎，在荒野中默默地走着。在这广袤的天地之间，我忽然觉得这一人、一路、一背影是绝佳的画面，于是立马来了精神，全然不顾早已疲惫的身体，拿起相机就抓拍了一张，取名为《草原的路》。灰褐色的天幕之下，一条弯弯曲曲的路向无尽的天际延伸，灯光下的路与人的背影相映衬，形成强烈的反差，艺术地表现出草原的空旷辽阔之美。这幅作品后来成功入选四川省的摄影展。

第二天在去采访人大代表的路上，我偶遇一个放映员骑着马驮着放映设备，准备下乡为老百姓放电影。当时，除了重要节日，牧区基本没有什么文化生活，即便县城也没有电影院，牧民看一场电影就像过节一样热闹。党和政府心系藏族地区的百姓，不时要组织歌舞团、放映队等开展文化下乡。来到牧区的放映队很受牧民的欢迎，牧民每次都会为他们准备牦牛奶、牦牛肉和青稞酒等丰盛的酒菜，放映队也连放多场回报牧民的热情款待。在群山如黛的背景下，我赶紧拿起相机抓拍下这个瞬间，后来这张名为《马背上的放映员》的照片还有幸登上了《四川日报》。

另一件让我印象深刻的摄影往事便是陪着著名摄影家葛嘉林去拍贡嘎雪山。他的摄影设备在当时十分先进，都是国外的专门机构免费寄给他的顶级相机，经他的手拍出来的片子，也无一不是好照片。能和他一同去拍贡嘎雪山，这无疑是一个绝佳的学习机会。由于路途遥远，在4月份青稞开始长苗的时候我们就开车前往贡嘎，一直开到车子无法继续前行的地方就找了几匹马骑着走。就这样，我们翻过子梅梁子，来到了贡嘎寺。老贡嘎寺和贡嘎山隔溪相望，仿佛近在咫尺，不少高僧大德都曾在这里闭关修炼。我们在那个地方连续住了好多天，就是为了抓拍贡嘎雪山最美的瞬间。当时，我们遇到了一件很麻烦的事情——大雪封山，我们的马全部找不到了，并且和外界失去了联系。当地党委和政府特别担心我们，专门派人来寻找，等到一个星期雪化后，他们才重新在乡城找了两匹马送我们回去。

　　这趟摄影之旅，虽然贡嘎雪山的壮美景色令我神往，葛嘉林的摄影技术让我惊叹，但让我记忆最深刻的却是登山的整个过程。我们当时翻越的子梅梁子，海拔已接近4000米，到贡嘎山脚下的时候，差不多就到6000米了。在高海拔地区，天气特别多变，会出现很多意想不到的景象。假如有人轻声一吼，不多会儿下面的雾就上来了，雾一上来天就完全黑下来，接着便开始下冰雹，或是下雪弹子，过一会儿起风一吹就又散开了，令人油然而生一种神秘恐怖的感觉。为了防熊等野兽，我背着摄影器材之余，还得带着猎枪。但是打一枪，天气瞬间又变了，立马就会下起冰雹。山间还有很多小湖泊，皆由冰川融水汇聚而成。再往上走，就能看到冰川留下的痕迹，上面全是大大小小的石头。走在冰川上，尼龙布做成的绳索随处可见，那是以前瑞士人、日本人爬山留下的物品。我们背着比登山队更多更重的器材，不知不觉便走到了以前外国登山队员登顶的路上。回想这一路奔波，风风雨雨、坎坎坷坷，如果再经历一次，我们未必能如当初那般勇猛无惧。每每想到这里，我就不由得佩服起当初那个年少无畏的自己。

第三章 使命担当：民族出版二十年

转经（罗勇摄）

1987年11月，我从中国新闻学院毕业，加入了四川民族出版社，自此翻开了新的人生篇章。在四川民族出版社这个大家庭里，我度过了整整21年的时光，历任办公室主任、社长助理、副社长、社长兼党组书记及总编辑等职。那些年、那些人、那些事都深深地烙印在了我的心里，终生难忘。在四川民族出版社的21年，是我对民族出版认识不断加深、体会不断丰富的21年。这些年中，我不断结合工作实践，思考民族出版工作的重要意义，总结民族出版工作的特点，力图从理论到实践，吃透民族出版工作，从而更好地推动四川民族出版社以及我们的民族出版工作向前发展。

一、不断壮大的四川民族出版社

作为一个多民族国家，少数民族语言文字出版是我国图书出版事业的重要组成部分。加强民族类图书出版工作，对少数民族及民族地区的政治、经济、文化等事业的发展，对积累和传承民族文化、促进民族团结和社会稳定发挥着重要作用。为了满足少数民族群众的文化需求，发展民族团结进步事业，新中国成立伊始，党和国家便在民族出版事业上谋篇布局。经周恩来总理批准并亲题社名，1953年1月15日，民族出版社正式成立，少数民族出版事业由此成为社会主义文化事业的一部分。

党的十一届三中全会后，中国进入改革开放的历史新时期，民族出版事业也步入繁荣发展的快车道，民族出版机构由改革开放前的17家增加到38家，占我国出版单位总数的6.6%。同时，以国有新华书店为主的民族出版物发行网络基本覆盖民族地区，民族文字印刷设备实现技术更新，形成了以蒙古文、藏文、维吾尔文、哈萨克文、朝鲜文、彝文、壮文等文字出版为主，出版单位分布在中央和自治地方，出版图书面向少数民族群众和民族地区，市场经营与政府扶持结合，布局合理、文种齐全、编印发功能完备、覆盖面广、适应民族地区发展需要的出版体系和发展格局。

在党中央的亲切关怀和民族地区的共同努力下，民族出版社与时代同呼吸、共命运，不断发展壮大，出版了大批具有文化积累和传承价值的精品力作，宣传党和国家的路线方针政策、法律法规等方面的读物，以及少数民族读者需要的科技文化图书，促进民族文化交流和中华文化认同的重点读物等。民族出版在宣传党和国家的路线方针政策、保障各民族使用本民族语言文字的权利、传播科学文化知识、弘扬少数民族文化、推动民族领域学术繁荣、抵御境外文化渗透、构建社会主义核心价值体系、促进民族团结与社会和谐等方面发挥了不可替代的作用，取得了辉煌的成绩。经过积累和发展，我国形成了布局比较合理的民族出版系统，初步建立起功能齐全、产业链完整的发行体系，民族出版队伍建设不断加强。

创建于1953年的四川民族出版社，在1987年我加入时，是一个只有20多名编辑人员的民族读物出版机构。1984年恢复社级建制后，四川民族出版社提出了"立足本省，为民族地区两个文明建设多出好书"的方针，确定了联系实际、量力而行、突出重点、狠抓质量的改革方向。整个20世纪80年代，四川民族出版社经过调整和改革，比之前又有了进步，这种进步主要反映在出版文种的增加和图书品种的丰富上。过去社里只出藏、汉两种文字的图书，后来做了调整。根据省内彝族人口较多，彝文典籍较丰富的特点，从1980年开始，社里新增加了彝文图书的出版业务，成为当时全国唯一出版规范彝文图书的机构。除满足本省彝文图书需要外，还供给滇、黔、桂等省区的广大彝族读者使用。1985年，四川民族出版社出版了藏、彝、汉三种文字的各类版本普通图书70多种和藏、彝文中小学教材50种左右，创历史最佳成绩。那几年，四川民族出版社年年有重点书出版，年年有图书获奖。《敦煌吐蕃文献选》《彝族史稿》《云南彝族礼俗研究文集》等六种书被美国国会图书馆收藏，对中外学术交流和人类文化积累起到了积极作用。此外，当时的四川民族出版社还改变了过去单一出版政治性读物、通俗读物的状况，对民族读物领域内的政治、法律、文化、历史、科技、教育、艺术、农业等各类图书，都有计划、有重点地组织出版。在坚持出好普及读物的基础上，还出版了"西南民族研究丛书"和《藏族文学史》《青史》等一批学术价值较高的专著，为繁荣我国民族文化、满足学术研究活动的需要做出了贡献，得到学术界的好评。

四川民族出版社还有计划地出版了一批富有民族特色、地方特点和时代感的小型丛书，如"农业知识小丛书""科学常识小丛书""汉藏语文工具书小丛书""民族民间文学""中国少数民族作家作品选丛书""历史人物传记丛书"等。这些图书出版后，不仅受到少数民族读者的欢迎，也引起了国内外学术界的普遍关注。其中，《格萨尔王传》、《晓雪诗选》、《藏族史要》、《凉山彝族谚语》、新藏画《扎西德勒》等27种图书，先后获得全国或省内奖项。

然而，四川民族出版社在发展过程中也遇到了一系列的问题。比如出版的图书印数少，可以再版的图书很少；在出版少数民族文字图书和教材方面，财政部门没有专门的拨款，而单位所承担的中小学藏、彝文教材（教辅），中师教材的出版，年品种量已达到600余种，每年亏损额高达数百万元。四川民族出版社同人从加强调查研究入手，积极改革求变，做到选题对路，重视图书质量，开展对口征订，发挥优势，扬长避短，搞活了民族读物的出版工作，使部分民族读物也进入了再版书的行列。如彝、汉文识字课本，多次再版，成为畅销书，有的累计印数达17多万册。《藏文文法概论》《藏文动词释难》《彝文检字法》等一批图书，连续数年再版率节节攀升。四川民族出版社精心编印并于1985年出版的重点书——藏族历史名著《青史》（上、下册）发行上万套，不到一年即告脱销。在当时出版业面临图书销售不畅、征订数字下降的不利局面下，四川民族出版社能使民族图书的销售态势转旺，并跻身四川出版强社之列，这不能不说是牢牢地把握好了出版方向，坚持改革，不懈进取，精益求精的结果。在民族文字教材（简称"民文教材"）方面，在中共四川省委宣传部、四川省新闻出版局的直接领导、关心和帮助下，四川民族出版社努力拼搏，确保了中小学藏、彝文教材连续多年课前到书。

在广大干部职工的共同努力下，四川民族出版社实现了社会效益与经济效益双丰收，为加强民族团结，维护民族地区稳定，推动民族地区科技、教育、文化事业的发展贡献了自己的力量，并连续多年实现了图书发行码洋过亿元，成为全国民族出版机构中综合实力位居第一的强社，多次被授予"全国良好出版社""全国新闻出版系统先进集体""'课前到书'先进单位"等荣誉称号。

更让人欣慰的是，2005年四川民族出版社被国务院表彰为"全国民族团结进步模范集体"，是全国出版界唯一获此殊荣的单位，为四川省乃至全国出版界赢得了荣誉。2009年2月，时任中央政治局常委李长春同志来四川出版集团视察，对四川民族出版社的民族文字出版物在"双效益"方面所取得的成效和藏文图书"走出去"工程所取得的成绩，给予了充分肯定和高度评价。

当我离开四川民族出版社的时候，全社的资产总额已经从1997年的0.3

亿元增加到2009年的近1.4亿元，实现了近5倍的跨越式增长。获得的国家级图书奖项有20多项，省部级以上的奖项更是数不胜数。在2004年第六届国家图书奖的评选中，四川民族出版社获得3个奖项，创造了四川新闻出版界单个出版社获国家图书奖最多的记录，进一步确立了其品牌地位。

可以说，在四川民族出版社的这段岁月既历练了我，也成就了我，成为我人生中浓墨重彩的一笔，为我以后的发展打下了极为坚实的基础。

二、积极作为，践行社会责任

四川民族出版社作为公益出版的重要力量，一直坚守民族出版的使命，践行社会责任，彰显民族文化担当。我上任后，根据民族地区的实际情况，始终坚持以出版发展理念为统领，坚持目标导向，坚守公益精神，注重示范引领，突显担当意识。同时，把耳朵贴近少数民族群众的胸膛，倾听他们的心声，为他们排忧解难。

（一）出版民文教材，发展民族教育

我在四川民族出版社工作期间，有一项特别重要的工作就是民文教材的出版。民文教材出版，这在我国出版业中是一项特殊的工作，虽然需求量小，但意义重大，不可或缺。在这么多年的民文教材出版工作中，我有不少深切的感悟。

1. 为什么要大力发展民文教材？

近代以来直至20世纪90年代，四川民族地区的思想文化教育状况并不乐观：一来是科学知识难以传播，人们读书求知的意识不强；二来是存在教育不平等、不均衡的情况，知识掌握在少数上层阶级或者宗教人士手里。实际上，不管是彝族、藏族，还是其他少数民族，都有着相似的问题。新中国

成立之后，经过民主和社会改革，传统少数民族地区的剥削压迫关系和等级制度已经不复存在，狭隘的宗族观念和宗教教育也逐渐走向消亡。但是，民主改革打破的仅仅是少数民族人民身上的木制枷锁，广大少数民族同胞需要的是一次彻底的思想解放。这其中最为重要的，就是让以往高高在上的文字文化、科学知识走向普罗大众，走向劳动群体。其中的关键就在于教育，而教育的核心之一就在教材。

但是民族地区的教材有其特殊性。对在当地少数民族语言环境中成长的学生来说，如果一开始就采用和内地一样的汉语通用教材学习，那么这些教材就只是一本本晦涩难懂的"天书"。

我还记得，有一次前往甘洛县一所小学调研。这里的学生每天上午10:30上课，下午2:30放学，使用的是全国通用的九年义务教育教材。刚开始没觉得有什么问题，但是深入学校一看，发现问题很大。教材内容完全不适合当地民族学生使用，许多内容学生甚至都没有在生活中看到过和听说过，而且学生的语言不过关，学时又比内地的学校少，因此每年的教学内容都不能及时完成，造成了实际上的教育不公平。我通过学校的校长和老师了解到，这所小学没有任何彝文教材和专门的双语教师，老师只能自己充当双语老师把课本翻译成彝文，再来讲给学生听。学生没有学习汉语的氛围，自小在家说彝语，和家人、周围人沟通也全用彝语，只有在学校的时候才会听到老师说普通话。

当时我翻阅了所有六年级学生的作文，最长的一篇题为《国庆节感想》，字数有多少呢？只有50多个汉字。当问及学生是否能听懂讲课以及学习成绩状况时，我现在还清楚地记得那位老师的回答："差得很，学生没有一点汉语基础，老师只能一句一句把课本内容用彝语翻译出来再讲。而且课时量大得很，一年到头课本讲不完，完不成任务。但是讲不完又能怎么办？只有算了。我们尽力了，凭良心讲，能不能学会那是学生的事情。这教材虽然全国通用，但是内容太不适合这里的娃娃了。如果让我们去编写，量不会那么大，我们就能完成课程教学，娃娃们也会听得很明白。"而当我走向一个三年级的学生，问能否看一下他的课本的时候，学生摇着头说："听不懂你说的话。"

在接触了学校的另外十多个学生之后，我发现情况几乎一样，越是低年级的孩子就越听不懂普通话（后来了解到低年级教师主要是当地彝族老师担任），高年级的孩子只能听懂简单的日常用语，而且这些学生在与人交谈的时候，大都表现得胆怯甚至自卑。

凉山地区小学、初中、高中采用国家统一设置的课程、统一的教材、统一规定的教学目标和教学计划，以及统一的测试和评价体系，然而在当时的情形下，这种体系不但影响了民族学生的学业成绩和教育质量，还使得他们对学习产生了很大的畏难情绪，进而影响到了他们未来进一步求学的自信心和积极性。

在这样的情况下，编写、推广适合当地的民文教材就成为重中之重。

2. 四川民文教材的发展历史

四川民文教材建设始于新中国成立初期。当时的编译工作主要是临时聘请社会民族宗教界人士与汉语言文学专业知识分子组成编译力量，共同编译初级的民汉对照课本。到1956年，四川省教育厅设立了藏文教材编译室。彝文教材的编译工作则由中国科学院语言研究所川康工作队和西昌专署合作进行。其间，已编译出藏文、彝文初小语数教材共29种，印数达16万册，但多数还属藏汉、彝汉合璧教材。20世纪60年代初，教材编译机构相继撤销。直到党的十一届三中全会以后，四川省民文教材建设才步入了有计划稳步发展的轨道。

1977年8月，当时的省革命委员会同意在四川省教育局设立民族文字教材教研组，负责全省中小学、中师等民族文字教材建设工作。同时，在凉山州、阿坝州、甘孜州等三州教育局成立了少数民族语言文字教材编译机构，在凉山和甘孜两州相继成立了彝文、藏文教材编译室。其间，共出版彝文、藏文小学语数教材12种。

第三次全国民族教育工作会议（1981年）之后，1982年3月，教育部、国家民族事务委员会召集民族出版社，以及西藏、青海、甘肃、四川、云南五省区教育厅负责人与教材编译、出版部门及教师代表于青海省西宁市召开了第一次藏文教材协作会议，并成立了五省区藏文教材协作小组。1988年6月，在成都召开的第七次藏文教材协作会议暨藏族教育协作会议决定，将藏文教材协作扩大为整个藏族教育协作。后经国家教育委员会和国家民族事务委员会批准，在原协作小组基础上，成立藏、青、川、甘、滇五省区藏族教育协作领导小组，小组成员有五省区主管教育的副省长、副主席，教育委员会、教育厅主管民族教育的副主任、副厅长，以及国家教育委员会和国家民族事务委员会的有关负责人。所以，藏文教材编译工作实际是从1982年开始实现了五省区的协作，从而使得藏文教材建设进入了新的发展阶段。

彝文教材仍由凉山彝文教材编译室编译，由四川民族出版社负责出版。为了充实和加强彝文教材编译力量，当时的四川省教委、四川省编委、四川省民委三家联合发文，下发了《关于彝文教材编译室几个问题处理意见的通知》（川教民〔1991〕1号），就彝文教材编译室的性质、任务、编制、经费等问题提出了明确的意见，尤其是对该编译室的人员编制进行了扩编，由原来的13人扩充至40人，使之形成了涵盖语政、史地、数理、生化等学科的专门编译机构。

四川民族出版社在成立之后不久，就担负起了四川民文教材的出版工作。最开始，社里只能出版很少的藏文教材；到1957年，才开始出版一些彝文教材；到1958年，前后共出版藏、彝文教材29种。从20世纪50年代末到党的十一届三中全会前，由于种种原因，四川省民文教材出版工作基本停滞了。

党的十一届三中全会后，民文教材出版工作逐渐恢复，并且从20世纪80年代开始，随着藏族、彝族地区双语教育教学工作的推进，到1990年，四川民族出版社根据形势发展的需要，在原有藏文、彝文、汉文、美术编辑室的基础上，专门设立了民文教材和汉文教材编辑室，用藏、彝、汉三种文字出版政治、文化、科技、教育、文艺、美术等读物。两个教材编辑室全力以赴编辑出版民文和汉文教材、教辅读物。到1998年，四川民族出版社出版藏、彝文版小学、初中、高中、中师各科教材、教参共计407种，其中藏文教材131种，彝文教材276种，累计印数434万册，基本满足了省内民族地区中小学双语教学的需要。

由于民族教育发展形势的需要，四川民族出版社担负的民文教材出版任务一年比一年繁重。然而，尽管在人力、物力、财力等方面有着许多困难，四川民族出版社始终讲政治、讲原则，识大体、顾大局，宁愿少出其他图书，职工勤俭奋斗，也一定要坚持做好民族教材的出版工作，守住这条政治底线。我印象特别深刻的是1995年7月，为了及时支付印刷厂、纸厂的合同款，社里当月甚至无钱给职工发工资。当时我作为常务副社长，给全体职工说明缘由之后，大家都非常理解，也愿意推迟一个月再发工资，一致表示一定要先把纸张抢到手，先把民文教材印刷出来，必须保证民族教材的出版。

出版品种数量的剧增并没有导致质量的下降，相反，四川民族出版社出版的民文教材的质量是逐年提升的，甚至比大多数汉文教材还要好。改革开放初期，由于条件的限制，藏、彝文教材的编辑力量薄弱，印制、纸张质量比较差，学校师生反映的问题较多，甚至在一次省人民代表大会上作为提案反映出来。从那时候开始，历任出版社领导就无比重视民族教材的编辑出版质量，召开各种会议讨论民族教材的出版工作，并派出编辑、出版、发行人员前往凉山、阿坝、甘孜以及青海、西藏等地调查，听取教育部门、书店和教师、学生、家长的意见，对教材的封面、用纸、排版、字号等方面的问题一一记录，回社后又召开各部门人员的会议，研究如何解决好这些问题。同时，还落实责任制，哪个环节出了问题，就追究哪个部门的责任。

当时四川民族出版社对民文教材的质量要求只有一个：民文教材的质量只能比汉文教材好，不能比汉文教材差。为了把好民文教材的内容质量关，四川民族出版社与教育部门不定期召开各种形式的民族教材编译、审查、编辑出版工作研讨会、质量意见征求会，加强工作联系，互通情况，及时解决问题，提高教材质量。同时，不断充实和加强编辑出版力量。到1998年，四川民族出版社藏、彝文教材编辑人员已增至7人。社里严格执行编辑出版工作"三审三校"制，层层把好质量关。

四川民族出版社出版的民文教材，不仅内容质量过硬，印制质量也不断提升。自1991年以来，每年利用春秋两季的生产会议，召集印制民族教材的印厂厂长、生产科科长进行专题研究，提高认识，解决难题，共同协作，以提高民文教材的印制质量。1992年元旦，在北京举办的全国中小学教材展览会上，四川民族出版社送展的藏、彝文教材受到中央领导人和国家教委领导的赞扬，他们称赞四川民族出版社有气派、有胆识，敢于赔本出质量好的民文教材。1995年12月，国家教委在昆明举行少数民族教育国际学术研讨会暨少数民族教材展览，四川民族出版社出版的藏、彝文教材，其内容、装帧、印刷质量受到了国家教委领导、与会专家学者的一致好评，大家赞叹道："这种教材是够格的。"

3. 坚守"课前到书"的庄严承诺

"课前到书"是中共中央、国务院对教育部门、新闻出版部门提出的要求，这不是一般的要求，而是政治任务。在针对民族地区、民族教材的时候，这项任务更是格外重大，而且面临的困难也格外艰巨。一方面，当时四川民族出版社所承担的民文教材主要是藏文教材和彝文教材，服务区域主要是川西三州。这里属于经济欠发达地区，人口稀少，交通不便，因此要做到"课前到书"比其他地区要困难得多。另一方面，民文教材出版本身还面临着教材租型协调复杂、供稿及编辑困难等种种问题。

长期以来，为了应对这些困难，四川民族出版社多次请示上级，会同有关部门，召开编、印、发联席会议，商讨办法，协同作战，形成协议，签字承诺。出版社内部要求编辑及时索稿，认真看稿，修改好书稿，处理好各种技术问题，把好编辑质量关，保证按时发稿。对不能按时到稿、到型的品种，主动派人前往催稿催型，并将情况及时形成简报，向上级部门汇报，向教委、书店、学校通报。

1997年，我刚刚当上四川民族出版社社长，便深刻体会到了催稿催型这两方面的困难。

当时根据五省区藏文教材协作组的安排，承担藏文协作教材主要编译任务的是西藏教材编译中心和青海民族教材编译处，藏文教材也因此统一放在了西藏和青海出版，其他地区采用租用其教材印刷胶片方式出版，以满足省内藏族地区的教学需求。这种模式架起了一座藏族教育相互沟通和交流的桥梁，从根本上改变了以往藏文教材编译力量分散、质量参差不齐、名词术语使用混乱、出版发行滞后、各科教材难以及时配套的不利局面，开创了藏文教材建设由单一分散走向共同协作发展的新局面。

但是这种租型模式有一个潜在的矛盾，那就是花费数年时间、数千万元研发资金的原创出版单位，实际上很多时候是得不偿失的，租型费用根本不够支付租型地区的教材维护、修订、培训费用，因此原创出版单位的租型意愿不强，部分单位甚至宁可停租。

1996年底，当四川省教育厅将1997年春季民族地区普通中小学藏文版、彝文版教学用书目录下发之后，按照惯例，四川民族出版社开始同西藏人民出版社和青海民族出版社等单位联系协调租型，通知印刷厂着手制订印刷生产计划，并提前采购了纸张、油墨，想着在春节放假前将教材印刷出来，保证"课前到书"任务的完成。

但是1997年元旦过后，负责和西藏人民出版社联系的同事给我汇报说，西藏人民出版社那边出岔子了，型片没有租回来。知道这个消息之后，全社都大为紧张。我们之所以紧张，是因为时间特别紧迫了。那一年2月7日就是大年初一，按照惯例，正月十五左右春季学期就开学了，算下来准备教材的时间只剩四五十天了。出版社里从我到分管这一块的同志，再到业务负责同志，几乎天天和西藏那边进行联系，但是每次得到的回应都是："教材在修订"，"马上"，"快了"。就这样到了1月底的时候，我觉得不能再坐着等回复了，必须和对方坐下来当面沟通，搞清楚这到底是怎么一回事。于是我在快过小年的时候飞往拉萨，当面和西藏人民出版社进行协调。那个时候，我甚至内心做好了如果协调不成功就在拉萨过年的打算。万幸的是，经过多方协调，总算在年前完成了春季教材的租型，并在春节后加班加点，完成了教材的印制工作，没有耽搁1997年春季开学的学生用书，坚守了"课前到书"的庄严承诺。

1997年我至今记忆犹新，因为那一年，除了年初的教材租型问题之外，四川民族出版社还遇到了其他困难。那年夏天，凉山州木里县等地暴发了泥石流，给当地居民的生产和生活带来巨大困难。当年冬天，甘孜州石渠县又发生了罕见的雪灾，持续的低温使得道路结冰，全县公路交通大部分瘫痪。

不管是狂风暴雨、泥石流还是大暴雪，不管情况有多严峻多困难，我们和书店还有当地教育部门一起，总要想方设法力争按时把民文教材送到学生手中。

"课前到书"的政治任务涉及出版、印制、发行以及当地教育部门等各个环节，实际上在三州地区，各方签订了专门的协议以保证"课前到书"任务的完成，约定哪个环节出了问题，则由相应方负责。面对这样的突发状况，理论上来说，即便不能保证"课前到书"，也并不是四川民族出版社的责任；但是，面对这样的情况，我想这个时候揪着责任不放，只顾着自己不犯错，那肯定是不行的。如何保证"课前到书"任务的完成，不影响民族地区教学工作的正常开展才是重中之重。因此，我召集社里班子成员讨论后，一致决定和各方一起，有钱出钱，有力出力，共同抗击自然灾害。当时，我们一方面派人驻守印刷厂，通过和印刷厂沟通协调，对教材的包装进行了防护升级，避免教材在泥泞、潮湿等环境下受到损坏；另一方面，派人和发行集团一起驻守在甘孜和凉山，积极与当地交通部门沟通，及时了解路况，共同研究运输路线，哪条路可以走就改走哪条路，教材车队随时待命，做到了"路通车动，随通随走"。

天灾无情人有情。对完成"课前到书"任务高度的责任感和荣誉感，加上得当有效的措施、各方人员的积极协同、社里职工上下一心，使得我们最终战胜了1997年这两次严重的自然灾害，圆满完成了1997年春秋两季的教材印制、发行工作。

4. "以教辅养教材"：民文教材出版的创新之举

在世纪之交，四川民族出版社承担的藏、彝文教材编辑出版，其总体发展态势呈现出"四个不断、一个必须"的特点，即品种不断增加，编辑出版成本不断增大，印数不断减少，亏损不断加大。但不管有什么原因，遇到何种困难，我们都必须完成这项关系国家稳定和民族团结的政治任务。按理说，如果用书需求降低，那应该是品种和印数同时减少，如果用书需求增加，那应该是品种和印数同时增加，可为什么会出现"四个不断"的情况呢？

品种不断增加。随着社会的发展，少数民族人口的逐渐增多，义务教育的不断普及，彝语教材所需品种也逐年增加。一方面，随着彝族地区教育的发展，以往少数几种彝文教材已经远远不能满足民族地区的教学需要，不同年级、不同学科、不同版本的叠加，使得一个地区所需的教材品种大幅增加。另一方面，四川的彝族有聚居的，也有杂居和散居的。聚居地区的彝族儿童一般只懂本民族语言，而不懂汉语；相反，杂居、散居地区的彝族儿童一般懂汉语，但有的儿童彝语基础较差。针对不同地区学生语言基础不同这一实际情况，还需要分别编写出版程度不同的多品种彝语教材。与此同时，还有一个双语教材配套同步的问题。随着民族地区九年制义务教育普及和双语教学的发展，必然要求民文教材与内地中小学课程设置及各科教材相配套，除了已有的传统课程、科目民文教材，编写出版新增课程、科目的民文教材势在必行。而且，教育行政部门考虑到民族地区学生本民族文字的读物奇缺，要求针对民族地区学校已有的各类教材，编写出版与之配套的民文教师用书，民文教辅、教参以及其他课外读物，而这些读物均被列入或将被列入教育行政部门指定的学生用书目录。

编辑出版成本不断增大。四川民族出版社承担的藏、彝文教材多是翻译编写而成，有一些传统课程的教材可以重印、再版，其翻译和编辑稿酬每年都是比较固定的，但随着品种的不断增加，新编书稿的稿酬也大大增加。出版和印刷方面，当时四川省内能够承印藏、彝文图书的印刷厂家有限，以往四川民族出版社藏、彝文教材的印刷安排就较为困难。2000年的时候，藏、彝文电脑照排系统用的还是1992年购置的DOS系统，然后生成大样小样文件。由于系统老、速度慢，维持现有藏、彝文教材和普通民文图书的照排已经非常吃力。随着品种的增加，社里不得不更换并升级照排系统，我们询问了当时的服务提供商北大方正后得知，一套新的彝文照排系统的升级开发需要几十万元。

印数不断减少。现行教育体制要求民族地区学生高考时，仍采用汉文应试。受到升学、就业等压力的影响，少数民族学生学习汉语的积极性提高，大量的民族学生转为汉语学习，学习民文的学生人数逐年降低，部分民族学校甚至由于没有生源而不得不并入其他学校或者直接关停。这一现象使得民文教材覆盖率逐年降低，征订数出现了严重滑坡，四川民族出版社的亏损额也逐年增加。2000年前后，四川民族出版社承担的藏、彝文教材平均每种印数仅1166册。而按照当时出版行情来看，一种图书基本印数需达到5000册，定价达到市场价的中等程度，其投入和产出才能做到基本持平，由此可见四川民族出版社当时民文教材出版的亏损程度。

亏损不断增大。按照国家教育行政部门的要求和民族地区学生的实际购买能力，四川民族出版社出版的民文教材的单册定价极低，平均每印张定价0.39元。民文教材的排版系统滞后于汉文图书，植字排版成本双倍或三倍于汉文。民文教材品种多、印量小，但是，按照印刷行业印工标准，低印数图书均按照5000册收取印工成本费。在印刷用纸方面，应省内教育部门要求，民文教材内文用纸都在70克以上，封面用纸是157克铜版纸。根据四川民族出版社统计，当时平均每册民文教材的印制成本在8.20元左右。这样，民文教材量的增加，势必造成四川民族出版社亏损额成倍增加。

四川民族出版社1989年春秋两季出版民文教材128种，平均每种亏损4000元，亏损额总计51万余元；1991年，出版民文教材的数量上升到199种，亏损额随即上升到约94万元；1996年，民文教材出版品种达340种，亏损额达到200多万元；1999年，出版民文教材402种，亏损额达到380万元。到2001年的时候，亏损额已经高达503万元。

当时，全国民文教材的出版经费来源存在三种模式。

完全补贴模式：出版经费完全由财政拨款支持，如广西壮文教材的出版、云南部分民文教材的出版等。

部分补贴、部分自担模式：此种模式中，民文教材出版部门享受一定的财政补贴。补贴或来自地方财政部门，如青海藏文教材出版和延边朝鲜文教材出版等；或来自中央和地方两级财政支持，如西藏藏文教材的出版等。

完全自负盈亏模式：此种模式中，出版社在民文教材的出版方面完全自负盈亏，不享有任何财政补贴。当时全国只有四川民族出版社的藏文、彝文教材出版是属于这种模式。

四川民文教材的出版，一直都是教育行政部门只管下达民文教材出版计划和任务，经费则完全由四川民族出版社自谋自筹。随着民文教材出版亏损额逐渐增加，四川民族出版社日益难以承担。

在这种情况下，四川民族出版社开始不断向四川省新闻出版局申请政策支持，最开始的思路是希望四川省新闻出版局能按照四川民族出版社每年的实际亏损额给予补贴，省新闻出版局也尽力给予了直接的资金补贴。20世纪90年代初，每年的实际补贴有20万元；但是进入90年代中后期，四川民族出版社每年的亏损额已经高达三四百万元，省新闻出版局能给的资金补贴只是杯水车薪。2001年，四川省新闻出版局从有限的经费里拿出了90万元补贴给四川民族出版社，但是距离当年500余万元的亏损额还相差甚远。当时局领导说，我们不是工业等经济部门，经费本身也不多，这已经是局里最大的努力了。

面对严峻的经营压力，我们整个社班子开始思考到底应该怎么往前走才能完成民文教材出版这项艰巨的政治任务。

民文教材亏损的最大原因就在于印数太少，难以覆盖成本，而造成这一现象的根本原因在于使用民文教材的学生数量不足。当时四川省在民族地区或少数民族群众居住比较集中的地区实行"双语"（用汉语和当地民族通用的民族语言）教学的发展思路，受到了全国少数民族语言文字工作会议与会领导和专家学者的肯定。省内藏族、彝族中小学的双语教学体制已初步形成，彝汉双语和藏汉双语两类模式的教学得到了巩固和发展。根据相关学者在2001年的统计,全省按两类模式实行双语教学的学校有1676所,学生129002人,分别占藏族、彝族学生总数的40.1%、54.9%。其中,实行彝汉双语教学的754所,学生65358人;实行藏汉双语教学的922所,学生63644人。以民族语言为主要教学模式的中小学有218所,在校生14132人。

同样是做教材教辅,反观省新闻出版局下属的其他兄弟出版社,教材教辅业务非但不是沉重的负担,反而是其主要的收入来源。我们和他们的区别是什么?无非一个是民文一个是汉文而已。

鉴于这样的情况,我们开始向省新闻出版局、省教育厅,乃至教育部、国家新闻出版总署申请,针对四川民族出版社民文教材出版严重亏损的严峻现实,批准我们自主开发出版一套汉文教材教辅图书。

用汉文教辅的盈利来弥补民文教材出版的亏损,这也是后来大家俗称的"以教辅养教材"的政策。最终在这一政策的支持下,四川民族出版社首先出版了《同步练习册》,并不断提高教辅图书的质量,精心培育发行市场,使四川民族出版社出版的汉文教辅品种不断增多,市场发行量和收益逐年增长。在我们教辅产品做得最好的时期,我们的教辅产品发行范围向外扩展到江苏、浙江、陕西、甘肃、河南、湖南、广西、贵州、青海、新疆、西藏等11个省区。四川民族出版社成为四川省内第一家实现教辅产品走出去的单位。

正是有了汉文教辅这一经济支柱,在四川省财政对民文教材出版没有专项投入的情况下,四川民族出版社在省教育厅和省新闻出版局的关心指导下,依靠全社职工的辛勤劳动,以经营汉文教辅的艰苦努力所换来的经济收益,大部分用来弥补每年出版民文教材的亏损。我社全体职工克服了种种困难,年年按时保质地完成了藏、彝文教材的编辑出版任务,多次受到了国家新闻出版总署和教育部民族教育司的表扬。四川民族出版社连续多次被评为民族教材出版工作先进集体。

(二)文化扶贫,助力脱贫攻坚

四川省凉山彝族自治州地处横断山脉核心区,地形以高山地貌为主,占全州总面积的72%。山,造就了凉山雄伟瑰丽的自然景观,也阻挡了人们走出去的脚步。60多年前,凉山"一步跨千年",从奴隶制社会直接进入社会主义社会,加速开启了现代化的进程。但是,由于自然条件的不利,交通运输的落后,以及在风俗习惯、生活观念等方面与内地存在较大的差异,凉山的现代化发展难度远远超过其他地区,很多彝族群众长期处于贫困线以下。

消除贫困,促进凉山经济社会全面发展是凉山各族人民的迫切愿望,也是国家实现共同富裕和四川实现跨越式发展的必由之路。我和四川民族出版社一起,投身凉山彝族地区脱贫攻坚战,为文化扶贫贡献自己的力量。

1. 文化扶贫新思路:科普图书助力产业发展

1997年,我正式担任四川民族出版社的社长兼党组书记。作为一个少数民族干部,尤其是作为一名在党的关怀下成长起来的少数民族干部,我一直想为凉山彝区的农村经济建设提供一些有益的帮助。我想,在经济方面,一个民族出版社的贡献始终甚微,唯有在文化方面多做一些事情。用现在的话来讲,就是从文化扶贫的角度出发,给凉山彝区带去一些帮助。

在与彝区群众的交流过程中,我们深切地体会到文化扶贫的意义。历史上,在奴隶社会里,奴隶不仅一无所有,而且属于奴隶主可以随意处置的私人财产,个人命运完全掌握在"老爷"手中,对自己的生活根本没有任何选择权。这就导致已经摆脱奴隶身份的他们仍有一种根深蒂固的宿命论观点,即自己的命由天不由己,靠自己的努力无法改变自己的生活,不敢想象自己掌握自己的命运。因此,在广大彝区,出去闯天地的彝族人很少,自己当老板的就更是稀少。当地的汉族人虽然历史负担相对较轻,但小富即安的思想很普遍,自己即使有技术,往往也不愿跟他人交流与分享。

我们出版农业方面的图书，不仅能提供更多先进的养殖种植技术，让广大彝区群众能够以技术为武器，改变贫穷落后的现状，更为重要的是，我们希望能够以图书为载体，向广大彝区群众传播自己的命运可以自己掌握、可以通过科学技术去改变生活的观念。只有观念改变了，其他的改变才有可能。

带着这样的思路，针对当时凉山彝族农民因不懂汉语，想致富却无门路的状况，我们社领导班子的同志带领社里的同事们，从服务广大彝区具有地域特色的畜牧业入手，组织策划并出版了关于凉山畜牧业技术推广的系列图书。我们选择了凉山半细毛羊的培育，凉山黄牛的饲养，建昌黑山羊的饲养，建昌马的饲养，凉山黑猪的饲养，德昌水牛的饲养，建昌鸭、钢鹅的饲养，凉山鸡的饲养，凉山牧草栽培与利用，凉山畜禽疾病的防治等10个大类，翻译出版了"凉山畜牧业科普丛书"（1—10册）。在语言文字上，我们以广大农村基层群众为目标读者，力求大家都能读懂学会，达到一目了然的效果。可以说，这套畜牧业科普丛书囊括了那个时期最新的技术，一经出版发行，便在凉山彝区引起了极大的轰动。大量彝族群众评价这套书"实用，操作便捷，准确且通俗易懂"，在当时的图书市场还形成了抢购热潮。可以自豪地说，这套丛书在很大程度上促进了当地的畜牧业发展，也为彝区群众的观念改变起到了积极作用。因为产生了良好的社会效益，"凉山畜牧业科普丛书"先后荣获第九届全国民族图书一等奖、全国优秀彝文图书一等奖等全国性的大奖。

2000年，彝族农民读者通过各种途径向我们表达诉求，强烈要求我们多出版类似的图书，来帮助他们改进农业生产和生活。群众的心声让我内心十分欣慰和感动，没想到小小的一套科普丛书，能够产生这么大的反响。群众对知识的渴求，不但会引导他们走上致富之路，也将逐渐改变世世代代的观念。在彝区广大群众的期盼中，我们又组织出版了"凉山农业科普丛书"。

这套丛书的出版为当地的老百姓打开了更多的致富之门，因此获得了第十届中国西部地区优秀科技图书一等奖。后来，我多次前往凉山彝区，当地老百姓给我讲，当年这两套丛书的作用可大了，很多彝区农民群众学习了先进的生产技术之后，很快富起来了。亲身经历使他们认识到，通过自己的勤劳和努力会真正改变自己的生活，这比任何说教都管用。作为一个出版人，听到这样的评价，可以说比拿什么大奖都开心，这是实实在在地帮助了凉山彝区群众走向更加红火的日子啊！

我还记得，当时这两套丛书出版后，四川民族出版社收到了很多读者的来信，信中除了夸丛书的内容特别好之外，还向我们提出疑问，比如关于花椒种植的土壤问题等等，想和我们进行专业问题的探讨和交流，俨然把我们当作了一个权威的农业技术机构。但我们毕竟不是专业搞农业科学研究的，为了对读者负责，我们的编辑针对每一个问题都去咨询农业部门的专业人士，由他们解答后，再给读者详细回复。这不禁让我想到18世纪欧洲的启蒙运动，以英格兰的表现最为出色。在那里，阅读成了人们的第二天性，可以说"整个英国都被出版物淹没了"。在这样的环境中，当时的英国人号称比其他国家的人更优秀、更有文化。而人们评价这段历史，认为书籍普及的贡献，甚至超过"培根、洛克和牛顿的贡献"，并由此得出结论：西方文化启蒙运动真正的发动机是出版。我想，如果我们四川民族出版社的农业科普图书也能带来些许的启蒙效应，在彝区百姓的面前甚至心里铺开一条条宽广明亮的致富大道，那我也就心满意足了。

2. 服务"三农"，体现民族出版的责任担当

四川民族出版社是全国唯一一家用规范彝文系统出版彝文图书的出版机构，肩负着用彝文编辑出版党和国家政策、法律法规等重要文献的职责。改革开放以来，四川民族出版社一直站在党的文化宣传阵地的前沿，先后编辑出版了彝文版《毛泽东选集》《周恩来关于我国民族政策的几个问题》《邓

小平文选》《中国共产党党章》《中华人民共和国宪法》《中华人民共和国民族区域自治法》等一批经典文献和法律法规汇编,承担了历届全国党代会、全国"两会"文件彝文版的编辑出版任务,把党中央和国务院的声音第一时间传达给偏远地区的广大彝族干部群众。

作为四川民族出版事业的承担者,如何更好地满足彝区人民群众的文化需求,一直是我们思考的问题。毛主席在延安文艺座谈会上的讲话中深刻地指出:"有出息的文学家艺术家,必须到群众中去,必须长期无条件地全心全意地到工农兵群众中去。"我想,这也是对民族出版人的要求,只有真正走近民族地区群众,坐在他们的板凳上,走入他们的心坎里,才能深入了解他们的文化需求,才能做出有价值、有意义的民族出版物。

于是,四川民族出版社的编辑们多次深入彝区田间地头,去了解彝族群众的真实需求,因为只有那里才会告诉我们市场需要什么、农民需要什么,这样做出来的图书才会受到彝族同胞的真正欢迎。

党的十六大以来,减轻农民负担、增加农民收入成为党和国家工作的重中之重。四川民族出版社担负着服务"三农"、为社会主义新农村建设提供精神动力和智力支持的重要任务。

我们将彝区农村丰富的群体进行分类,分成农业劳动者、农业技术员、进城务工人员、农村妇女等多个类别,有针对性地出版了一大批技术类图书。我们通过通俗化的语言、形象化的表达,解决彝区农民群众生产生活中的实际问题,图书价格亲民,真正实现了少数民族农民群众能够"看得懂、用得上、买得起"。为了更直观地了解当地少数民族群众对我们图书的反应,给当地老百姓送知识、送技术,我们还去最偏远的地区赠书宣讲,和当地的老百姓面对面交流,奔走在少数民族地区脱贫致富工作的最前沿。

2003年,四川民族出版社成立了由我担任组长的"三农"图书出版发行领导小组。通过探索,我们在社内形成了一套行之有效的"三农"图书选题策划及项目跟踪管理办法。为了保证"三农"图书的出版资金,我提出了"三个一点"的项目资金筹措办法,即市场销售一点,政府支持一点,社里投入一点。虽然彝文"三农"图书受到了广大读者的欢迎,但是每本书的读者毕竟有限,绝大部分读者还分散在大小凉山的村寨里,离城市比较远,彝文图书很难到他们手里。在读者数量少、发行渠道不畅通、读者买不到等种种不利因素的影响下,彝文图书出版很容易出现亏损。我们通过"三个一点"资金筹措办法,保障了"三农"图书出版资金的来源,不仅使四川民族出版社的彝文图书出版上了一个台阶,精品更多了,编著、编校和印刷质量更高了,还提升了四川民族出版社的品牌形象和影响力。

在"三农"图书的项目管理上,我们制定了严格的流程和制度,确保四川民族出版社"三农"图书的质量。从项目批复之日起,我们对各项目分别实行季度、年度执行情况汇总和检查。为充分保证重点出版项目按期完成,项目责任编辑和项目负责人要根据出版时间及时进行各阶段出版情况的汇报和调整。对连续性单本出版项目,要严格遵照出版时间安排出版计划,并向编务部汇报。社编务部则负责组织协调并跟踪各项目的进展情况,一旦发现问题,及时同上级部门沟通。

在"三农"图书出版过程中,我们实施精品战略,注重思想性、科学性、实用性,坚持社会效益与经济效益相结合,出版的图书受到了民族地区农村群众的普遍欢迎。2004—2006年,四川民族出版社编辑出版了"三农"图书23种,总发行量达20万册,总码洋达90余万元。这些数据现在看起来可能并不亮眼,可是从当时来看,从知识普及率不高的民族地区来看,还是很不错的。

值得一提的是,作为一套根据西部少数民族地区特点组织策划的实用性"三农"读本,"西部农业科技扶贫丛书"(1—11册)为西部地区农民群众深入了解和掌握致富的实用农业技术起到了重要作用。这套丛书所提供的有关农林牧副等实用致富法门与资料，被社会赞誉为"为农业科技扶贫提供了一把钥匙"。丛书内容是为农民群众量身定制的，如枇杷、元宝枫栽培技术等，都浅显易懂且易于操作。每本书定价在6—10元，可说是农民群众看得懂、买得起、用得上的好书。当时为了编好这套丛书，我们与四川扶贫办进行了深度的交流合作；为了避免技术的落后，我们专门与国家农业经济示范区合编。该丛书出版后受到了西部少数民族农民群众的普遍欢迎，第一版1000套出版后两个月即销售一空，后来还被列为"十五"国家重点图书出版规划项目。

《彝族历书》是又一本深受彝族群众喜爱、社会效益和经济效益俱佳的"三农"图书。该书被彝区农民朋友们誉为"最受欢迎的图书"。《彝族历书》按彝族十月太阳历，将彝历的时令节气做了科学记载，为广大彝区群众从事农业播种、收割以及年节活动提供指导，是一本彝区农村极为实用的读物。

同样，四川民族出版社出版的《藏历》在整个藏区家喻户晓，可说是藏文图书中发行量最大的畅销书，年发行量达30万册左右。

据史料记载，藏历在公元前1000年以前就已出现，它是根据月亮的圆缺来推断日、月、年的。后来，随着佛教的引进，《时轮经》里的天文知识传入藏地，唐朝文成公主、金成公主先后入藏成婚结盟，带来了祖国内地的历法，于是藏历在此基础上逐渐完善并形成了适合青藏高原人们生产生活的独特天文历法。四川民族出版社出版的《藏历》是由西藏自治区藏医院天文历算研究所编撰，是藏地老百姓心目中最权威的版本。有一年，西藏自治区藏医院天文历算研究所告诉四川民族出版社，从当年起，《藏历》只能交付西藏人民出版社出版，自治区党政部门已打过招呼了。《藏历》是四川民族出版社培育的唯一一本年销售数十万册的一般图书，我听到此消息后，立即召集社委会开会，商议应对之策。随后，我亲自赶到拉萨，找西藏自治区相关部门和领导，向他们汇报介绍情况。《藏历》是一本不仅在西藏而且在整个涉藏地区群众关注度都极高的生产生活手册。从该书的出版周期、定价、印装质量和物流等各方面的要求来看，都适合由位于西南地区枢纽城市成都的四川民族出版社来继续出版发行。自治区相关领导听我汇报后，觉得有道理，出版群众喜闻乐见的高质量图书，由区位、印装质量、出版发行经验都相对有优势的四川民族出版社承担比较妥当，但自治区已经下发了相关红头文件，不好改，要求我与西藏人民出版社社长和天文历算研究所领导商议妥善解决，确保群众关注度极高的图书不出现任何负面舆情。经我们与西藏人民出版社、天文历算研究所友好协商，达成了共识：《藏历》由四川民族出版社和西藏人民出版社共同署名出版，西藏自治区由西藏人民出版社发行，其他地区由四川民族出版社发行，发货模式继续按四川民族出版社历年的办法执行。直到今天，三方合作非常愉快，共同为涉藏地区的群众提供着质高价优的《藏历》。

2004年春，我牵头组织了"送书下乡"活动，分别在3月、4月、5月，分3次带领四川民族出版社的干部职工将藏、彝文教材免费送到了凉山州的2个县、甘孜州的2个县以及阿坝州的3个县，并在当地举行了赠书仪式。2005年和2006年，我们又向藏彝地区捐书，支持民族地区农村建立自己的乡级图书馆。2005年，我们捐赠给甘孜州德格县两个乡的图书共922种，总码洋达3.89万元。与此同时，我还在四川出版集团内部积极倡议向少数民族地区捐书。在我们的倡议下，四川出版集团旗下多家出版社积极响应，支持民族地区的农村文化建设。2005年4月、2006年3月，共有5家出版社向阿坝州、凉山州捐赠图书共计1800余种，总码洋达29万元。

在当时，地理位置十分偏远且处于深度贫困状态的彝区接受信息的能力很差，交通也十分不便，根本没有什么像样的公路，当地的百姓根本不知道外面的世界变成了什么样子。当我们去送书宣传时，他们才知道我们的国家大事，我们现阶段主要做什么样的工作，有着什么样的奋斗目标，社会的发展趋势是怎么样的，等等。这令我十分感慨，送书的价值越发显得宝贵。我们每到一个地方送书，当地的县委书记和县长都会跟我们一块儿去，老百姓们也特别高兴。去了以后，看到淳朴的群众，我也感到很亲切、很开心。我反复告诉大家，只有积极主动地来看我们赠送的图书，大家才知道接下来应该做些什么，怎样做才能更好地跟党走，只有紧紧跟着中央的大政方针走，大家的生产和生活才会越来越好。

四川民族出版社组织编写的这些"三农"图书，很多也成了凉山农民培训的重要技术资料。在当时的凉山，农民的文盲率超过25%，具有初、高中文化程度的人占比很小，而具有大专以上文化程度的人更是凤毛麟角。由于文化基础十分薄弱，因此让大多数农民群众自学先进的农业科学技术困难重重。此外，绝大多数人没有机会去专门的学校学习，加之观念陈旧，大多数人又不会主动地去学习。所以，当地政府就利用这些农业图书开展培训，让农民拥有一技之长，让他们发现，通过这些农业技术，竟然可以让千百年来的那块土地发挥神奇的作用。

比如，我们都知道会理县的石榴十分有名，早在唐朝就成了御定贡品，对种植技术的要求比较严格。许多农民虽然一直在种植石榴，但在技术上没有过关，因此产量、质量与收入都受到极大的限制。如何实现突破呢？长期种植石榴的彝区群众都为此深感苦恼。这时，我们配合农民培训，为他们提供涉及相关技术的"三农"图书，甚至直接送书上门。培训老师利用这些图书，从剪枝、施肥，到套袋、管理，进行详细的讲解与手把手的规范化操作示范，对提高石榴的品质和产量起到了重要作用。2010年，当地有一家果农种植的石榴，远销北京、嘉兴等地，实现了90多万元的收入。这对他们的观念和生活都产生了巨大的影响。

通过运用这些丰富的"三农"图书资料对广大的彝区农民群众进行培

训，凉山州的农业科技运用取得了显著的成效。会理的石榴焕发出更加蓬勃的活力，产量跃居全国首位。凉山过去默默无闻的苦荞麦、青花椒也后来居上，名声大振，产量同样跃居全国前列。此外，烤烟、桑蚕茧、甘蔗、苹果、鲜切花、白魔芋、马铃薯的产量在四川省首屈一指，各类农产品多次荣获全国和全省金奖，以及名优产品、绿色产品的称号。凉山打造出的"中国绿色马铃薯之都"和"世界苦荞麦之都"闻名中外，其中马铃薯遥遥领先，平均单产高出全省平均水平340公斤，无论种植规模、产出效益，还是商品率，均居全省第一。凉山马铃薯已悄然走进全国30多个大中城市和韩国、新加坡、俄罗斯等国家和地区的家庭，成为人们餐桌上不可缺少的佳肴。

与此同时，农业技术培训对转移广大彝区农村剩余劳动力也起到了不小的作用。当时，凉山州拥有大量的农村剩余劳动力，他们中的许多人也想外出打工，但常常因为没有一技之长而导致工作难找，或者即便找到了工作，也是些最苦、最累、最没有技术含量、报酬最低的工作。到外边工作难找，留在家里又无事可做，很多年轻人就常常聚在一起赌博、酗酒，给当地社会治安带来很多不稳定因素。我们积极组织送书下乡、送书扶贫，结合农民培训工作，让剩余劳动力拥有一技之长之后再外出打工，取得了良好的效果。例如，有个彝区小伙子因家庭贫困，在乡中心校小学毕业后就辍学在家，经常在乡村里游荡，无所事事，家长非常担心他学坏。后来看到我们经常送书下乡，在左邻右舍的带领下，他抱着试一试的心理，参加了农民培训，认真学习了相关技术，培训结束后去外地打工，短短几年就挣回了七八万元。后来他不再满足于给人打工，自己做起了生意，一个月能挣回七八千元。在凉山境内，像这个小伙子一样靠外出务工而腰包鼓起来的有很多很多。我不敢说四川民族出版社的"三农"图书在凉山经济建设发展中起了多大的作用，但至少让当地老百姓开阔了眼界、学习了新知识，为他们发现新的人生之路提供了更多可能。哪怕这个作用非常微小，但只要有作用、有意义，我便满足了。在一次送书下乡的过程中，有一个年轻人捧着充满书香的图书，露出朴实的笑容，对我大声地说了一句"子莫格尼"，我当时开心地笑了。这句彝语意为"吉祥如意"，这是当地老百姓对我们最大的认可。

后来，现任四川民族出版社总编辑陈蓉专门提到，我有句话对她影响很大，就是"我们要把自己的耳朵贴在彝族群众的胸膛，倾听他们的心跳"。我想，这也是我内心深处孜孜以求的吧，耳朵贴在彝族群众的胸膛，听到的是心声，触摸到的是真实，感受到的是真情。

2021年2月25日，全国脱贫攻坚总结表彰大会在北京隆重举行，习近平总书记在大会上庄严宣告：我国脱贫攻坚战取得了全面胜利。听到习近平总书记的宣告后，我的内心久久不能平静，千里凉山彝区的往事，一幕幕浮现在眼前。如今，凉山彝区村寨的简易房、瓦板房，早已被红砖白墙、盖着琉璃瓦的漂亮新房所代替，特别是过去高山上那些居住环境差得让外人不敢相信的彝族村民们的住房条件得到了极大改善。相信在未来的日子里，凉山彝区老百姓的日子一定会越过越红火，一定会呈现乡村振兴最美的样子！

（三）实践出真知，助力藏北高原的生态建设

那曲市地处西藏北大门，位于唐古拉山、念青唐古拉山和冈底斯山脉之间，面积达43万平方千米，为全国第一大地级市，是全国五大牧区的重要组成部分，有"中国江河源头"和"中华水塔"的美誉。

著名的纳木错湖就在这里。海拔4718米的纳木错湖是我国第二大咸水湖，是世界上海拔最高的湖泊之一，同时也是藏族人民崇敬的三大圣湖之一。然而这片神圣之地的生态环境却极为脆弱，湖畔扎西半岛上曾经生长过十分矮小的爬地柏，除此之外没有其他植物生长，也无人试种过植物及绿草。

2001年,四川民族出版社一行和西藏人民出版社党委书记、副社长朱布久同志去圣湖纳木错考察藏地文化。朱布久同志当时提出,要在这幽静的湖边植树造林,为圣湖增添一片绿色。他的这一倡议,恰好与我的梦想一拍即合。我曾经多次到纳木错等藏北地区探险摄影,这里脆弱的生态、艰苦的生存环境一度深深触动了我的心。

理想是美好的,现实却不那么容易。

一是海拔太高。那曲市是中国海拔最高的地级市,空气稀薄,属于高寒缺氧区。高寒缺氧的环境使得这里的植物非常难以成活。二是不化的冻土。这里的土层非常浅,树木无法扎根。三是每年100天以上的大风天气。树木经不起大风的"洗礼",容易被刮倒,刚刚种下的树木,还来不及生根发芽,便在大风中被吹得东倒西歪了。

但是我们坚信实践出真知,经过大家的讨论,为了让圣湖更加美丽,也为了完成高原生态建设这一高难度挑战,四川民族出版社汉、彝、藏、回、土家等各族职工心系于此,将绿化建设、筹资引种当成了自己的责任。大家以极大的热情参与其中,短短几个月时间就筹集资金数万余元。为确保引种成功,四川民族出版社还数次派人到现场做详细考察。

由于四川民族出版社与圣湖纳木错相隔千山万水,不便直接运作,于是商定先由朱布久同志个人投入资金引进北京杨、藏柳、红柳、桑树、云杉、冷杉、柏树、爬地柏树等8个品种在海拔4740米的扎西半岛进行试种。经过一年的观察,云杉和冷杉的长势良好。经西藏资深林业工作者实地考察后,认为云杉和冷杉在纳木错成活的可能性较大。

得知这个消息后,大家非常兴奋。2003年5月20日,经过四川民族出版社社委会研究决定,投入人民币5万元用于在西藏纳木错植树造林,支持该地的生态保护和绿化事业。我们决定在扎西半岛建造四川民族出版社的绿化区,委托朱布久同志先期种植1400株云杉和冷杉。社里还专门买了台浇

四川民族出版社的绿化区

灌车,从外边运水来灌溉树木。

为了争取更广泛的支持,我还向朱布久同志建议,让他向当雄县人民政府汇报此情况,以得到政府的支持。后来,在2003年6月举行的"四川民族出版社绿化区"立碑仪式上,时任当雄县县长的丹曾同志请我们向全国出版界发起倡议,在纳木错建造更多的出版社绿化区。对此我们欣然接受,经过大家的大力宣传,大象出版社、人民教育出版社、甘肃人民出版社等出版单位积极投资,陆续在这里建造了自己的绿化区。

数年后,以四川民族出版社为主的出版界累计在纳木错栽种了4400余株云杉和冷杉,总面积为1.08公顷(合16.2亩),成活率高达89%。专家验收鉴定后认为:"纳木错高海拔人工绿化造林是在世界上海拔最高、林木生长极限以上地区绿化造林取得初步成功的示范试验。该成果可在相似条件的重点风景名胜区推广应用。"

这一奇迹也被《人民日报》《四川日报》《西藏日报》、中央电视台等广泛报道，产生了巨大的社会影响。为了进一步扩大影响，引起大家对纳木错生态环境的重视，我们还决定让泽仁扎西去申报吉尼斯世界纪录。可惜的是，辽宁的申请点已经撤销了。

后来，四川民族出版社又出版了《环境保护知识》《青藏高原珍稀野生动物》等大量生态环境保护方面的图书，社会反响良好。我们还不断向全国同行发出倡议，请大家多多关爱这片神奇的高原，保护好纳木错的树木及周边生态环境，把这里尽快建成中国出版界的一个大型绿化基地，为西藏的高原生态保护事业贡献力量。

三、传承文脉：镌刻进生命中的文化项目

民族文化传承项目记录历史、积累文化，服务当代、传播文明，具有促进民族地区政治、经济、文化、科技、教育等事业发展，巩固民族团结，维护社会稳定的重要作用，同时也是完善我国多元一体的文化内涵，保障民族文化持续发展的有效途径。此外，通过对我国少数民族独特、神秘的优秀文化进行整理、发掘和阐释，推动民族文化向外界展示，也有利于提高世界各国对中华民族的文化认知。

在四川民族出版社工作的这段时间内，我策划组织实施了很多民族文化传承项目，其中既有保护传承少数民族地区的传统文化和艺术遗产的项目，又有反映少数民族地区自然与人文景观的项目，也有提高少数民族地区群众科学文化水平的项目，还有促进少数民族地区经济社会发展的项目。这些项目，大都取得了显著的社会效益，但让我终生难忘的是在策划、组稿过程中桩桩件件的往事，记忆流淌，如在昨日。

(一)出精品,出效益——保持优势和特色的藏文出版

在中华文明多元一体的发展进程中,藏族文化以其自成体系的格局和丰富的内容占有极其重要的地位。经过千百年的发展,藏族文化成果日益丰厚,积累了大量的文化史料。用藏文书写的文学、历史、宗教、艺术等方面的古籍文献浩如烟海,饱含藏族文化内涵的传统工艺品难以计数,藏族美术更是中华民族美术的典型代表。藏族文化有其独特的发展脉络和物象,具有鲜明的民族性,自始至终同苯教和藏传佛教共同衍生出的宗教文化联系在一起,同中华民族的文化艺术联系在一起。藏文出版一直是四川民族出版社的优势和特色,出精品,出效益,激发藏族文化的生命力,我们自然责无旁贷。

1.《藏族美术集成》:藏族文化艺术的扛鼎之作

在四川民族出版社社长任上的时候,因为一个偶然的机会,我在西藏拿到了一些藏族壁画摄影图片,大部分是阿里地区的。回到成都后,我立马找来几个班子成员,商量一下我们是不是可以做一个阿里壁画全集。恰好当时国家新闻出版总署的一些领导在成都,我又专门去找总署的领导聊了聊。大家看到那些壁画后,十分震惊,连连感叹竟然有如此精美的壁画,一致觉得这件事情一定要做,而且要抓紧做。一来现在西藏阿里地区很多寺院洞窟都已经残缺了,再不保护出版可能就来不及了;二来这也是藏族文化传承的重要载体,藏族文化作为中华文化的重要组成部分,是不可或缺的,出版保护具有重大的文化价值。

开始大家建议做一个壁画大全集,但我总觉得壁画虽然十分重要,但毕竟只是藏族美术的一个方面,我们四川民族出版社要出,就必须要出精品,出可以传诸后世的大作,不如做一套《藏族美术集成》。我给大家讲了这个想法后,大家也纷纷表示赞同,一致觉得可行。总署的领导知道后,特地鼓励我说:你们要是能够把这个项目策划好,落地实施好,那就是对民族

文化建设的重大贡献。当时,我还萌生了一个新的想法,就是我们这个项目还可以打造成一个"走出去"的大型工程。当时国内这种大型图书很少,《藏族美术集成》不管是从美术的角度,还是从考古研究的角度,抑或是从观赏的角度,都很有价值。更为重要的一点是,当时达赖集团一直在四处宣扬"西藏文化灭绝论",这套书一旦出版"走出去"了,那么对于驳斥达赖集团"西藏文化灭绝论",保护、传承和发展藏族文化,都具有很强的历史针对性和深远的政治意义。

值得一提的是,《藏族美术集成》和一般图书的出版不太一样,我们本身是没有稿源的,手上唯独有些许的壁画图片,所以说,要出这套书,需要我们出版社既当作者又做编辑,而且所需的资金量巨大。对于一个民族出版社来讲,以后面临的将会是大量人力、物力和财力的消耗。站在另外一个角度讲,可以说当时我们"胆子很大"。2009年12月,我在社里召开会议,基本上把所有的班子成员和中层干部都叫上了。会议商定,我们旨在将《藏族美术集成》打造成藏族美术的集大成之作,计划出版100卷,分为藏汉对照版和藏英对照版,汇集丰富的藏族艺术珍品,拟辑入彩色图片5万余幅,撰写文章和图片说明300余万字,全面展现各时期各门类藏族美术的发展和成就。

《藏族美术集成》的选题定下之后,四川民族出版社立马开始了紧锣密鼓的准备工作。我们组建了《藏族美术集成》工作组,紧接着又专门找了一些国内的相关专家,在北京召开了专家审题会。通过之后,我们开始充实工作组力量,从各个部门再选了一批成员进入工作组,开始负责具体实施。后来这个工作组变成了编辑部,再后来就成了《藏族美术集成》编委会。如今这个编委会在全国都很知名,很多专家还以被列为《藏族美术集成》编委会委员为荣,印名片的时候还要专门印上这个头衔。

这里面有个编辑给我的印象特别深刻,叫嘎尔玛泽朗。他从一个当时因住房问题还在打退堂鼓的青年编辑，一做就是十来年，成长为骨干，特别不容易。尤其作为这套书的美术编辑，他解决了很多的实际问题，可谓功不可没。我离开四川民族出版社之后，他还经常和我沟通关于这套书的事情，每当他有些泄气的时候，我总是鼓励他要坚持下去，万万不可半途而废。后来，他还经常对年轻的编辑们讲，国家给我们这么好的平台，做一套有世界影响和民族意义的藏文化艺术精品，为本民族文化增色添彩，这样的机会一辈子不多，大家一定要好好珍惜。

项目开始实施以后，我们组织材料向国家出版基金规划管理办公室申请资金支持。国家出版基金规划管理办公室落实了2000万元，四川民族出版社自己拿出2000多万元。而在申请资助之前，我们的自筹资金就已经全部落实到位了。对于一个出版社来讲，一下子拿出2000多万元，可以算得上是一个大手笔了。我们是下定决心要把这个国家工程做出来，做成民族文化的精品。后来，我们邀请了国内40多位专家商讨编撰大纲，最后确定编撰思路为"艺术分类、地域成卷、专题结合"。一开始我们将内容划分为六大板块，即壁画、唐卡、雕塑、工艺美术、建筑艺术、书法专题等，后来又逐步调整为壁画、唐卡、雕塑、建筑和书法篆刻等五大类。当初我们觉得出版社这边是有一些资源的，难度不是很大，但是后来等到编辑们实际操作的时候，发现专家的思考方式和现实情况还是有不小的出入。困难具体在什么地方呢？由于我们是按照艺术门类来划分的，目标是打造一套集观赏性、学术性、收藏性为一体的精品图书，所以搜集素材的范围非常广泛，不仅国内与藏文化相关的素材要搜集，流传到国外的也要搜集。此外，由于我们是按门类而不是按地理范围来编辑，也增加了难度。比如关于青海塔尔寺有3卷，分别是唐卡、壁画和建筑。如果我们按照地域来编辑的话，这3卷就可以合成1卷了。由于我们必须按门类来做，同一个地方，壁画的内容放在壁画部分，唐卡的内容放在唐卡部分，无形之中为这套书的图片搜集和编辑出版增加了难度。

虽然如此艰难，但我们的初心不改，第一个举措就是自己成立了摄影团队，自己去拍照，自己先把模型建立起来。模型很关键，就像房子的框架结构，没有模型，别人也不知道我们想做什么。为此，我又专门去邀请画家梅定开老师给我们把关，帮助我们形成模板，从此开启了《藏族美术集成》的出版历程。

在具体的拍摄过程中，我们的团队也遇到不少问题。比如在藏族地区，要去拍摄壁画、唐卡，好多人不愿意拿出来。虽然我们编的图书是国家支持的，但是基层的觉悟没那么高，因为他们觉得自己的唐卡印到纸上去了，万一人家发现了来盗走了怎么办？而且，在西藏拍摄文物，管控也很严格。为此，我多次在藏族地区和当地的主管部门进行沟通和协调。有时候一个寺庙里的收藏室，没有三把钥匙是开不了的，僧人要互相监督，害怕这些文物被拿来商业化。他们即便知道我们从事的是国家文化艺术事业，是为了传承和发扬藏族文化，但也小心谨慎。因为这些缘由，我们拒绝使用民间收藏的文物。比如北京有一位收藏家，收藏了200多幅文物照片，如果我们贪图便利，可以直接找对方要资料做成一卷出版，但是民间收藏带有强烈的商业属性，而我们的行为是很纯粹的，就是要打造一个国家精品文化工程，是为国家文化建设、传承优秀文化服务的，与商业一点关系都没有。所以，在稿费如此低廉的情况下，我们选的专家团队从道德上、行为上都是很干净的。这在当今商业社会难能可贵，反映出专家们对藏族文化的深深情怀。

除了图片搜集的困难，编辑过程中也面临着许多难题。比如向很多专家学者约稿，得到的结果要么有图片没有文字资料，要么有文字资料却没有图片，总是难以两全。《藏族美术集成》除了图片之外，还要对图片内容进行深入详细的研究，编辑只完成图片组稿是不够的，每张图片中的文物具体收藏在什么地方，以及文物的具体尺寸要搞清楚，相关内容的含义也要搞清楚。为了编好图文内容，四川民族出版社的编辑们总体把握了几个原则。第一个原则是图文内容坚决不能违反国家法律法规，有违规之嫌的图片概不采用。举个简单例子，编辑们收到一张图片，第一个原则就是要确定这个图片中有没有容易引起争议的人物和标识。第二个原则是专家所写的文字资料不能偏激，对于专家的新观点，要审查是不是各民族都能认同，坚决不能引起民族矛盾。第三个原则是要反复仔细确认专家的新成果是不是学术界和文化界所公认的。第四个原则就是统一地名、行政区名的标准。图片内容凡是涉及地名、行政区名，必须按我们国家制定的标准规范书写，不能随意简写缩写，也不能用当地口语化的名称等。

2017年，随着《藏族美术集成（绘画艺术·壁画·阿里卷）》（藏汉对照）正式出版，卷帙浩繁的《藏族美术集成》拉开了出版的序幕。有专家评论道：作为藏族美术史上首次对藏族历代美术进行全面整理与出版的成果，《藏族美术集成》并非简单的图片资料集萃，而是藏族美术研究的全面呈现，代表了藏族美术图书的最高水平。它体现了当今该领域研究的高度与深度，从形式和内容上展现了在漫长的历史发展进程中藏族底蕴深厚、独具民族和地域特色的文化艺术，是对藏族美术从发生、发展到成熟的一次历史性汇总，是藏族艺术类图书中迄今为止美术价值最高、涉及领域最广泛、项目规模最宏大的一项大型图集，是几千年来藏族美术精华的集大成之作。虽然此时我早已履新，不再担任四川民族出版社社长一职，但是作为《藏族美术集成》的总策划，听到如此高的赞誉仍倍感欣慰。作为一名少数民族干部，我更是倍感兴奋和骄傲。《藏族美术集成》不仅是我本民族的文化精华，更是中华文化大花园的璀璨之作。随着系列图册不断面世，我相信，这套图书对四川出版的发展、对藏族文化的传承、对多元一体中华文化的繁荣、对世界优秀民族文化的弘扬，都将产生更加深远的意义。

2.《德格印经院藏传木刻版画集》：雪山下的文化宝库

德格印经院，始建于1729年，是中国藏地三大印经院之一，是目前中国藏地收藏藏族文化典籍最广博、门类最齐全的印经院。德格印经院的收藏囊括藏族历史、人物传记、文学、医学、语音、文法、逻辑、天文、历算、地理等各个方面的文献，储藏的藏文文献占全部藏文文献的70%左右。至今，德格印经院已记录了2亿多文字，藏有32万块经版，是国家重点文物保护单位，并被联合国教科文组织列入人类非物质文化遗产代表名录。

德格印经院收藏的各类版画是藏族文化的精华：大的高100余厘米，宽70余厘米。小的高80厘米，宽60余厘米。最小的高20厘米左右，宽15厘米左右。版画均厚约4厘米。一套画像多者由几十块版画组成，少者一块，每套都有完整的内容。其题材根据传统的分类可以分为《甘珠尔》、《丹珠尔》、文集类、丛书类、综合类和《大藏经》单行类等六大类。版画内容广泛，想象力丰富，浓墨重彩且清新典雅，不受空间的限制，也不局限于时间的约束，颇能代表藏族不同画派的特色，更具有宗教性和艺术性，充分体现了藏传佛教绘画与木刻艺术的神妙，是不可多得的精品。

德格印经院的木刻版画给我的印象很深刻，因为我是藏族人，从小就对藏文化感情很深。宗教文化也是一种民族文化，尤其是承载了藏族文化精华的德格印经院的版画更为可贵，所以我一直希望把德格印经院藏传木刻版画的故事讲出来，传承下去。经过岁月的洗礼，不少版画有不同程度的损坏。我带着四川民族出版社的工作人员，精选了一部分品相很好的版画准备出版。这些版画都是画，没有文字，类似唐卡这种形式。于是，我又请时任甘孜州编译局局长的根秋登子组织了一批优秀的学者，让他们在一家招待所住了3个月，对每一幅画集中探讨研究，并做出文字说明。此外，要把版画的故事讲给更多的人听，把藏文翻译成汉文就是一个十分关键的环节。如果翻译质量上佳，对于读者了解佛教文化、研究藏族传统文化等就大有裨益。

四川民族出版社的编辑室主任戴作明肩负起了将藏文翻译成汉文的工作,画家梅定开老师也参与了进来,替我们出谋划策。可以说,这本木刻版画书,是一流的高手在做。《德格印经院藏传木刻版画集》这本书的特殊价值在于:一方面反映了藏族社会的历史状况、教派情况和文化风尚等;另一方面反映出典籍所处时代的思想形态。该书的出版,对于研究藏族社会的文明与进步、传承藏族历史文化有着巨大的价值。

由于我们以藏汉双语对照的形式将版画内容表现出来,加之该书的文化价值与德格印经院本身的文物价值,因此在申报国家奖项的时候,《德格印经院藏传木刻版画集》很顺利就获得了第六届国家图书奖。当时看到这本版画集的很多领导和专家学者都想要,但是该书是用八开铜版纸印刷出来的,一本书重达近20斤,很难摆放,有人就提议能不能做一个版本比较小的。后来我们将其纳入开本较小的《藏族美术集成》,摆在书架上就更为方便美观了。

2003年12月10日,《四川日报》以"四川民族出版社喜庆50华诞"为题对四川民族出版社的庆典进行了报道。时任副省长张作哈、省政协副主席阿称以及省老领导冯元蔚、杨岭多吉、罗通达、扎西泽仁、孙自强、杨岱蒂、孔萨益多,著名藏学专家降边嘉措,著名诗人吉狄马加等出席了庆祝大会,可谓盛况空前。报道里专门提到,这个日子,对于四川民族出版社来讲,是好事成双。在刚刚揭晓的第六届国家图书奖的评选中,四川民族出版社赢得了"大满贯",不仅《德格印经院藏传木刻版画集》获得了国家图书奖,《中国少数民族古籍集成》和《〈诗经〉语文论集》还分获国家图书奖荣誉奖和提名奖。这份"大满贯"不仅在出版界难得,更是一份极为珍贵的生日贺礼!我想,《德格印经院藏传木刻版画集》的获奖不仅是给四川民族出版社的一份生日贺礼,更是给藏文化传承事业的贺礼。

3.《噶当文集》：对藏地珍稀文献的抢救

"噶当"这一称谓来源于其所传教法的特征。噶当派是藏族地区第一个主张显、密并重的教派，它的产生、发展和消失对藏传佛教其他教派的形成和发展都有着深远的影响。

噶当派的教理源于佛学大师阿底峡，他针对藏族地区佛教的种种弊端，建立了一系列标准体系，对藏传佛教影响很大。经过他的不断发展及收徒传法，噶当派逐渐形成。噶当派中传承弘扬佛法最优秀的高僧当属宗喀巴大师。随着宗喀巴大师的名声日益高隆，形成了现在五大教派中的格鲁派。当时噶当派中的学者写了一些法理论述，后来被格鲁派不断加以规范，之前的法理论述就被束之高阁了。随着更系统、更能传法的法理论述被格鲁派反复强调和解释，宗喀巴大师所学的、所研究的很多典籍资料，就被忽略甚至遗忘了，但这些内容对研究藏文化的历史演变具有独特的价值。

所以，《噶当文集》作为13—14世纪的藏传佛教经典，其出版就非常有价值。该文集从文献研究的角度，展现了当时藏传佛教发展的状态，不仅对研究佛教传播历史非常有价值，而且对研究文字也有重要价值。这套书后来还成为国家对藏族珍稀文献抢救保护的示范性工程。

《噶当文集》共计出了120卷，四川民族出版社凭借这套文集获得了首届中国出版政府奖。懂藏传佛教、研究藏传佛教的专家学者们理解其价值，觉得它的出版是很了不起的一件事情。这套文集全部是手抄本，更显得珍贵。我记得时任西南民族大学藏学院院长万果教授看到这套文集后，赞叹道："这是一部珍贵的、大型的藏文典籍文献，内容几乎囊括了所有学科，可谓一部百科全书。藏传佛教噶当派是最早的一个教派，它云集了藏地许多翻译家、专家、学者和高僧大德，他们陆续撰写翻译了许多著作，单传于学生或弟子。由于历史的久远，很多已失传，或散落于民间，现存的和能找到的已少之又少了，四川民族出版社能及时地抢救出版这套丛书，并能打造得这样精美、大方，有特色，实属难得。"

更为重要的是，《噶当文集》的出版对党和国家治藏安边具有重要意义。西藏由于地理位置、自然资源条件、民族宗教的特殊性和复杂性而具有极其重要的战略地位。党和国家治理西藏又需要深入了解西藏的发展历史和文化，噶当派的存在和发展恰好能反映出藏族地区社会的发展脉络。噶当派在藏族地区存在了300多年，这一时期又正是其他教派的形成和发展期，教理明晰、规模庞大的噶当派自然对其他教派的形成和发展产生了广泛而深远的影响。藏族地区佛教又与藏族社会的方方面面紧密融合在一起，因此噶当派的影响也就扩大到整个藏族社会。可以说，噶当派在藏传佛教的初期扮演了重要的角色，发挥了举足轻重的作用，深刻地影响了藏传佛教和藏族社会的发展走向，产生了深远的历史影响。从这个意义上说，《噶当文集》的编辑出版，在一定程度上为党和国家更好地了解和治理藏族地区发挥了积极的作用。

（二）十年磨一剑，展现彝族新貌——《中国彝族》

《中国彝族》是以图文并茂的方式，首次直观全面地展示彝族历史文化、居住环境、经济生产、传统服饰、民间信仰、人生礼俗、传统节日、音乐舞蹈等灿烂传统和文化的大型画册，向外界展现了共产党领导下彝族社会的崭新风貌。该书获得中国图书奖、第八届四川省精神文明建设"五个一工程"奖入选作品奖。

1. 跑出来的素材

20世纪80年代末，中国外文出版发行事业局下属的新世界出版社找到四川民族出版社，他们想要一本能够比较全面地展示中国彝族风情风貌的图书，说很多国外的人士都想要这样一本书来深入了解这个古老民族的悠久历史文化。当时彝族的历史文化在世界上是很有吸引力的，特别是20世纪中叶前凉山彝族的奴隶制社会形态，是当时世界上最后一个也是最完整的"奴隶制原始社会形态的活化石"，保留了很多传统、完整的历史文化和民族风俗习惯，包括传统宗教、巫术、巫医、丧葬、节日文化，等等。

当时，彝学研究不但受到包括彝族学者在内的国内众多学者的关注，也是国外学者的重要关注领域，而且国外学者由于较早涉足，相关研究已经十分系统和深入，在国际上彝学甚至逐渐成为一门显学。四川民族出版社内部在讨论分析之后发现，当时对于彝族的研究更多偏向于各类历史资料的挖掘整理，研究成果以文字阐述的学术性出版物居多，直观展示彝族丰富多彩历史文化的很少，而且研究基本上聚焦于新中国成立前的彝族社会，对于新中国成立后彝族的研究极少。因此，社里觉得直观展示彝族历史文化是一个非常好的选题。

当时，这本书的出版对于四川民族出版社而言是一个巨大的挑战。和四川民族出版社出版的其他书不同，这是第一本由出版社自己独立搜集、整理资料，并创作、编辑出来的原创图书。封面上标注的《中国彝族》的作者是《中国彝族》画册编委会，实际上作者就是四川民族出版社本身。包括四川民族出版社社长何承纪，副社长李峰铭、朱德齐在内，很多同志都参与了这本书的创作。当时我是社里为数不多既懂摄影又懂编辑的人员，因此社里就安排我担任了这本书的第一责任编辑。

这本书对我本人而言，具有极其重要的意义，这是我从西南民族学院（2003年4月更名为西南民族大学）毕业进入出版社后担任责任编辑的第一个大型项目。这本书的编辑出版前后历时十年有余，艰辛的组稿编撰过程为我从事出版工作打下了扎实的专业基础。虽然之前我在甘孜日报社工作过几年，做过摄影记者，在职场上我并不是一个新人，但是对于出版而言，我却是一个名副其实的"菜鸟"。虽然之前也编辑过一些书，但基本上都是规模较小的作品，而且都有供稿作者或者课题组成员。我虽然只是《中国彝族》

的责任编辑，但是除了组稿、编辑之外，还承担着资料搜集、内容创作等更为复杂重要的工作。1995年，经过专家反复论证评审，《中国彝族》被四川省新闻出版局列入四川省1995年度重点图书选题，并且进入了争创"五个一工程"奖的重点选题名单。所获的这些奖励给了我长期从事出版工作的信心和动力。

回忆起这个项目，当时资料搜集是最困难的。比如彝族的传统服饰，虽然同是大裤脚小裤脚，但是在不同区域它的样式、花纹是有区别的。为了资料的完整性，就需要通过各种渠道、去各个地方搜集。我们首先从专门从事彝族地区摄影的人士那里搜集作品，从成都到凉山州，再到当地乡镇。除此之外，更多的资料还需要我们亲自去彝族地区搜集、整理和拍摄。

彝族历来生活在深山之中，其居住地道路交通的恶劣状况也进一步增加了我们资料搜集的难度，很多时候我们要用大半天的时间上山，到了山上就得马不停蹄地开始整理拍摄。当时我们没有更多想法，只是想完完整整地把资料收齐、把项目弄好，根本没有想着休息，况且当时很多高山里的彝族地区还比较艰苦，也没有让我们过夜的条件。

实际上，很多素材并不是一开始就知道去哪儿搜集，而是在各地实际调查的时候，听说哪里有素材，再马上跑到哪里去。也正是因为这种突然性、随机性，吃闭门羹也是常有的。有一次，我听说有个彝民家中珍藏有一套彝族的方形经版，类似藏族的佛教经版，而且应该是现存的唯一一套了。听到这个消息之后，当时我们就下了很大的决心，当天晚上便上了山，然后在山上找了一户人家借宿了一夜，第二天一大早就来到这户彝民家中。但是当我说明来意之后，对方却拒绝了我参观拍摄的请求。我将个人身份证明、工作证明以及有关部门出具的介绍信给他看过之后，他对我这个突然到来的陌生人仍然抱有很强的戒心，说什么都不愿意将经版拿出来。面对这种情况，我故意用了一个激将法，对他说道："我是藏族人，我们藏族和你们彝族类似经书这样的好东西都太多了，我们就愿意把这些好的东西分享、贡献出来为民族争光，但你实在是太保守了。我们这个拍摄是为了出书的，到时候要去世界上亮相的，让全世界都知道彝族的文化，你却不愿意给你们民族争光。"他听闻，马上就急了，说你们藏族没有我们彝族"凶"（"厉害"的意思），我也是懂得民族大义的。就这样，他把经版拿了出来。这套经版我从早上8点开始拍摄，午饭都顾不得吃，一直到晚上才拍完。

2. 再识彝区、彝族同胞

为了做这本书，我和编委会的同事几乎跑遍了国内彝族聚居的所有地方，搜集整理了成千上万的原始材料，涉及凉山彝族奴隶社会博物馆的文物、毕摩文化、云南泸沽湖的人文风情、云南昭通的霍承嗣墓壁画、贵州毕节所保留的中国字数最多的彝文碑刻《水西大渡河建石桥记》、云南楚雄的彝族创世史诗《梅葛》、广西那坡县的跳公节影像等等，最远甚至到达云南普洱市下属的江城哈尼族彝族自治县，那边已经是中国和越南、老挝的交界地带，距离成都1300多公里。在四处寻找、搜集素材的过程中，我本身对于彝族文化也有了更为深刻的体会，也对《中国彝族》出版的意义有了更为深刻的认知。

藏族和彝族是四川境内人口最多的两个少数民族，二者都有着悠久的历史文化，在祖国西南这片土地上长期交融的过程中，两个民族的文化有着很多共性，比如都崇尚自然、信仰神灵等，甚至在某些区域还有着极为相近的风俗习惯。但是彝族文化和藏族文化相比，还呈现出一个"散"的特点。彝族在漫长的发展演变中，经历了几次大范围的迁徙，受迁徙地道路交通、生产生活等条件的影响，人口分布整体呈现出大分散、小聚集的格局。这导致了彝族在几千年的历史演进中，在各个相对封闭的地域内，形成了自成一体的文化群落。这样独特的民族历史演进过程，让彝族文化充满了鲜明的地域特色。

改革开放之后，随着彝族地区现代化，彝族语言、服饰、古民居、古村落逐渐消失，口传文化、民间文学逐步失传，彝族文化的传承和发展面临后继无人的窘境。部分地区为了经济的发展或者眼前的利益，忽视传统文化的保护和传承，甚至以破坏或者牺牲当地文化为代价。我们在进行本书的田野调查和资料搜集时，在部分彝族地区发现了这样的情形：一本彝族毕摩经书200元，一副完整的彝族古代武士盔甲9000余元……当时在美姑、昭觉、布拖等县城的大街上，若逢当地赶场天，时常会看到彝族农民以极其低廉的价格出售这些家传文物。彝族传统葬俗是火葬，因此绝大多数彝族文物并非出土文物而为家传文物。根据我们国家的文物保护法，对大多数家传文物的市场交易是不加禁止的，很多文物贩子正是利用了这一漏洞，大肆贩卖彝族文物。当时我们在凉山州的时候，美姑县文管所一位干部对我们说，他曾眼睁睁地看着外地人将毕摩经书用麻袋装车运走。对于这种行为，美姑县的公安局和工商、文化管理部门却无能为力。他还告诉我们，购买彝族文物的买家主要分为两类：一是美国、德国、英国等西方发达国家的学术研究机构；二是私人收藏者。我在昭通市的时候，发现一个当地人手上有一块非常完整的统管堂狼印，是古代居于堂狼山的彝族先民堂狼山部族管辖这片区域的信物，对方甚至愿意作价200元卖给我。为了防止文物流失，我们马上告知当地文物部门出钱收购，现在这枚珍贵的印章便收藏在当地的博物馆中。当时我就觉得，包括这些文物在内，如果我们不及时进行搜集、整理的话，可能数年之后，便再也难以进行民族文化研究。

我们不囿于一地一区，深入到川、滇、黔、桂等彝族聚居地区，将彝族的历史文化、居住环境、经济生产、传统服饰、民间信仰、人生礼俗、传统节日、音乐舞蹈完整地搜集、整理并展示出来，希望用自己微薄的力量，为彝族传统文化的保护和传承，为增强彝族人民之间的文化交流，加强彝族地区民族团结进步做一点贡献。

在来往奔波的过程中,有一点让我感触颇深,那就是少数民族的发展,特别是像彝族这样一个有着特殊发展历史的少数民族的发展,真心要感谢党和国家。

彝族是由奴隶社会一步跨进社会主义社会的,这一伟大跨越正是经过共产党领导的民主改革实现的。通过民主改革,广大彝族群众从奴隶制度下解放出来,获得了政治上平等的权利和地位;曾经的彝族贵族及其后代同样发自内心地认同新中国的改革和共产党的领导,积极地为本民族的进步与发展贡献才华,他们对家族和自己的未来充满信心。

除了民主改革带来政治上的巨大变化之外,我每到一处,当地彝族群众都在感叹这40多年所发生的翻天覆地的变化。经济上,改革开放促进了彝区的发展,经济社会面貌发生了巨变,人民的生活水平大幅度提高,从栖身于山洞、草屋到住进楼房,从每天吃不见米粒的稀饭、粗粮做的馍馍到餐餐有肉,从与世隔绝到村村通路;文化上,彝族文字从由少数毕摩和苏尼所掌握到走向大众,长期被剥夺的受教育权利回到了劳动人民手中,一个个文化局、文化站相继设立,丰富多彩的彝族文化得到保护和传承。在党的带领下,彝族人民真正站了起来,并在民族繁荣发展的大道上阔步向前。

(三)挺起羌区灾后重建的文化脊梁——《羌族释比经典》

四川民族出版社2009年出版的《羌族释比经典》是有史以来第一本完整的羌族释比唱经出版物,揭开了传承数千年的口传经典的神秘面纱,使羌族代代相传的古老文化终于走向世人、走向全省、走向全国。全书共285万字,分上、下两卷,收录了羌族释比经典362部。该书内容繁复、涉及面广,分为史诗、创世记、敬神、解秽、祭祀还愿、婚姻、丧葬、驱邪治病保太平、哲学伦理、科技工艺、建筑、农牧、医药等22个门类,是一部记载着羌族数千年历史文化的百科全书,也是一部填补全国乃至世界羌族文化研究领域空白的羌族文献。在2011年3月国家新闻出版总署颁发的第二届中国出版政府奖中,《羌族释比经典》荣获图书奖提名奖。

更为特殊的是,就在《羌族释比经典》整理编纂工作进入尾声时,"5·12"汶川特大地震发生了。面对近3万羌族民众(占羌族总人口的1/10)丧生,一些曾合作共事的释比的不幸辞世,身处地震中的课题组不仅感受到了自然灾害的无情,更意识到自己所肩负的特殊使命。在这样的特殊背景下,该书的出版行为本身就是一种文化使命。这时候,无论是课题的发布与管理机构、四川民族出版社,还是参与其中的课题组专家成员,都希望将《羌族释比经典》树立为灾后羌族文化重建的先锋与旗帜,挺起羌族地区灾后重建的文化脊梁。

1. 日益凋零的羌族释比和羌族文化

羌族是一个有着悠久历史的民族,有自己的语言却无文字。因此,羌族人民在漫长的历史进程中所创造的丰富绚烂的文化,都是以口传心授的方式传承下来的。世世代代肩负着这一传承使命的,主要就是被称作"释比"(羌族祭司)的特殊人士。释比从事任何法事总要配合唱诵相应的经典。这些以口头形式存在的释比经典,就成了羌族传统文化的宝藏。羌族传统文化的传承始终与释比息息相关,释比在羌族文化的传承中起着极其重要的作用。除了宗教文化,羌族丰富的民间文学主要依靠世代口口相传继承下来,而释比对促进民间文学的传播和传承起到了很大的作用。因此,释比是羌族文化的主要传承者,经过他们世世代代的口耳相传和各种实践活动,羌族的宗教、典籍、戏剧、文学、习俗等传统文化得到延续和发展。

然而,由于自身的一些因素和历史、科学技术等影响,释比文化正在或者说已经被边缘化。与其他许多民族的非物质文化一样,释比文化也面临着全球化及现代化高速发展的巨大冲击。

一是释比高龄化,传承人匮乏。现存的释比普遍年龄较大,健康状况较差，有的还患有多种疾病。跟随他们学习释比文化的徒弟，都是释比的弟弟、儿子或孙子，且还没有一个徒弟是已学成出师的。

二是羌族语言文字状况的制约使保护和抢救显得更加迫切。统计数据显示，羌族人能说羌语的较少，不少羌族人已经转用汉语。虽然新中国成立后，国家完成了羌族拼音文字方案的设计并在羌族部分地区试行，但是，由于历史、现实等多种因素的影响，羌族拼音文字并没有得到广泛地推广和使用。

三是释比文化亟待抢救。释比通过拜师或父子相传学习，一般至少需要跟随师傅学习和实践三年。由于羌族历史上没有创制自己的文字，因此在学习宗教经典时，都是由师傅口授唱经和咒语，然后弟子通过熟练背诵加以掌握。释比文化的内涵都保存在人的大脑里，因此可能会随着释比的离世而失传。

2. 只有奔着经典去，才能更好地传承和保护羌族文化

1999年，全国少数民族古籍整理研究室开始组织各省市区民委少数民族古籍整理办公室申报"十五"全国少数民族古籍重点出版项目，四川省民族宗教事务委员会（简称"四川省民委"）将《羌族释比经典》上报并成功入选"十五"全国少数民族古籍重点项目出版规划。

《羌族释比经典》被列入全国少数民族古籍重点出版项目之后，项目各参与方都非常兴奋，因为项目从此有了较好的政策和资金保障。然而对于项目怎么做，特别是项目到底要做成什么样子，大家并没有明确的方向和目标。有的人认为顺利结项是第一目标，有的人认为只要尽力将释比经典挖掘整理出书就算成功。

听到各方的意见之后，我心里顿时"咯噔"一下。因为在我们这个行业，被列入国家或者省级重点项目的重大课题，很多会选择通过出书的形式来作为课题结项的成果展示。项目结项自然而然成为很多课题组的主要目

标，从而产生了大量为结项而结项的书，最终捡了芝麻，丢了西瓜。这些书有没有意义？当然是有的，但要说到影响力，恐怕不少都很有限。很多项目书都是在少部分人中流传，市面上无人知晓也无人问津。

随着对羌族释比、羌族文化的深入了解，当时的项目各方均意识到《羌族释比经典》对于抢救羌族文化所具有的重要意义，只是项目的流程制度让部分人"一叶障目"。最后，我提出《羌族释比经典》一定不能单纯地作为一个结项出版物、作为一个课题研究成果推出，否则其效果和影响力就小太多，我们必须要奔着经典去，将其打造成可以传承后世的经典，这样才能引起更多的关注，才能更好地保护和传承释比文化、羌族文化。我们要出一部大部头羌族文化精品，还要积极去申报各种国家大奖，用重大奖项提升项目的影响力，进而唤起人们对于羌族文化的关注。最终，这一观点得到了参与各方的一致认同，并将其贯彻到了项目实施的全过程之中。

在项目的起步阶段，四川茂县承担资料的搜集整理工作。茂县地区本身拥有丰厚的羌族文化资源，不过地方政府无力顺畅协调周边羌族聚居地的相关人力、物力资源。最初的两三年间，该项目推进迟缓，仅茂县羌族文学社整理编辑了内部资料《西羌古唱经》。但该文本较为单薄，无论在篇幅上还是体例上，均与古籍整理文本的国家标准以及经典名作的标准相去甚远。统筹该工作的四川省民委意识到，基层地方政府负责此类涵盖整个羌族地区的课题，容易被行政区划的藩篱所束缚。2004年，四川省民委紧急召集相关各方在汶川县召开《羌族释比经典》整理研究工作会，决定将此项目从茂县转移至阿坝师范高等专科学校（简称"阿坝师专"）。该校以少数民族文化艺术研究项目的名义，延请汶川、理县、茂县、松潘等地长期从事羌族文化研究，谙熟羌语、汉语的专家参与项目。至此，一个16人的课题组得以组建完成。

课题组成立不久，便开始深入羌族地区摸底调查，并将40余位散居在不同村寨的释比请到阿坝师专，对诸位释比的唱经进行了近10个月的录音录像，然后对这些资料进行整理并刻盘归档。随后，课题组着手翻译唱经，此时却面临两个难题：其一，课题组成员虽能熟练使用羌语，但唱经包含许多古羌语，晦涩难懂，且表现出各地方言土语的特征，难以辨识；其二，释比对自己掌握的经典自然了然于心，却囿于自身相当有限的汉语运用能力，无法与整理者进行充分的沟通解释。因此，这一过程往往伴随演唱者、翻译者、文化研究者的不断磋商，以达到各方均基本接受的汉语表述文本。尽力克服诸多困难后，到2007年，课题组基本完成了《羌族释比经典》的记音、直译、意译工作。

为了更好地完成《羌族释比经典》项目编辑出版工作，当时四川民族出版社专门抽调相关人员设置了对应的出版工作小组，并要求相关人员必须积极主动跟进课题组的进度，在必要情况下要陪同课题组进行田野调查，访谈释比。因为只有亲身经历才能更好地了解释比文化和羌族文化，才能更好地完成项目的编辑出版工作。此外，四川民族出版社针对这个项目，还定期举行项目推进会，核心的要求就是一定要提高内容质量、编辑质量等。后来，当四川民族出版社推荐《羌族释比经典》参评第二届中国出版政府奖图书奖的时候，全书285万字，抽查了上卷10万字，仅有两处差错，差错率仅为万分之零点二。

3. 挺起灾后重建的文化脊梁

正当《羌族释比经典》基本整理、翻译完成并经过编辑加工即将付梓之际，2008年5月12日，在四川省阿坝藏族羌族自治州汶川县发生了特大地震。

在四川盆地的版图上，理县、汶川、茂县、北川刚好连成一条东北走向的斜线，轻轻划过四川北部。这个狭长地带聚集了中国90%以上的羌族人口，在汶川特大地震中，这四个地方无一幸免地遭受了毁灭性的破坏。

无数文物、羌族出版物、民俗、音乐、舞蹈等珍贵资料,都在这次灾难中遭劫。北川羌族民俗博物馆被整体掩埋,805件馆藏文物无一幸免,同时该县的羌族文化研究中心也尽毁;北川在此次特大地震中被埋的有国家二级文物2件,三级文物121件,一般文物280余件;汶川县文物管理所的国家一级文物瓦司差役碑更是被摔成了7块。不少文化遗址也未能幸免于难,营盘山新石器时代文化遗址、北川永平堡石砌古城墙、茂县勒石村聚居遗址、克枯栈道、黑虎乡的碉楼、撮箕山以及营盘山石棺墓葬群等均遭到不同程度的损毁。

不止物质文化遗产遭遇巨大损失,羌族地区非物质文化遗产的情况更不容乐观。根据西南民族大学教授侯斌的调查,汶川特大地震造成了近3万羌族人口死亡或失踪,几乎占羌族总人口的10%,其中还有不少释比和羌文化研究专家。这无疑是对这个历史悠久、文化璀璨而人口较少的民族的一次沉重打击,如北川知名的羌文化研究专家谢兴鹏以及一位会吹羌笛的传人、两位能主持祭山会的老释比均在地震中遇难。

面对这种严峻的形势,社会各方都无比关注并积极呼吁抓紧对羌族文化进行抢救和保护。面对这样深重的灾难,我们意识到,《羌族释比经典》的出版有了更加非凡的意义。

当时《羌族释比经典》前期的编撰工作已基本完成,四川民族出版社、四川省民委等相关部门和阿坝师专课题组已经开始讨论具体的出版事项和出版时间。但是汶川特大地震使位于汶川县城的《羌族释比经典》课题组遭受严重打击。

"交通道路塌方""通信网络完全中断""形成堰塞湖""震中在汶川""地震等级高达里氏8.0级"……一个个坏消息传来,令人揪心不已。我的内心无比担忧,这场突如其来的灾难给课题组成员和课题带去了多大损失?更重要的是,生活在高山峡谷中的具有"羌文化活化石"之称的老释比,他们能够劫后余生吗？

万幸的是，课题组成员全都安然无恙，但是《羌族释比经典》前期项目材料遭到巨大的损毁。课题组带头人、阿坝师专副校长陈兴龙向我详细描述了当时课题项目所遭受的损失：一是《羌族释比经典》文字材料全部被压于危楼，根本无法取出；二是《羌族释比经典》的音像材料打包袋陷于危楼，去向不明；三是2008年5月前三个月的《羌族释比经典》电子文档，由于计算机被毁，前功尽弃；四是《羌族释比经典》研究人员的名单陷于危楼，无法提供具体人员名单，加之老释比在这场地震中也有部分死亡和失踪，对最终完成《羌族释比经典》工作造成了严重影响。事后几年，经多方了解，才知道有的释比在震灾中不幸身亡，加之年龄的因素，阿坝州内幸存的释比已不足20人。

为全力保护和抢救在汶川特大地震中受损的羌族传统文化，完成羌族古籍《羌族释比经典》的编撰出版任务，7月15日，四川省民委及阿坝州民委、阿坝师专以及四川民族出版社在成都联合召开了《羌族释比经典》抢救、保护和编辑出版现场办公会，对《羌族释比经典》课题工作中一些亟待解决的困难进行了充分的商讨。与会各方表示，将同心协力、紧密配合，努力解决《羌族释比经典》出版工作中所面临的困难。为确保这项工作有效推进，四川省民委为课题组提供了临时工作、食宿等基本生活办公条件。

功夫不负有心人，在各方的共同努力之下，我们顺利完成了这一出版任务。2009年5月7日，为了庆贺国家"十一五"重点文化项目《中国少数民族古籍总目提要·羌族卷》和全国少数民族古籍重点出版项目《羌族释比经典》的出版，国家民委全国少数民族古籍整理研究室与四川省民委联合在成都举行了隆重的首发座谈会。时任国家民委副主任丹珠昂奔、省人大常委会副主任张东升、省政协副主席晏永和，以及专家学者共计150余人参加了座谈会。包括《人民日报》、《光明日报》、中央电视台在内的18家全国主流媒体的记者到会。各级领导对于《羌族释比经典》给予了非常高的评价,时任四川民委主任敬全林说道:"这两部承载着羌族数千年历史文化的百科全书,对羌文化的弘扬和延续具有十分重要的意义,四川民族出版社出版的《羌族释比经典》更是填补了羌族释比研究领域的空白。"时任四川省人大常委会副主任张东升这样评价:"《羌族释比经典》的出版,既抢救和展示了羌族丰富多彩的民族历史文化遗产,对加强我国各民族对羌族历史文化的了解、促进各民族的文化交流将起到十分重要的作用,又将填补全国乃至世界羌族文化研究领域的一项空白。"

(四)书写民族地区自然风光的锦绣华章

在我国,少数民族地区地域辽阔、资源富集、风光秀丽、民风多样。作为一家民族出版社,四川民族出版社一项重要的职责就是彰显民族元素、展示民族风采、展现民族风貌。我在四川民族出版社任职期间,不但推出了大批民族典籍,为推动民族文化传承、彰显中华文化的多样性做出了贡献,还出版了众多高质量的精品画册,用极具视觉表现力和冲击力的方式向世人展示了民族地区的风貌,助推民族地区文旅事业的发展。

1. 九寨沟、黄龙申遗的故事

40多年前,九寨沟被掩没在岷山的千沟万壑之中,虽然风景独好,但少有人问津。20世纪60年代,九寨沟片区被划为木材采伐区,在茂密的原始森林中,只有林业部门拖拉机的影子穿梭其中。

1975年,时任中国林业科学研究院院长的吴中伦来九寨沟考察伐木情况,结果被九寨沟的美景震惊了。于是,他建议四川省政府和四川省林业厅将九寨沟保护起来。1981年,九寨沟被确定为国家级风景名胜区;1984年,九寨沟风景区管理局成立。这个藏在深山中的仙境终于向外界敞开了怀抱。在20世纪80年代,一大批关于九寨沟的影视作品、书籍资料相继亮相。在这些影视作品和书籍的带动下，九寨沟为更多的人所熟知。

但真正让九寨沟成为世界的九寨沟，为全体国民乃至世界人民所熟知，则是在1992年。当年12月，联合国教科文组织世界遗产委员会决定，将我国的武陵源、九寨沟、黄龙3个国家级风景名胜区作为世界自然遗产列入《世界自然遗产名录》。

1991年春节刚过不久，四川省建设委员会便收到了上级传来的文件，随即，南坪县（今九寨沟县）、松潘县便成立了联合国自然遗产上报材料领导小组，负责编写申报文本、组织拍摄风光片、赶制录像带幻灯片等，并请求四川民族出版社协作编写申报文本。

申报文本由时任四川省副省长马麟、罗通达、丁长河，四川省人大城乡建设环境保护委员会副主任杜恒产和四川省建设委员会主任甘宇平担任顾问。当时我是四川民族出版社美术编辑，又出生在康巴大地，摄影记者出身，对九寨沟和黄龙比较熟悉，因此社里决定由我担任项目申报文本的责任编辑。

申遗文本是世界自然遗产申报过程中必需的核心资料之一。接到这一任务之后，我一直在思考申报文本到底该怎么编辑整理。首先整体内容要符合申报的技术标准，不能在文本种类上有所缺失。但仅仅符合标准和流程是远远不够的，因为这些都是规范性、标准化的描述，无法完全体现出九寨沟、黄龙的自然遗产属性和独特自然景观，更谈不上打动联合国教科文组织和世界遗产联盟的评审专家，体现特色才是申报文本的最大作用和意义所在。因此，除了和各个专家一起不断打磨文本文字、力求精益求精外，我们将工作重心放在照片资料上，把它作为整个文本中最具有冲击力和感染力的部分。定下这样的基调之后，我和十多位摄影专家立即前往九寨沟和黄龙，拍摄了成千上万幅照片，涵盖了当地的山水景观、动植物和风土人情等方方面面，最终从中选取了115幅九寨沟照片和107幅黄龙照片纳入正式的申报文本之中。

1991年10月2日，九寨沟、黄龙风景区的负责人将申报资料送到国家教育委员会。国家教育委员会、建设部、外交部联合向国务院提出《关于申报列入"世界遗产名录"第三批项目的请示》，申报任务正式完成。

1992年6月3日，联合国教科文组织卢卡斯（P. H. C. Lucas，新西兰人，国际自然与自然资源保护联盟、国家公园与自然保护区委员会主席）、桑塞尔（Jim Thorsell，加拿大人，国际自然与自然资源保护联盟高级顾问）在国家有关部门领导和专家的陪同下，前往考察九寨沟和黄龙风景区。

卢卡斯和桑塞尔两位都是见多识广的专家，他们震惊于中方提供的申报文本中所展示出的九寨沟和黄龙的风采，甚至私底下有些质疑其真实性。然而，他们来到九寨沟和黄龙之后，对其景色叹为观止，对绮丽的美景、独特的价值和有效的保护给予了高度评价。

1992年12月14日，联合国教科文组织世界遗产委员会在美国新墨西哥州召开的十六届大会上，124个成员国投票通过九寨沟、黄龙列入《世界自然遗产名录》，九寨沟和黄龙终于成为世界的九寨沟和黄龙。作为一名出版人，能够参与我国两个著名的风景名胜区的申遗工作，我倍感荣幸。

2.《蜀山之王》：对贡嘎山的全新解读

贡嘎山号称"蜀山之王"，是横断山脉的最高峰。我从小在甘孜生活成长，贡嘎山对于我的家乡和我的民族而言，有着独特的意义。然而，对于这样一座大宝库，我们对它的认知还远远不够。我们或许只惊讶于它的雄伟，或许只沉醉于它的神秘，对它的雄伟全貌和深邃内涵知之甚少。所以，我便策划出版了《蜀山之王》一书，对贡嘎山进行全方位展示和深度解读。为此，我们派出38名摄影师深入贡嘎山，用镜头为读者展示其全貌。

《蜀山之王》总共收录了200余张精美的图片，主要从以下三方面展示贡嘎山的神奇。

一是自然的奇迹。经过上亿年的地质塑造，贡嘎山悬崖和深谷密布，冰川与湖泊共存，这里隐藏着中国最东边的海洋性冰川、最大的古冰体遗迹、最美的高原湖泊等自然奇迹。为了展示这独属于贡嘎山的奇迹，我们选取了不同角度、不同季节、不同时刻的上百张自然景观图片编入《蜀山之王》中。

二是生命的天堂。贡嘎山地区有着8个植物带的垂直变化，区域内有名字可考的植物达4800多种，珍稀野生动物有400多种（其中国家级保护植物40多种、国家级保护动物28种）。这里汇集了各类濒危物种、孑遗物种、中国特有物种等稀有种类，是全球25个生物多样性热点地区之一。在《蜀山之王》中，我们搜集了飘拂黄精、康定木兰、水母雪莲、大熊猫、白唇鹿、红腹角雉等数十种贡嘎山地区特有珍稀动植物的实景照片。

三是人间的风情。贡嘎山区聚居着藏、汉、彝、回等多个民族，有着丰富多彩的民族风情和民俗习惯。此外，贡嘎山在藏传佛教中也享有极为崇高的神圣地位，是胜乐金刚的坛城所在地。为了体现贡嘎山的文化特色，我们专门选用了18幅图片对贡嘎山区域的民族风情和佛教文化进行展示。

在摄影师和出版社的共同努力下，在梅定开老师的帮助下，《蜀山之王》顺利出版，对进一步提升贡嘎山风景名胜区的知名度，推动藏族地区文旅产业的发展，发挥了积极作用。

3.《康巴风情》：我与摄影艺术家王达军的合作往事

王达军，中国当代著名风光人文摄影家，中国摄影家协会副主席，四川省摄影家协会主席，成都国际摄影交流中心主任。王达军数十年钟情于青藏高原和巴蜀大地，拍摄了大量反映中国西部风光、藏地风情和巴蜀人文的图片，形成了自己独特的摄影艺术风格，是中国20世纪后期西部风光人文摄影具有代表性的摄影家之一，两次荣获中国摄影艺术最高奖项——中国摄影金像奖。

雪山（罗勇摄）

深林（罗勇摄）

远行（罗勇摄）

麦收（罗勇摄）

家园（罗勇摄）

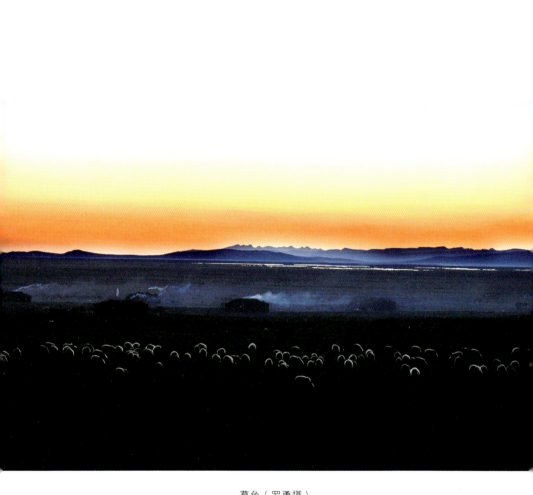

暮色（罗勇摄）

晚霞（罗勇摄）

原野（罗勇摄）

由于同为摄影爱好者，我很早便和王达军相识了，而且还有过合作。前文提到的我于1990年策划出版的《蜀山之王》，便采用了王达军大量的摄影作品。1992年，王达军从军队转业到《中国西南》画刊，我们在摄影方面的交流更为方便，我也向他学习了很多摄影方面的知识和技巧。1997年8月，王达军调到四川画报社，担任社长兼总编辑职务。这时候我已经是四川民族出版社的社长、总编辑，四川画报社和四川民族出版社都是四川新闻出版局的下属兄弟单位，我们之间的交流交往自然更加频繁。我当时看着这个"摄影获奖大户"和他无数精美作品，便想着我们之间能不能有更加深入的合作机会。

恰好有一个关键的时间节点到来了。我的家乡甘孜藏族自治州成立于1950年11月24日，是新中国成立后建立的第一个专区级少数民族自治州，2000年是甘孜州建州50周年。这时，我便想着策划一本关于甘孜州风情风貌的画册，王达军这时期的摄影作品很多聚焦在川西地区，所以便想让他提供相关的作品来出版。我把这个想法和王达军交流之后，他极为赞同，并且提出除了已有的照片之外，还应该专门为这本画册去甘孜州拍摄相应的作品，对于"康巴风情"这个名称我们更是一拍即合。

考虑到这本画册和甘孜州建州50周年有关，我们还和甘孜州方面进行了联系。选题得到了甘孜州委、州政府的大力支持，为我们的后续拍摄、出版提供了大量的支援。

项目实施过程中也有着不小的困难，其中最大的问题便是时间。当时王达军是四川画报社社长，我是四川民族出版社社长，我们都承担着大量的行政管理工作，并不能像以前那样专门抽出一个月甚至更长时间进行实地拍摄。面对这样的情况，我们商量后决定通过"挤时间"的方式去进行实地拍摄，在不耽搁本职工作的前提下开展项目，所以只有利用节假日和周末。我们大多是周五下午下班之后从成都出发，晚上赶到拍摄地，周六拍摄一整天,周日拍到太阳下山之后再返回成都,常常深夜才到家。有时候遇到堵车或者其他意外情况,到成都时天都快亮了,这时我们就直接到单位去上班。后来我了解到,这样的拍摄习惯王达军竟然持续到了退休。20多年的时间里,为了摄影事业,他几乎没有休过周末和其他节假日,着实让人深感敬佩。

《康巴风情》最后精选了226幅摄影作品,分成"神秘诱人的康巴""独特别致的生活习俗""独具特色的文化艺术""丰富多彩的民族节庆"四部分。画册以新颖的创意构思、独特的表现手法、夸张饱和的色彩对比、奇妙的光色原理和贴切的摄影语言,展现了康巴藏族地区巍峨壮美的地理风貌、绚丽多姿的民族风情、神秘玄妙的宗教礼仪,其中的每一幅图片,都可以说是摄影艺术精品。王达军还和时任《甘孜日报》副总编辑章戈·尼玛一起,为康巴地区独具特色的唐卡艺术、藏戏面具艺术、酥油花雕塑艺术等做了浓墨重彩的文字铺陈,进一步丰富了《康巴风情》的内容。画册的出版,是对藏族传统文化的抢救和保存,为了解、研究和开发西部高原提供了形象、直观的珍贵资料,同时也是藏族题材摄影作品中内容和形式完美结合的上乘之作,最终荣获第五届中国民族图书奖三等奖。

《康巴风情》出版之后,我和王达军还有过多次合作,仅2006年,便合作出版了《四川藏地寺庙》《梦幻四季九寨沟》两本画册。前者出版过程中,王达军走访了800多个藏地寺庙,拍摄了一大批展示四川藏地寺庙的宗教特色和艺术独特性的精美照片,选择了其中261幅编辑成书。

4. 庄学本人文摄影:打开尘封的历史瞬间

重新发现庄学本是学界公认的几十年来中国影像史学最重要的收获。

80多年前,当来自上海的普通职员庄学本,将1934—1942年间在四川、云南、甘肃、青海四省少数民族地区考察时拍摄的照片精选出来举办西康摄影展时,在成都和重庆引起了轰动,吸引了约20万人参观。他的照片展示了那个年代少数民族的精神面貌，为研究中国少数民族史留下了一份可信度极高的视觉档案与调查报告。

后历经各种战乱和动荡，庄学本的上万张照片丢失大半，余下的或散落在老杂志内，或封存在照相袋里，和主人一起在岁月中逐渐沉寂。1984年庄学本去世时，连"著名摄影师"这样的字眼也在悼词中被抹去了，留给家人的只有四本精选出来的手制相册。直到2005年，庄学本的第一本书《尘封的历史瞬间：摄影大师庄学本20世纪30年代的西部人文探访》由四川民族出版社出版，文化界、摄影界才再次知道这位已被遗忘数十年的摄影大师。此后，随着《羌戎考察记》等书的出版，他记录的影像才被更多的人了解，他在人类学和民族学上的贡献才得到认可，逐渐被公认为"中国影像人类学先驱"。

一直以来，四川民族出版社在出精品画册方面有着自身的优势，同时在业内享有一定的知名度，仅在2000年前后，由四川民族出版社出版的《中国彝族》荣获了第十二届中国图书奖，《康巴风情》荣获了第五届中国民族图书奖三等奖。也正是在这个时期，出版界出现"老照片热""老照片大战"现象，图文书开始成为出版界的新宠。无论是学术界还是出版界，都纷纷意识到老照片是一种重要的学术和出版资源，纷纷加大对老照片的挖掘开发。我也觉得这类题材是一个重要的出版方向。说来也巧，在四川民族出版社准备挖掘这方面的素材的时候，2001年夏天，我突然收到一封来自北京的信。

这封信是民族画报社原副社长马萧辉写给我的。在信中他首先肯定了四川民族出版社在精品画册出版方面所具备的专业优势和取得的成绩，然后他提到了他的前同事庄学本，说庄学本20世纪三四十年代在四川、云南、甘肃、青海四省少数民族地区拍摄了大量关于民族风情的照片，现在这些照片大多都在庄学本先生的儿子庄文骏手上。他还提到如果有机会的话，可以引荐四川民族出版社给庄文骏，由专业能力出色的四川民族出版社将庄学本先生的作品付梓，并留下了他的联系电话。

实际上，在2000年甘孜藏族自治州成立50周年之际，我就在纪念活动中见到了摄影大师庄学本先生20世纪三四十年代拍摄的川西、西康等地的历史老照片，意识到这些老照片对于记录、保存西南民族地区历史文化意义重大。所以收到这封信之后，我马上和马鼐辉社长通话，并由此联系上了庄文骏老师。接着，我便让社里的编辑马晓峰前往北京拜访。马晓峰现在已经是新华文轩副总经理，当时他刚毕业到四川民族出版社没几年，是个20多岁的年轻人，而且他本身是学美术的，专业能力出色，干事积极认真，所以我就把这件事情交给他去做。然而马晓峰在北京并没有见到庄文骏老师，因为庄文骏本人当时正在成都，和另一位摄影大师孙明经先生的儿子孙建三一起办了一场摄影展。最终马晓峰在成都文殊院和庄文骏老师见上了面。说明来意之后，他才知道庄文骏老师已经准备和另一家出版社签约出版他父亲的摄影作品了。马晓峰是个有干劲的年轻人，而且在和庄文骏老师的首次交谈中，已被庄学本先生的传奇人生和摄影作品所折服。面对这样的情况，他不死心地主动向庄文骏老师提出建议，希望庄文骏老师先不要急着和其他出版社签约，等他一周，看看四川民族出版社的编辑方案，再决定和谁签约。

我对马晓峰的做法表示全力支持，并告诉他，这个项目很好，值得去争取，让他放心大胆地做，一定要从内容阐述、形式展示等方面体现出我们四川民族出版社的特色和吸引力。随后马晓峰便加班加点地投入到对庄学本摄影艺术的研究。在社里初步定下策划方案后，他便立即赶到北京庄文骏老师家所在的百万庄大街，找了家小旅馆住下来。根据他事后的汇报，当他敲开庄文骏老师的家门时，对方在诧异之余，也被四川民族出版社的诚意打动，并让他充分接触了庄学本先生大量日记手稿。就这样，马晓峰在小旅馆待了一周，通过对庄学本先生大量一手资料的挖掘，对书稿的策划也逐渐成熟。整部书稿不再只是展现庄学本先生的摄影作品，而是以他旅行的时间和路线为线索，配上大量的考察手稿和日记，整理了许多地名、人名的背景注释，全面呈现了一代摄影大师探访西部、报效国家的漂泊之旅。

后来，庄文骏老师认可了这个方案。出版流程在庄学本先生曾经的同事马鼐辉、王昭武几位老先生的大力支持下顺利推进，其间，四川民族出版社还专门邀请了民族影像文化学者朱靖江先生为书稿撰写序言——《漂泊的瞬间》，完美地诠释了庄学本先生的漂泊人生。定稿前，关于书名，大家出了很多点子，但是都不是非常满意。后来还是马晓峰构思了"尘封的历史瞬间"的书名，并策划了一句推广语——"打开尘封的记忆，串起散落的时光"。这些想法不仅得到了出版社全体的认可，庄文骏老师也极为赞同。就这样，《尘封的历史瞬间》正式出版了。这本书应该是20世纪80年代以后庄学本先生摄影作品的第一次出版，在摄影界和出版界都产生了巨大影响，掀起一股研究庄学本先生的热潮。

庄学本先生的拍摄历经了我的家乡——甘孜的山山水水，珍贵的照片和它背后的故事让我为之神往。我看到家乡在那个年代很鲜活的一些景象，人们脸上洋溢着很轻松、很有生活味的表情，透过相机和读者的目光交汇，穿越时空，让人身临其境，回味无穷。照片精度非常高，照片中人们的服饰和现在差异很小。

《尘封的历史瞬间》不像我们编其他老照片那样只把作品收集好、整理好，编排出来就行了。在这本书里面，除照片之外，还展现了庄学本先生的个人魅力，他的个性、他所生活的那个时代、他的选择和他的一腔热情。这也是这本书最想传达给大众，但也最难表达的地方。所以，在编辑书稿的时候，大家一起想了很多办法，最后决定把他百万字的日记给提炼展示出来。这些日记，都是他心事的吐露，很有纪实价值。

在2005年出版《尘封的历史瞬间》之后，我们又立马开始了《羌戎考察记》的策划编辑工作。《羌戎考察记》从学术层面探讨了庄学本受华西协和大学博物馆馆长葛维汉、民族学家任乃强等一些学者的影响,以民族学、人类学方式从事田野调查的价值。他从一些简单的游记和风土人情记录开始,逐步走上了考察、调查和研究的道路。《羌戎考察记》主要展现他考察的路线、经历的故事等,也包含很多有意思的东西。当时为推荐这本书,四川民族出版社专门请茅盾文学奖获得者阿来先生写了一篇序,因为庄学本的考察线路正好经过了阿来先生的家乡,也涉及阿来先生成名作《尘埃落定》的发生地——卓克基官寨。这是一个很好的让当代读者穿越时空和他对话的点和纽带,所以阿来先生序的题目叫作"在一本书中游历故乡",建构了一个很好的契合点。这本书出版后影响很大,2006年还入选了国家新闻出版总署第二届"三个一百"原创出版工程。

2018年,在汶川特大地震10周年之际,我与时任四川美术出版社社长马晓峰共同策划了《羌族影像志——从叠溪大地震到汶川大地震》一书。通过"穿越时空的凝视"这样一种独特方式,将庄学本先生拍摄的20世纪30年代叠溪地震前后照片与当代摄影师拍摄的汶川地震前后照片对比,让读者思考两场地震灾难对古老民族的影响,关注震后民族文化的传承保护。这部书成为当年四川出版界唯一一个"中国文艺原创精品出版工程"项目,入选国家出版基金资助项目。图书出版后又以"凝视与对望"为题举办专题摄影展,在摄影界和文化界产生了很大影响。

为更好地将学术价值与艺术价值相结合,呈现庄学本先生1934年至1941年在西部边区的行走经历和图像考察,全面反映20世纪30至40年代中国西部民族地区的风貌,呈现一代摄影大师探访西部、报效国家的家国情怀,我策划了三卷本的《西行影纪》。选题被列为2021年四川省重点出版项目,由马晓峰主编,四川美术出版社2021年出版。书中所展现出的人性的温度与尊严,令人动容,对当今人文摄影具有重要的参考价值。该书出版后在出版界和摄影界都产生了很大影响，获得由中国编辑学会颁发的第三十届金牛杯优秀美术图书铜奖，被评为第六届中国摄影图书榜年度摄影集、第七届单向街书店文学奖的2021年度作品等，并被评为2022年度"四川好书"。

5. 吕玲珑与他的画册：对精品出版的敬畏之心

吕玲珑是一位探险摄影家，他不断用镜头记录着西部的高山峡谷，不时有作品见诸报刊，使人们震撼于其画面之美。一年中有一半时间都在藏地采风的吕玲珑，从20世纪80年代走上职业摄影道路开始，就一直把镜头对准壮丽的西部，藏地自然人文景观成了他摄影作品永恒的主题。

1995年，吕玲珑来到甘孜州的稻城县，他历尽艰辛，发现了亚丁美景。稻城县原本想请吕玲珑帮助出一本反映当地新面貌、新成就的画册，吕玲珑认为这样没有多大意思，应该出一本精美的风光画册。

当时，四川民族出版社的美术编辑部发展得很好，尤其在以川西自然地理风光、民族民俗风情为主题的画册出版方面比较有影响力，也出了不少获奖作品。当时我是四川民族出版社的社长，又是摄影师和美术编辑出身，因此就有幸和吕玲珑进行了多次合作，并最终出版了《中国西部太阳部落——石渠》《圣地稻城亚丁——蓝色星球上的最后一片净土》等作品。

在和吕玲珑的接触中，我记忆最深刻的是他对精品力作的强烈追求，以及他对摄影的敬畏之心。吕玲珑是个什么样的人？他是最顶尖的摄影家，这种顶尖不仅体现在他的拍摄技术和行业影响力上，更体现在他对作品的高质量要求之中。

他和四川民族出版社签订《中国西部太阳部落——石渠》出版协议之后，对我们说道，他可以保证他的图片是顶尖的，那么四川民族出版社也一定要安排最顶尖的编辑，序言要请最顶尖的人来写，序言的藏文版更要请一流的专家进行翻译。除了这些，他对画册内容的要求更是严格。当时，有一张雪山的照片，因为太过明亮，我们的编辑在电脑上将它做了柔化处理。他看到之后大发雷霆，质问雪山为什么没有那么亮，在了解到经手的编辑没有去过藏族地区之后，他说，你都没有去过怎么能够随意处理这张图片？当地的天蓝就是蓝透了，雪白就是白透了。后来，他所拍摄的图片绝不轻易让别人进行编辑调整，一定要一张一张地亲自过目，每张图片的任何细微调整都要经过他的同意。社里的同事听到这些情况之后，很多人觉得他虽然是全国最顶尖的摄影家，但是未免太恃才傲物了。在我看来，吕玲珑傲气是有，但是这其实恰恰是我们做精品出版应该有的态度和追求。因此，后来我们安排了全社最优秀的几位美术编辑负责他的画册的编辑工作，并邀请了四川电视台的著名编剧为画册作序，而序言的藏文版则是让当时四川民族出版社总编室主任泽仁扎西进行翻译，并按照吕玲珑自己的思路，没有用翻译的腔调，而是用重新写作的语言方式翻译，还发表在一本文学杂志上。正是由于这种精益求精的态度，《中国西部太阳部落——石渠》出版后取得了良好的社会反响，还荣获了2002年第五十二届美国印刷大奖"班尼奖"。

除了对出版物的高质量要求之外，吕玲珑对于自己所拍摄的照片有着更加苛刻的要求。有时候为了确保独特景物及动植物的拍摄效果，他一等就是几十天。在石渠县的时候，为了拍摄草原晨曦的镜头，他每天凌晨4点就冒着严寒上山。拍完了之后觉得不满意，第二天再去，第二天不行第三天再去，有时候刚刚去了天气不好又摸黑回来，以至于最后跟着他一同去的县里的工作人员全部都坚持不下去了，他就一个人去拍摄。

吕玲珑经常深入极地拍摄，探险足迹所至大多数都在雪线以上。这样的高度，能到达的人寥寥无几，有的地方甚至地图上都没有标注。他的日常就是自己驾驶一辆北京吉普，在险山恶水中寻寻觅觅，先后开坏了几辆车，还发生过多次车祸。一次是在甘孜翻车，人和车一起落水；另一次是旱地翻车，人被扣于车底，多处骨折……但吕玲珑"创作第一"的初衷不改。一年里，他少说有半年靠睡袋帐篷宿于野外。西藏阿里地区，别人视为畏途，他却八进八出。太阳谷，车路不通，一年的时间，他基本上是在马背上度过的。这种苦，很多人吃不下来，吕玲珑却乐在其中。一生的积蓄，他大都投入到摄影上，他所使用的莱卡相机等设备，是同行中最好的。

1986年以前，吕玲珑就在国内外影展中拿过不少奖，并多次举办个人摄影作品展，另有100多幅作品被海外艺术机构收藏。但是20世纪90年代以后，他就不太热衷于评奖，也不参加任何官方举办的影展和评比，而是激情万丈地展开了西部探险摄影。后来当我问起此事，他淡定地说："原因很简单：当我怀着功利的心态参加一个比赛，那么再好的作品也是失败的，因为这是我做人的失败；而被大众喜爱的作品，即使不参加任何比赛，没有得过任何的奖项，它也是成功的，因为它让很多人享受到了美和艺术。"这番话让我大受触动，对于民族出版而言，何尝不是这样？我们做出版如果局限于应景、应时，那么很难出现经典名作和传世精品。

稻城亚丁因为洛克而为世人所知晓，又因为吕玲珑的画册，变成中国人尽皆知的旅游胜地，无数后来者扛着长枪短炮却再难有超越吕玲珑的作品出现。同样的地点、同样的朝阳，是什么成就了他的独一无二呢？答案可能就在这里。

6.《青藏高原珍稀野生动物》：保护高原精灵

青藏高原因地处高寒，动植物生长极为缓慢，生态环境十分脆弱。20世纪60年代以后，自然环境恶化，青藏高原上各类珍贵野生动物的生存面临着巨大的困境。关注青藏高原的生态环境、保护青藏高原的珍稀野生动物已经刻不容缓，为此，我策划出版了《青藏高原珍稀野生动物》一书。

《青藏高原珍稀野生动物》一书的策划时间是2005年前后，当时我不但是四川民族出版社的社长，还在四川出版集团管委会担任分管财务的副主任，并没有太多时间直接参与某一本书的编辑出版过程。但是，当长期在青藏高原和横断山脉从事保护生物学、景观生态学研究和野生动物保护的资深专家彭基泰先生提出想要出版一本反映青藏高原珍稀野生动物现状的图书的时候，我当即决定由我亲自担任策划和责任编辑，并和彭老一起邀请长期从事野生动物研究的众多专家、学者和著名摄影师参与制作。

我们邀请了中国工程院院士、中国动物学会常务理事会名誉理事长马建章先生，中国科学院院士、世界雉类协会理事长、中国鸟类学会名誉理事长郑光美先生等著名学者参与《青藏高原珍稀野生动物》一书的编辑出版工作。国际野生生物保护学会科学与探险部副主席、1980年世界自然基金会金质勋章获得者乔治·B.夏勒为该书的科学顾问并审订全书，另有多位专家审阅该书中相应研究领域的内容。先后参与该书研讨、审阅的学者和专家达50余名，使该书的学术价值得到了可靠的保证。图片作者队伍则是由长期从事野生动物研究的众多专家、学者、专业技术骨干和著名摄影家、观鸟爱好者等构成，他们为该书提供了大量精美绝伦的照片，其中不乏珍贵的、世界仅有的野生动物原生态照片。强大的项目团队，加之项目本身所具有的极高的出版价值，使之被列为国家"十一五"重点出版规划项目，并获得了中华优秀出版物提名奖和全国少数民族优秀图书出版资金资助。

该书的选题虽好，但出版过程中遇到了很多困难。雪山的静态易出佳作，野生动物摄影则比较困难。拍摄野生动物是一项艰苦的工作。拍一张照片并不会花费太多时间，但是在拍照片之前需要花费大量的时间去了解动物的习性，把握它们的作息时间和出没位置。恶劣的拍摄环境暂且不说，有些珍稀动物本来数量就极其稀少，比如画册中记录的雪豹，找到它们都很难，我们通过和藏民的接触才了解到它们大概的活动范围。而雪豹警惕性又很高，一有风吹草动就逃之夭夭。最后，我们的摄影师更卓喇嘛在历经长时间的等待之后，才在四川省石渠县真达乡普马村用DV拍摄下几幅珍贵的雪豹图像。这也是在中国境内首次用DV拍到的野生雪豹。

另一些动物，比如鸟类，走近了拍，容易惊动它们，在远处用长焦拍，又很难控制稳定性，使用脚架等稳定设备又会牺牲掉镜头的移动速度。鸟类动起来很快，而且动作走向难以预测，镜头跟踪的难度特别大，肉眼都看不清，更何况长焦镜头呢，一旦跟丢了找都找不回来。我在为画册拍摄黑颈鹤之时，为了一张照片常常一动不动地等好几个小时。在拍摄了上百张素材之后，才最终等来它展翅飞翔的一刹那。相比于技术和方法，耐性和运气更是不可或缺。

除了这些问题，在青藏高原进行拍摄还面临其他地区所没有的困难。食物相对短缺，很多时候只能吃速食食品；高原地区气候无常，上午冰雹下午烈日；生活条件恶劣，厕所只是临时刨出的一个大坑……最终，在历经五年的照片搜集和艰辛创作之后，《青藏高原珍稀野生动物》于2010年4月24日在成都举办的第二十届全国图书博览会上与读者见面，成为国内第一本展示青藏高原珍稀野生动物多样性的摄影类大型画册。

全书以623幅精美的原生态照片展现了318种分布在青藏高原上的有代表性的野生动物，科学地记述了它们的野外识别特征、主要生物学和生态学习性、食性、繁殖生态及栖息地环境、地理分布、受威胁现状、国际国内保护级别、濒危等级等。正如郑光美院士在该书序言里所说的那样："《青藏高原珍稀野生动物》具有极好的科学性、学术性、科普性和可观赏性，是一本能增强人们热爱大自然，热爱野生动物，使人与动物、人与自然和谐共处的好书，是一本生态效益和社会效益双赢的好书！"

四、用心用情，知人识人

出版是内容创意产业，内容创意的源泉则是各类出版人才。一个出版社的发展，首先要解决的是人才队伍建设问题，而人才队伍建设，就要从解决干部职工最迫切、最需要的问题着手。

（一）解决员工的后顾之忧

四川民族出版社和其他出版社最大的也是最显著的不同，就是职工构成。四川民族出版社当时有80余名职工，其中少数民族职工占了近一半。在成都这样一个传统的汉族聚居地，少数民族职工"密度"这么高的单位是极其少见的。因此，四川民族出版社除了出版民文图书，维护国家、区域的民族团结进步之外，维护单位内的民族团结、职工团结也是格外重要的事情。我在四川民族出版社工作期间，有一个质朴的想法，就是队伍建设最重要的是人心。俗话说"人心齐，泰山移"，只要大家团结一心，没有克服不了的困难，没有办不成的事情。解决人心齐的问题，就要设身处地为职工着想，帮助他们解决后顾之忧。

1. 解决职工住房问题

要说当时四川民族出版社干部职工最关心的问题，那肯定是住房问题。

改革开放之后，我国住房领域开启了商品化过渡的历史阶段。20世纪80年代初推行"优惠售房"试点。1986—1988年上半年推行"提租增资"改革，并首先在山东省烟台市进行试点。此后，国务院多次下文推进住房改革。

1998年6月在北京召开的全国城镇住房制度改革与住宅建设工作会议，决定从1998年下半年开始，停止实物分房，进一步推进住房商品化，把以往以住房分配实物化为特征的计划配给制度，改变为以住房分配货币化为特征的住房商品化制度。

当时，社里面已经意识到以前计划经济体制下那条住房完全靠政府包下来实行分配的路子将不复存在了，现阶段虽然各单位在住房方面还有一定的福利，但是随着市场化发展，这些福利必然逐渐减少乃至消失。所以在我担任四川民族出版社社长之前，社里便决定要修建自己的住房，只是由于各种现实问题一直没有具体实施。

四川民族出版社在住房方面当时存在两个问题。

第一个问题存在于在职的干部职工中。社里很多干部职工，特别是青年职工都是少数民族，大多来自甘孜、阿坝、凉州三州地区。对于大家而言，在成都工作生活，最重要的问题就是住房问题，有了属于自己的住房才真正算是在成都安身立命，工作上才没了后顾之忧。但是，从当时的经济条件来讲，三州少数民族地区相对较差，能够把子女供到大学已倾尽全力了，哪里还有钱给子女买房子？

第二个问题存在于离退休的干部职工中。当时社里所管辖的离退休老干部已经有近20人，平均年龄超过75岁。老干部大多年事已高，而且大多患有各种疾病，已经进入典型的"双高期"（高年龄、高发病期）。正因为如此，他们对于住房往往有着特殊的诉求。当时，社里每年都会接到老干部大量的来信、来访，反映的一个突出问题就是住房问题。当老干部们身体还好时，住房楼层高低并不成问题；可随着年岁增长，高楼层就成为困扰他们出行的现实难题。除此之外，住房环境差、面积小也是当时亟须解决的难题。1984年下发的《中共中央办公厅、国务院办公厅关于贯彻执行离休干部生活待遇规定的通知》明确要求，离退休干部的住房标准享受同级在职干部的待遇。但是，20世纪八九十年代社里历次调整住房的时候，由于各方面原因，很多离退休干部并未参加，他们当时还居住在三四十年前修建的房子里，房屋陈旧、逼仄。

1999年春节前夕，我和社里相关同志一起去看望一位退休的老社长。老社长已经是耄耋之年，身体大不如前，看到我们前来自然是非常高兴，拉着我们不停地讲述当年四川民族出版社的发展历史，不仅询问现在社里的发展状况，还不断地问我们外边的变化。当我们离开的时候，老社长站在家门口冲我们挥手:"老头子现在不中用了,就不送你们下去了。"我这才知道老社长由于腿脚不便,又住6楼,已经很久没有出过家门下过楼了。

当时我大为震动,回社后马上让办公室统计全社离退休干部和在职职工的住房情况。以前都是听到大家偶尔抱怨一家人挤在一起,住房不方便,统计了之后才知道大家住房问题这么严重。当时全社包括离退休干部在内一共90多名职工,住房面积仅为5013平方米,户均住房不足54平方米,其中40%的职工仍然住在20世纪六七十年代的房屋里,大部分离退休干部的住房都在4楼以上。部分在职社领导及相当部分高级职称编辑、中层干部的住房面积都在80平方米以下,住房面积严重不足,在职总编辑、副社长中有两人的住房面积仅为68平方米。1996年发布的《中共四川省委办公厅、四川省人民政府办公厅关于清理纠正党政机关干部违反规定建房住房等问题的实施办法》,规定科级及一般干部住房面积为70—85平方米,县处级干部住房面积为90—105平方米。由此可见,四川民族出版社在住房方面是"违规"了,但不是超标,而是远没有达到规定的下限,干部职工的住房面临着严重困难。

看到这份统计报告之后,我沉默了许久。这几年四川民族出版社发展势头良好,各项国家大奖拿个不停,系统内都知道我们社有钱阔绰,有底气投资各种重大出版项目。这是社里广大干部职工共同努力取得的成绩,大家沉浸在一个个项目中,一干就是几年甚至十几年,为民族出版工作献出了自己的青春年华。现在社会市场化了,越来越讲求经济效益了,四川民族出版社发展了,也取得了不错的经济效益,广大干部职工应该得到相应的回报。

深思熟虑之后,我暗自下了一个决心,那就是想办法一定拿出真金白银,将社里修建住房的计划落实下来。

当我在社里正式提出推动建房计划之后,部分社领导陷入了沉默。一方面大家希望能够彻底解决干部职工的住房问题;另一方面大家又担心这种大手笔的投资，省局会不会同意，而且这么大的投资、这么大的工程，又涉及分房等个人利益，容易招人闲话、沾惹麻烦。这其实也是建房计划之前推进较慢的原因之一。但是，我觉得这是解决广大干部职工住房问题的最佳方案，能在房改的大背景下彻底解决四川民族出版社发展的后顾之忧，从而提振大家的工作热情，鼓舞全社干部职工的士气，有利于出版社的长远发展。就这样，在排除万难、多方争取后，社里最终筹集了1700万元的资金，在武侯区九茹村35号修建了四川民族出版社职工宿舍。建房过程中还有一个小插曲，省新闻出版局一位领导私下批评我搞"山头主义"，不和全局统一行动，让其他单位有了意见。我觉得，作为一家民族单位的一把手，作为一个少数民族干部，必须"有所为"，该担当的时候必须要有担当。如果这件事有利于四川民族出版社的发展，那就应该去做，至于个人声誉得失在这种大是大非问题面前是次要的。而且，我内心深处没有任何的私心杂念，我问心无愧，也没有包袱。我所主导的给干部职工建房也好、分房也好，我个人都没有参与。当时很多人都开玩笑说："罗社长，你给社里所有人都解决了住房问题，唯独忘了你自己啊！"

当时正值房改时期，虽然社里已经不再实施无偿分房制度，而是需要通过货币购买才能获得房屋，但是优惠的购买价格还是让广大干部职工受益匪浅。前文提到的《藏族美术集成》编辑部负责人嘎尔玛泽朗，当时刚毕业进入社里工作，听到房改政策下需要拿出3万多元才能购买70平方米左右的房子，就很不愿意，甚至想要回阿坝乡下老家。他跑来跟我抱怨："成都待起来太恼火了，这么多钱我一辈子都还不完，我一个月工资才300多块，这要将近10年才能还完，这样父母老了之后怎么办？我要回阿坝去！"听了他的话，我以一个兄长的身份严肃地跟他讲："我们都是来自民族地区，能从阿坝走出来很不容易。老家所有人都想着往省城成都奋斗，你倒好，一心想着回去。你说工资低，这只是暂时的。眼光要放长远，工资收入都是随着社会发展逐渐增长的。我刚到川民社时一个月工资才几十块,比你低多了,这才多少年,工资都涨了很多了。以后你的工资也会涨的,所以努力工作才是你现在应该认真考虑的事情!"嘎尔玛泽朗听了我的话,还是想办法买下了那套房子。后来听说他将这套房子转卖之后得到了26万元,然后又花43万买了套新房子,面积更大、环境更好,当然生活质量也提高了。

九茹村的职工宿舍修建起来之后,虽然解决了绝大部分干部,特别是社里那些住房条件最差的离退休干部和老职工的实际困难,但是九茹村35号这个地方位置狭小,能够修建的房屋数量有限,不能满足所有职工的需求,所以还有相当一部分干部职工的住房问题没有得到解决。长此以往,我担心原本做的是一件好事,反而会出现打击大家的工作积极性,甚至影响社里团结的情况。

因此,1999年5月,我安排办公室拟了一个报告,向省新闻出版局申请自筹资金250万元购买成都市锦江区镋钯街红星公寓7套住房。2000年11月,我安排社里再次向省新闻出版局和省房改办提交购房申请,提出在我们财力能够承担的范围内,集资购买省房地产开发总公司大石西路36号20套职工宿舍,总面积3180平方米,总投资938.1万元,其中职工集资207.5万元,住房周转金123万元,公益金607.6万元。通过这两次购房,终于解决了部分中层干部和年轻无房干部的住房问题。至此,社里几乎所有干部职工的住房问题都得到了解决,广大干部职工大受鼓舞,也为出版社的进一步发展提供了强有力的精神动力。

2. 关注职工工作和生活上的实际困难

除了住房这种人人关心的大事之外,职工工作和生活上的实际困难,也是我重点关注的。

李峰铭同志1961年毕业于四川大学中文系,毕业之后在四川省委宣传部工作,后来调入四川民族出版社,历任编辑、编室主任、副社长、总编辑等职，直到1999年退休。他为人正派，工作勤奋，可以说为民族出版事业辛劳了一生，也为四川民族出版社的发展做出了巨大的贡献。

李峰铭同志在任期间，组织了一大批高水平的专家学者，为四川民族出版社独立编写了一套中小学同步练习教辅图书。这套图书质量很高，后来发行到了全国十几个省区，取得了良好的社会效益和经济效益，为四川民族出版社的发展奠定了较好的经济基础。

同时，他担任责任编辑时出版了许多具有重大影响和学术价值的重要图书，如《傣族史》《彝族史稿》《羌族史》等书，开创了我国少数民族专史编写出版的先河。另外，他编写的《四川植物志》（15卷）、《贵州植物志》（8卷），是川黔两省植物学研究和资源开发的基础性图书，具有重要的学术价值。鉴于李峰铭同志在民族出版事业上所做出的突出成绩，1993年，省人事厅951号文件授予他"突出贡献专家"的光荣称号。

1997年，不幸的事情发生了。李峰铭同志在赴都江堰组织教材审定会的途中，不幸遭遇车祸，造成大脑颅腔内长期积水，留下许多后遗症。虽经多次手术，仍未能康复。对李峰铭同志来说，最糟糕的是，因为退休之后的待遇问题就医用药压力巨大，对后期的治疗和生活造成了很大的影响。

了解到这个情况，我的心情久久不能平静。我一直在想，李峰铭是多么优秀的一位同志啊！他在职期间，始终坚持党的出版方针，严格执行国家的法规政策，出版的图书"双效益"突出。他工作作风严谨，担任领导工作从不谋取私利，勤奋吃苦，不计较个人得失。可是这样一位优秀的同志，这样一位为了民族出版事业奉献了一生的同志，却在遭遇不幸后连医疗和生活都保证不了。我为之心痛，可以说，这对那些为了党和国家事业鞠躬尽瘁奉献一切的人很不公平，我必须要为这些人做些什么，才能对得起他们，对得起大家的期望。

于是，我专门安排工作人员打了报告，按有关文件精神，请求上级部门批准，提高李峰铭同志的药物报销比例。组织上对此也非常重视，在领导的关怀下，在我们的争取下，最终提高了李峰铭同志的相关待遇，让他得以有一个较好的治疗和生活条件。

3. 让业务骨干心无旁骛

仁青才让是1995年从西北民族学院藏语系硕士毕业的，毕业之后就被分配到四川民族出版社从事藏文编辑工作，是当时社里为数不多的硕士研究生。他在进入四川民族出版社之后，凭借优秀的藏语言学功底和积极上进的工作态度，迅速成长为藏文图书编辑部的业务骨干。参加工作的第三年，他就被评为四川民族出版社年度先进个人。当时，四川民族出版社整体处于快速发展的时期，大家在工作学习各方面你追我赶，参评先进的积极性很高，够资格的人也不少。作为一个刚进社三年的"新兵蛋子"，他能够从很多优秀的编辑中脱颖而出，说明其个人能力非常强。当时少部分同志还私下抱怨，说社领导就是偏爱年轻人和高学历的职工。其实，仁青才让之所以得到大家的认可，除了年轻有干劲和高学历素养之外，的的确确也做出了非常扎实的成绩。在他承担责任编辑、参与出版的十多种图书之中，《显密文库》后来获得国家图书奖，《辩论文选编》获得第十三届全国藏文图书二等奖，《四部医典大详解》也入围了2002年的国家图书奖。

像仁青才让这样优秀的业务骨干，当时也面临着难以解决的现实问题，那就是和妻子长期两地分居。他的妻子1992年大学本科毕业之后，一直在青海省黄南州图书馆工作。多年来，两人克服了生活中遇到的许多困难，在各自的单位均取得了较好的成绩。但是在2000年前后，随着他们的小孩进入学龄阶段，靠他们自身的努力已经无法解决所面临的现实困难。

作为社领导，我不能光顾着社里的发展，只看到工作的层面；如果看不到工作背后的人，那这种发展也很难持续。要让员工心无旁骛地投入到工作中，就要尽力去了解他们、关心他们，去帮助他们解决生活中的实际困难，这样他们才不会被生活的困难扯住后腿，才能干出一番成绩。

当了解到仁青才让的具体困难后，我认为这是一个必须解决的问题，不然要么人才流失，要么员工无心工作。2002年底，四川民族出版社向省新闻出版局打了申请报告——《关于解决我社仁青才让同志夫妻两地分居困难的专题报告》，恳请省新闻出版局体恤仁青才让，协调将其妻子调入成都市工作。最终，我们帮助仁青才让解决了这个实际困难。

由于种种原因，四川民族出版社编辑人员的职称待遇问题一直没有得到很好的解决。我上任后，立即着手解决这个难题。一方面，让符合条件的编辑人员去参加职称考试。在社里的工作分配上尽量降低参加职称考试的同志的工作量，同事之间进行工作协调，让他们有时间复习。此外，社里还组织编辑人员参加外语培训，帮助他们提高外语水平。另一方面，积极向相关人事管理部门说明情况，争取政策，尽量在政策、规定允许的范围内，为更多符合条件的职工解决职称晋升问题。

经过3年的努力，四川民族出版社先后评聘了4名正编审、17名副编审，20世纪80年代中期前参加工作的编辑人员的职称问题得到了圆满解决。后来，社里的同志们谈起此事，不管是在岗的还是退休的，感激之情溢于言表。

（二）让合适的人做合适的事

我一直认为人才是强社之本，是第一资源。人才高质量发展的前提就是要全面辩证地看待人才，"能者知能，贤者知贤"，要注重看才能、看特长、看专业、看发展，按照人才的不同特点，遵循人才成长的规律，科学合理地使用人才。做到量体裁衣、量事用人，让合适的人做合适的事，做到人岗匹配、人尽其才、才尽其用、用当其时。只有这样才能有效激发人才的活力和潜能，让他们发挥出其应有的价值。此外，更要疑人不用，用人不疑。

对于看准了的人才，就要完全信赖，大胆使用。只要让他放开手脚，他必定会在你的期待下全力以赴。千万不要半信半疑，处处设卡，使人想问题顾虑重重，做工作缩手缩脚，把"骏马"束缚成"笨马"。在此我以《显密文库》的出版为例，浅谈一下我的用人心得。

《显密文库》中的"显"和"密"指的是佛教的显宗和密宗，藏传佛教最精华的内容都在其中。《显密文库》成书于100多年前，作者是隆钦阙英·朵登多吉，他是青海的藏族大学者。《显密文库》于1838年由他编纂刊印成书，当时藏地把它制成木刻版，传播范围广泛。但是，经过"文革"动乱，这套书印版尽毁，纸质长条书在整个藏族地区只剩一套，收藏在青海热贡那边的一家小寺庙里，有些篇章还散失在民间。得知这个消息后，1984年，由四川省民委古籍办和四川省民族研究所牵头，著名学者土登尼玛先生组织有关人员搜集整理《显密文库》，并于1997年将书稿交给了四川民族出版社出版。收到书稿后，我翻看了一下，发现情况确实复杂。该书形制为长条，因为长条书是用木刻版印出来的，这就导致书稿中有些地方很模糊，很多字看不清楚，但是又没有其他的书可以参照，因为该书已绝版。当时只有先从省民委这边抄录下来，再录入电脑里面。

这时，我刚任四川民族出版社社长兼党组书记，正苦思这件事情交给谁来做比较好，恰好出版社来了一位新同志，就是现在四川民族出版社社长——阿旺泽仁扎西。泽仁扎西在没有涉足出版之前，一直在阿坝州藏文编译局从事汉藏翻译工作，1994年到1997年，他又在西北民族大学藏语系攻读硕士学位，受教于著名藏学家多识教授。他扎实的专业功底让我眼前一亮，我决定要把编辑出版《显密文库》的重任交到他的手上。有的同志听到我要将这么重要的事情交给一个从未涉足出版的新人时，还专门提醒我，这是一个重要的文化抢救性出版工程，如果搞砸了，可是一个不小的损失啊。我回复他们：一来阿旺泽仁扎西有过硬的专业基础，这个工作十分契合他；

二来他具有深厚的民族情感，又初到四川民族出版社，这么重要的事情他肯定是不会懈怠的；更为重要的是，我们就是要在这样重要的出版工程中去培养新人，培养我们民族出版的后备力量，这样才能持续不断地做好我们民族出版的事业，所以这件事交给他定然不会错的。就这样，编辑出版《显密文库》的重任就交给了当时的出版新人——阿旺泽仁扎西。

说实话，《显密文库》的编辑确实是一件很不容易的事情。这本书是绝版，是别人对着长条书誊写下来的，而且誊写的工作还不是一个人做的，是好几个人分头誊写的。那么问题也来了。由于誊写的人员对藏文的理解能力各不相同，有些对藏文理解能力比较强的人就誊写得很好，有些较弱的就写得比较潦草，一来二去就产生了不少错误。更为麻烦的是，很多人觉得誊写完书稿工作就结束了，并没有对书稿进行校对，无形之中又增加了不少错误。此外，誊写的文章里面还存在不少文字模糊的地方，根据誊写的相关原则，文字模糊看不清楚，誊写的时候打个符号就是表示中间的字缺了。造成书稿模糊的原因，有可能是印版上的字印多了，有可能是缺了，有可能印的时候墨不均匀，有些墨多了就糊了。遇到模糊不清的情况，誊写的人就把它丢下，不会去进一步研究，因此校对的事情只得交到四川民族出版社来做。

阿旺泽仁扎西接到《显密文库》项目任务后，便一头扎进了编辑工作之中，依靠他扎实的专业基础，一心一意地做校对，研究这些模糊的文字。他的工作极其认真，对于看得到一点轮廓的文字，就一点一点反复印证研究。他不仅要研究上下文的衔接，还通过翻阅其他多种材料，把中间缺失的文字补齐。《显密文库》在内容上有个特点，即前面有梗概性的东西，后面有详细的解说。有些书页虽然只缺几个字或一行字，但可能要花一个星期的时间才能恢复完整。因为要研究，要对比分析，要查找阅读大量资料，只有这样下苦功夫才能恢复原文。在强烈责任感的驱使下，阿旺泽仁扎西反复地前后对比验证，一步步做好每一个字的确认。就这样，《显密文库》就逐渐整理完成了。当时，阿旺泽仁扎西还专门请教了著名藏学家土登尼玛，请他审看文字恢复得对不对。专家翻阅稿子后竖起大拇指说，恢复得非常到位，超乎他的想象。

值得一提的是，《显密文库》第5卷的内容是图说，即将藏传佛教中的核心内容以图的方式表达出来，类似看图说话，像这样的宗教典籍很少。对于不懂藏文化的人，看到图再稍稍加以讲解就可以理解了。当然，将藏族传统文化中体系化的内容，尤其是比较深奥的显密经典的内容用图表达出来是不容易的。这种图说的形式，不管是讲解佛经，还是讲解藏传佛教的义理，效果都非常好。

早前一些藏族学者所著的书中引用过《显密文库》中的经典，由于该书已绝版，很多后世学者只知其名而未见其形。所以，《显密文库》重新出版之后，引起了藏学界的高度关注。后来，我们推荐《显密文库》申报奖项，专家们看到后赞不绝口，该书一举获得我国出版行业的最高奖项——第五届国家图书奖。这也是四川民族出版社继《藏传历算学大全》之后获得的第二个国家图书奖。

《显密文库》获奖后还有个很有趣的故事。该书的责任编辑一栏中，排在第一个的是阿旺泽仁扎西，编辑室主任、副主任全都排在他后面。因为第一卷上印的责任编辑是他的名字，所以，当报纸宣传本书获奖的消息时就把泽仁扎西的名字标注出来，其他编辑的名字以"等"的方式省掉了。这让阿旺泽仁扎西非常不好意思，他觉得自己是新编辑，到出版社才三年，第一次做责任编辑出书就获得了国家图书奖，而这个奖是很多干了一辈子的老编辑都企盼却难以如愿的。为此他还专门去跟颁奖委员会沟通了一番，认为应该把老领导、老同志们写在前面。颁奖委员会告诉他，这个是有规矩的，该是什么样就是什么样，让他不要有顾虑。

可以说，《显密文库》为阿旺泽仁扎西后来的出版事业奠定了很好的基础。后来他评副编审的时候，评审专家都考虑到他是拿过国家图书奖的编辑，顺利通过了评审。为此，他还感谢了我一番。我觉得这是他个人努力的必然结果，我只是给了新人一个成长的机会。虽然事后看起来机会是很好，但在当时可是沉甸甸的担子。只有拥有深厚的民族情感，发自内心地想要为民族文化传承事业做些实事，并且具备扎实的民族文化研究功底，才可能做好民族出版工作，成为民族文化的传承发扬者。

2002年1月23日，《显密文库》《彝族尔比词典》分别荣获第五届国家图书奖、提名奖座谈会在成都民族饭店召开。会议由时任省民委副主任德尔基彭错主持，时任副省长马开明，省老领导、中共中央顾问委员会委员天宝同志等多位重要领导都出席了此次会议。马开明同志说："这两本书的获奖，是我们四川民族工作的一件大事，也是我们四川出版事业的一件大事。它对促进我省少数民族文化的发展和繁荣，促进我们四川民族出版工作，必将起到积极的推动作用。"德尔基彭错还专门强调："我们深信这两本书的出版、获奖，将更加有力地激励我们民族古籍工作和民族出版工作战线上的同志，促进少数民族优秀文化的继承和发展，进一步推动民族出版事业的蓬勃发展，为繁荣民族文化，为促进民族地区的'两个文明'建设，做出更大的贡献。"

五、对民族出版工作的思考

我主持工作以来，四川民族出版社始终坚持将社会效益放在首位，出版了大量弘扬时代主旋律、传承民族优秀传统文化、提高人民思想道德水平和科学文化素质、民族地区人民群众喜闻乐见的精品图书，并在具有重大文化积累价值的少数民族文化古籍的抢救出版，民族地区"三农"实用读本，少数民族文字原创文学、民族教育、经济、宗教、人文和自然旅游、民俗文化等图书与精品画册的出版领域形成了自己的品牌,所出图书已成为全国同类图书中的佼佼者。在创造良好社会效益的同时,经济效益也稳步增长,获得诸多荣誉。回顾总结在四川民族出版社的工作历程,我对做好民族出版工作和出版社经营工作有以下一些心得。

(一)做好民族出版工作的核心:做好三个"服务"

民族出版,有两个关键词,一是民族,二是出版。民族出版工作既是出版工作的重要组成部分,也是民族工作的重要内容。民族出版事业随着民族工作的发展而不断壮大,成为维护祖国统一和社会稳定,促进民族团结进步的重要力量。做好民族出版工作,就是要从"民族"立场出发,为中华民族多元一体的大团结服务,为少数民族文化的传承发扬服务,为民族地区社会、经济的发展服务。

1. 为中华民族多元一体的大团结服务

我国是统一的多民族国家,中华民族多元一体是我国的一个显著特征。一部中国史,就是一部各民族交融汇聚成多元一体中华民族的历史,就是各民族共同缔造、发展、巩固统一的伟大祖国的历史。在2019年召开的全国民族团结进步表彰大会上,习近平总书记提出了"四个共同"的重要思想,深刻阐明了中华民族多元一体的内涵,即我国辽阔疆域是各民族共同开拓的,悠久历史是各民族共同书写的,灿烂文化是各民族共同创造的,伟大民族精神是各民族共同培育的。无论我们是什么民族、穿什么服装,都是表象,本质是大家都是中国人,都属于中华民族,都认同中华文明。因此民族出版工作的第一个核心便是要为中华民族多元一体的大团结服务。民族出版工作者要时刻牢记我国是统一的多民族国家这一基本国情,准确把握各民族"你中有我、我中有你,谁也离不开谁"的多元一体格局,为中华民族的团结融合做出应有的贡献。

怎么做到为中华民族多元一体的大团结服务？在我看来，还是要坚持以下三点。

一是把爱党爱国作为永恒的主旋律，做好党和政府的"传声筒"。

出版是党和国家宣传思想文化战线的重要阵地，民族出版工作的首要责任就是运用各类出版物宣传党和国家的大政方针及民族政策，促进族际交往、交流与交融，积极引导各族人民树立正确的世界观、人生观、价值观，以及马克思主义的历史观、民族观和国家观。我在四川民族出版社任职期间，先后组织出版了一大批政治读物，包括藏文版的"百部爱国主义教育丛书"和《雪域情》《毛泽东的故事》《周恩来的故事》《邓小平的故事》《有骨气的中国人》等，对广大藏族同胞尤其是青少年进行系统的爱国主义教育。在每年全国"两会"、中央全会召开后，我们都第一时间出版总书记的讲话、政府工作报告等，将党中央的声音传递到民族地区，得到了上级有关部门和社会各界的广泛好评。2008年中央电视台《新闻联播》专门介绍了彝文版《江泽民文选》（1—3卷）的出版发行工作，充分肯定了四川民族出版社把党中央的声音及时传达给800万彝族同胞的做法。

二是积极培育中华民族共同体意识，坚定不移地维护民族团结。

中国史是由各民族共同书写的，各民族的发展史共同汇聚成了中国发展的历史。民族出版工作者必须要坚持马克思主义唯物史观，用科学的、历史的、系统的观点看待中华民族和民族历史，在出版物中客观准确地反映各民族共同创造了中华文化的历史进程。在我任职期间，四川民族出版社始终坚持这一原则，打造了《中华通史大历典》（上中下）、"中国历代民族史丛书"、《苗族史》《彝族文学史》等一大批反映中华民族多元一体的出版物，激发了民族文化汇聚交流、相互借鉴的强大正能量。

由于各民族发展历史、地理环境、文化习性等各不相同，发展不平衡的状况短期内难以改变，各族人民的经济状况、社会地位、生活方式、价值观念等存在较大的差异。这些差异对一个多民族国家来说，完全是正常的，是各民族发展中面临的问题。但是，在境外敌对势力的挑拨下，这些差异往往引发民族矛盾甚至冲突，进而严重影响民族地区社会经济发展和民族团结。作为民族出版工作者，就是要充分发挥民族出版在民族地区政治、思想、文化建设中的独特作用，敢于向破坏民族团结的言行亮剑。2008年拉萨"3·14"事件后，为维护藏族地区稳定的大局，使广大青少年拥有正确的是非判断标准，增强爱国主义信念，四川民族出版社在第一时间编辑出版了藏文版"知识之窗——爱国主义教育丛书"等39种图书，得到了四川省委宣传部领导的高度评价。同时，为了配合省委宣传部针对"3·14"事件组织开展的宣传教育活动，我们积极参加了"藏区新旧对比宣传材料"系列课题组工作，参与了《黑暗与光明——藏区新旧社会对比》宣传挂图的策划编辑，并承担了宣传挂图全部文字的藏文翻译工作。宣传挂图发放到四川涉藏州县后，受到了农牧民群众的广泛欢迎，该地区广大老百姓真切感受到了党和政府的温暖和关怀，进一步坚定了跟党走的信念。2009年，我们及时组织出版了新中国成立60周年献礼画册《情寄雪域》，以丰富直观的图片内容雄辩地证明西藏自古以来就是祖国的一部分，展现了党和政府对西藏建设的关心和无私援助，讴歌了汉藏一家亲的深厚情谊。

三是坚持正确的出版导向，加强民族出版物质量管理。

正确的出版导向是四川民族出版社开展一切工作的前提，也是四川民族出版事业发展壮大的根本保障，对宣传中华民族多元一体的大团结也有着重要的作用。为从源头上保证出版物的正确导向，提升出版物的内容质量和编辑质量，我在社长任上进一步加强了选题和图书编辑出版全流程的管理。我们制定了由社委会总体统揽，各职能部门协同配合的选题管理制度，坚持年度选题、补充选题报批制度，坚持重大选题备案制度，同时通过编辑部、社编委会、社委会三级选题论证制，将一些具有隐性政治问题和内容格调不高的选题坚决撤除。尽管四川民族出版社的民族题材图书涉及民族、宗教、民俗等多个敏感领域，但我们出版的图书从未因把关不严而出现出版导向问题。可以说，我担任四川民族出版社的主要领导以来，社里从未出现任何出版事故。在图书编辑过程中，我们严格执行责任编辑负责制、书稿三审三校一读制、重要图书印前审读制等，对发稿编辑的年发稿量和差错率进行了量化，奖惩有度。这一系列制度的制定和措施的执行，从图书的导向、内容质量、编校质量及印制质量上切实地把住了关口，确保图书的整体质量。

在图书编校过程中，我们的编辑严格把关，在确保出版导向和出版质量的前提下，尊重各民族同胞的风俗习惯和文化。接下来我以具体图书为例，讲一下我们是如何把好内容质量关的。

（一）尊重少数民族同胞的风俗习惯。如根据国家有关规定，出版物不能涉及藏族天葬的内容，我们对此类情况严格把关，在书稿审读时删去了相关内容。

（二）严格执行党的宗教政策，尊重少数民族的宗教信仰。例如《雪域星生》原稿有"佛教的否定人生"的字眼，这种说法对佛教人生观看法偏颇，易引起佛教界和信佛教的藏族同胞及其他少数民族同胞的不满，于是我们将这句话改为"佛教的注重修行"。又如《雪域星生》原稿提到"血淋淋的六字真言"，这种说法易对信仰藏传佛教的藏族同胞产生负面影响，于是我们删去了"血淋淋的"四字。另外，我们还删去了对苯教的攻击性内容。如《雪域星生》原稿有"你们的教义将被世人唾弃，永世不得翻身"的字句，为避免信仰苯教的藏族同胞和其他少数民族同胞的不满，我们在书稿三审时就删去了这句话。

（三）反对过度宣扬西方文化。例如《香格里拉之魂》原稿部分内容鼓吹西方的后现代主义、宣扬后现代主义思想，我们在三审时就将这些内容删去。再如《阿坝文化史》原稿中写道，"西方文化的传入，其影响是全方位的",我们在书稿三审时将这句话删去了。

(四)严格遵照国家民族识别和民族划分的规定。例如《相约甘孜》原稿中提到"藏、彝、纳西、摩梭等民族",实际上,"摩梭"并不是中国56个民族中的一个单独的民族,可称"摩梭人",但不可称"摩梭族",摩梭人的民族归属,目前尚无定论,因此我们在三审时及时做了改动。

(五)尊重每一个少数民族的文化。例如《走廊上的秘境》原稿中,作者说甘孜境内的"纳西文化已经被藏文化击得支离破碎"。此话不太妥当,为避免引起纳西族的不满,我们在三审时将这句话改为"纳西文化受到藏文化的影响"。又如《康藏秘境》原稿中有个小标题《"德格藏戏"是戏剧吗》,这样的表达容易使读者感到作者有否定"德格藏戏"是戏剧的意思。其实,川剧"变脸"与德格藏戏的情况一样,也没有情节,没有人物矛盾冲突,至今仍是川剧的一部分。"变脸"和德格藏戏都是特殊形式的戏剧,运用的都是表演的艺术形式。因此,我们在三审时将这篇文章的标题和相关表述做了改动。

(六)坚持原则,对有政治问题的书稿坚决退还。对书稿中部分内容存在的政治问题,我们在三审时征得作者同意后,都一一做了改动和处理。对整部书稿中存在的政治问题,我们在审读报告中一一指出,并与作者交换意见。如果作者不同意改动,我们就坚决退稿。例如《法制主义的中国叙事——改革时代理论法学回顾》的书稿就存在较大的政治问题:一是认为我国忽视民族自治权利;二是认为我国民族之间事实上不平等;三是认为我国现阶段民族自治权利行使不力,认为《民族区域自治法》有明显缺陷;四是认为我国民族政治发展权的保障存在问题;五是认为中国法具有"实有主义""父亲的温情主义";六是认为中国难以支撑"依法治国"方略的实现。我们向作者明确指出这些问题后,作者不愿意改稿,我们便坚决将书稿退给了作者。

在书稿三审时除了对涉及民族问题的内容严格把关和谨慎处理之外，对于拿不准的民族宗教问题以及少数民族地区的革命历史问题，我们还分别请省民委、省宗教局、省党史办进行审查，从而确保出版导向正确和出版质量合格。

2. 为少数民族文化的传承发扬服务

我国各民族在漫长的发展进程中都创造、发展、积累了丰富多彩的民族文化，这些文化水乳交融，构成了中华民族文化宝库，支撑着、延续着五千年的中华文明，为铸牢中华民族共同体意识提供了文化滋养。少数民族古籍涵盖了政治、经济、哲学、法律、历史、宗教、军事、文学、艺术、语言、地理、天文、历算、医学等领域，包含着众多的文化珍宝。丰富多彩的民族文化也成为取之不尽、用之不竭的学术研究资源和出版资源。然而很多少数民族文化，不著文字，口口相传，到今天已濒临失传，亟待搜集整理、编辑出版、保护传承。对这些优秀文化进行研究、整理和传播，是民族出版工作者义不容辞的责任。民族出版一定要坚持兼收并蓄、激浊扬清，做好少数民族优秀文化的创造性转化、创新性发展、矩阵式传播，推出少数民族优秀传统文化产品。

首先，推进少数民族古籍的搜集、保护，让千百年创造传承的珍贵文化遗产"留得住"。

长期以来，四川民族出版社以传承和弘扬中华民族优秀文化为己任，坚持以民族文字、民族题材为主的出版方针，深入挖掘整理西南地区丰富深厚的民族文化资源，打磨、整理、完善、出版了一批具有重要历史传承价值的民族文化精品，为少数民族文化的传承发扬做出了巨大贡献。

在我任职社长期间，四川民族出版社所出版的藏文图书《藏传历算学大全》(1—5卷)、《显密文库》(1—5卷)、《四部医典大详解》、《德格印经院藏传木刻版画集》、《噶当文集》(1—120卷)、《藏族典籍精选》(1—32

卷)等，销售到四川、西藏、青海、甘肃、云南等省区和不丹、尼泊尔、印度等国的藏胞聚集区，乃至欧美等地的藏学研究机构、图书馆；所出版的彝文图书《彝文典籍集成》《彝文典籍目录》《彝语大词典》《彝族尔比词典》《滇川黔桂彝文字集》等，销售到四川、云南、贵州等地的广大彝区；同时，出版了《羌族释比经典》(上、下卷)、《羌族释比文化研究》、《羌族史》、《羌族释比图经》、《羌族萨朗》等一大批反映羌族传统文化的精品图书。

其次，要推进少数民族古籍的挖掘、研究，增强我们在少数民族文化阐释发扬方面的话语权。

我国少数民族文化研究在国际上是一门显学，世界上许多国家，如英国、法国、俄罗斯、日本、德国、美国、印度等国不少学者都在从事我国少数民族文化研究。然而在我国少数民族文化走向世界的背后，却有着苦涩的历史。长久以来，我国少数民族文化研究阐释的话语权并不在我们自己手中，中国少数民族文化的研究阐释很多时候是西方说了算，以致"自古独立说""满蒙非中国说""供施关系说""西藏文化灭绝论"等种种谬论甚嚣尘上。

以藏学研究为例。藏学，顾名思义，就是以藏族为研究对象的学科。毋庸置疑，藏学的家乡在中国。但是，作为一门学科，其发展却是从西方开始的。1823年，匈牙利人乔玛为寻找祖先来到西藏。他没有找到祖先，却被当地藏族寺院和藏经所吸引，历时8年研究藏文，成为现代藏学研究的鼻祖。到现在，国外藏学研究已有近200年的历史，已经成为国际上东方学范围内的一门显学，而我国的藏学研究只是在最近三四十年才得到了长足发展。在新中国成立后乃至改革开放初期的相当长时间内，西方曾有过"藏族在中国、藏学在国外"的说法。

除了藏学之外，其他很多民族文化研究面临着同样的问题。例如对于彝族文化的研究最早也是始于国外学者,话语权也掌握在他们手中,甚至第一届国际彝学大会也是1995年在美国西雅图召开。我国的民族文化研究阐释受西方人掌控,这是很让人痛心的事情。所以,我们从事民族出版事业,就是要用我们的出版成果,推动中国自己的民族文化研究,增强民族文化研究阐释的话语权,让我们在民族文化研究阐释方面"说得起话"。

那么话语权怎么来?不是求来的,不是等来的,是争来的。不是说我们地处少数民族聚集区,靠着民族出版政策,垄断民文图书出版资源就可以掌握话语权,而是要在对民族文化资源充分挖掘的基础上,推出民族文化研究阐释的精品之作、高峰之作、世界之作。

也正是在这个理念的指导下,作为国内重要的民族出版单位,四川民族出版社每年都会聚焦一批具有重大文化传承价值和意义的选题,发掘、抢救、整理、保护少数民族文化资源,研究阐释各民族文化精神,打造众多民族文化经典。在这一过程中,我们也获得了很多出版资金的资助,同时收获了众多国家级的大奖。

很多人问我,四川民族出版社每年做这么多大部头图书,投入这么大,如果没有获奖,岂不是亏惨了?我想,这怎么算亏呢?我们做这些并不仅仅为了去获得政府的资助或者国家级的图书大奖,而是想通过这些作品,增强我们对于民族文化研究的话语权、主导权,更好地传承保护我们的民族文化,弘扬我们的民族精神,这才是最有价值的。

3. 为民族地区经济发展服务

促进民族地区经济发展是民族问题的核心所在,是少数民族人民生活水平提高的保障。如果民族地区经济发展权利得不到保障,那么民族文化保护和传承就缺乏物质基础,民族地区发展进步的整体目标也难以实现。只有民族地区经济发展了,少数民族同胞物质生活水平提高了,才会追求更高水平的精神文化生活,从而增强文化自信,推动民族地区的整体发展。所以,作为民族工作的重要组成部分，民族出版既要为民族文化保护传承服务，也要为民族地区经济发展服务。

民族地区经济整体比较落后，和民族地区广大农牧民科技文化知识匮乏有着直接的关系。加强科技扶贫和文化扶贫，提高民族地区农牧民群众的科学文化素质，是促进民族地区经济发展、民族群众生活水平提高的重要途径。出版更多更好的科技类和文化类图书，为民族地区经济发展提供智力支撑和精神动力，有助于促进经济整体发展。

我在任职期间，把"扶贫扶智"、助力民族地区经济发展作为四川民族出版社每年的重点工作。我们深入了解民族地区农牧民的生产生活特点，为他们出版了一系列"三农"图书。尽管受到地域、语言等限制，这类图书发行量较少，大多是亏钱的，但是我们还是义无反顾。这些图书的出版过程中，我始终强调，为民族地区广大农牧民提供的图书要"少讲为什么，多讲怎么做""少在装帧上花大钱，多在内容上做文章"。对于广大农牧民而言，好书就是让他们从中得到脱贫致富的办法而又物美价廉的书。我们出版的图书一定要和民族地区的生产生活实际紧密结合，让民族地区的广大群众看得懂、买得起、用得上。

除了"三农"图书，我们还开发了一批大型民族文字工具书和科普类图书，推动民族地区广大群众科学文化素质的提升。我们出版的《彝汉大词典》《彝语大词典》《汉彝词典》构成了规范彝文的三大出版工程。我们还在未成年人科普读物的出版上发力，推出了"科学知识之窗丛书""科学家故事丛书"和《十万个为什么》《动物》《植物》《理化》等藏文版科普系列图书，为藏族少年儿童提供学习科学知识的广阔园地。一位藏族基层教育工作者在给四川民族出版社的一封信中写道："西藏一些偏远农牧区由于受客观条件的限制，除课本外，孩子们很难买到课外读物。贵社为藏族地区孩子们推出的藏语版科普丛书很精美，这是一件值得庆幸的喜事。"朴素的一段话，表达了一名藏族老教师的心声,让我倍感欣慰。在2008年北京图书订货会上,四川民族出版社与中国大百科全书出版社、民族出版社、广西民族出版社签订了《中国少儿百科全书》(科技馆)等8个品种以7种民族文字联合出版的协议。这是国内首次以7种民族文字同步出版图书,也是国内民族文字整合出版文种最多的一次。后来,四川民族出版社承担的8种彝文版图书全部按时出版,为民族地区的孩子们送上了一份厚礼。

(二)四川民族出版社发展壮大的法宝:三个"一点"

在影响民族出版的诸多问题中,资金不足常常是民族出版单位的"心头之痛"。民族出版单位作为民族性、公益性出版单位,以传播弘扬优秀民族文化为己任,为民族地区广大人民群众提供知识和文化服务,不能以营利为主要目标。由于民族出版的特殊性,出版发行成本相对较高,读者少且购买能力低,导致民族出版单位在出书种数、印数、发行码洋等方面,与其他大社、强社相比实力根本不在一个层次,这也是当年四川民族出版社面临的困境。

四川民族出版社在20世纪80年代就已经成为一家自收自支单位,从那时起彻底没有了每年稳定的财政拨款,整个出版社比较穷,很多人都不愿意到社里来工作。为了缓解经济压力,四川民族出版社出版了一些武侠小说,为出版社的生存和发展打下了底子,但是这类图书始终与民族出版的主基调不相称,没有充分发挥民族出版应有的作用。有一次去参加书展,当时老社长的一句话让我印象深刻。他说四川民族出版社的书又薄又差,封面用纸连铜版纸都用不到,我们必须要做大部头的书。随后我们就陆陆续续做了几本,如《少数民族风情录》《少数民族词典》等,但整体比较散,封面风格不统一。从那时起,怎样才能搞好四川民族出版社,成了长期萦绕在我心中的一个关键问题。

当时我认为,虽然民族出版社是公益性出版机构,但其内部仍然包含着公益性和经营性两部分业务,最终要面向市场开展出版活动。民族出版要走入市场,就应该遵循市场规律。如果完全依赖国家投入、政府补贴,是无法持续生产出市场真正需要的产品、真正提高图书质量的。因此,民族出版需要扶持,但更需要自立;民族出版社不仅不能削弱经营,还要善于经营,努力建立一种既符合公益性文化事业单位发展要求又具有市场经营活力的创新型发展模式。在立足民族出版市场的基础上,争取政府扶持、拓宽资金渠道、参与市场竞争、开发优秀产品、满足读者需求,实现经济效益和社会效益的最佳结合,从而促进自我积累和发展壮大,为民族地区社会经济和文化发展贡献力量。慢慢地,一些模糊的发展思路开始形成,我担任社长后又一步步加以实践和完善,最终形成了"三个一点"的发展理念,即"市场销售一点、政府补贴一点、项目获取一点"。在"三个一点"理念的推动下,四川民族出版社不仅图书出版工作成效显著,民族出版事业蓬勃发展,生产经营也稳步上升,获得了较好的经济效益,综合实力也跃居全国民族出版社首位。

1. 市场销售一点

1997年,我正式担任四川民族出版社的社长,开始推动出版社自觉地适应市场需求,全方位参与市场竞争,多渠道打通出版与市场的关系。1998年4月6—8日,我在龙泉驿主持召开了社内中层干部会,这次会议的中心议题就是"结合四川民族出版社实际,如何面向市场、加强管理、调整出书结构,在确保质量的前提下,取得良好的社会效益与经济效益"。当时大家已经意识到,自党的十五大以来,市场经济体制改革在全国深入推进,作为事业单位的四川民族出版社的经营压力越来越大,要在市场竞争中求生存、求发展,四川民族出版社就需要结合自身实际,找到新的定位。在会议的总结发言中,我提出四川民族出版社的发展方向和定位,得到了社领导班子成员和大家的一致赞同,那就是:"立足社情,围绕'民族'二字做文章,用少数民族的文字,向广大的少数民族群众提供积极健康的宣传读物;依托川民社的优势,继承和弘扬民族文化,大力出版各类民族文字典籍;全力抓好少数民族教辅教材这一出版强项……"我告诫大家:"进入市场肯定不是一件容易的事情,但在计划体制被彻底打破的大趋势下,只有坚决进入市场,才能实现凤凰涅槃,否则必然被淘汰。"通过3天的学习讨论,基本统一了思想,大家均认识到只有义无反顾地面向市场,四川民族出版社才可能在激烈的市场竞争中求得生存和发展。

这次会议后,对编辑的工作量进行定额管理,并制定了图书质检的奖惩制度,同志们很快就感到了市场机制的压力。因为不是每位编辑申报的每一个选题都可以获得通过,所以就有人完不成额定工作量。这种情况下不但得不到奖励,而且存在连"基本口粮"也不保的风险,过去"吃大锅饭"的体制开始被打破了。在对工作量定额管理的同时,我们还把图书单本核算作为配套方案,进一步推动大家走进市场,参与竞争,提高效益。

在统一内部思想、制定改革方案的同时,我们还主动走出去学习其他兄弟民族社的先进经验。1999年10月19—25日,我和赵茂林、白明轩两位副社长带领部分中层干部和编辑人员共17人,前往云南民族出版社进行了为期一周的交流、学习、取经。我们采取参观座谈、个别访谈、大会交流等方式,对图书策划、选题管理、组稿编辑、装帧设计、图书质量、发行等出版全环节进行全方位的学习和取经。在交流和学习中,我们了解到,云南民族出版社数十年来坚持"以普及为主,兼顾提高"的出版方针,下功夫开拓民族题材图书市场,陆续推出了"云南少数民族文化史丛书""云南少数民族古籍丛书""中国少数民族译文丛书"等大批"双效益"图书。当时他们有在职人员70人,来自15个民族,其中专业技术人员62人,取得了高级技术职称的有30人,可以说是一家结构合理又富有开拓性的出版社。

在与云南民族出版社的交流中，我印象最深的有两点：一是在面临市场经济严峻考验的形势下，该社强化选题调研，开展课题研究，把图书选题管理作为出版的重中之重。他们认为，出版社作为一个企业参与市场竞争，就要实现投资效益的最大化，而出版投资管理最难、最容易出现偏差的就是选题。选题的好与坏，直接决定着图书出版的命运。于是，他们从1998年以来就成立了策划部，积极开展选题研究，把前期论证及策划等选题研究作为图书出版投资方向的关键环节，社内图书选题大多由策划编辑提前一年甚至更长时间提出方案，然后再发动所有编辑用1—2个月时间做调研，之后社内再次详细测评、论证，整体方案确定后再由发行部门去做市场预测和调研，并根据市场反馈的信息和调研情况确定开机印数。这一套图书选题管理机制确保了该社出版的图书取得了良好的"双效益"。二是结合云南是一个少数民族聚居和旅游大省的实际，抓住先机，策划出版了一批发行量大、读者面广的展示民族风情以及旅游揽胜等类别的图书，使其成为该社图书出版的一道亮色。为了不断地响应读者所关心的内容、所关注的焦点，激发读者探究的欲望，他们领导带队，多次深入丽江、大理等民族聚居地考察，结合考察对象对图书选题进行精心策划，真正把握了图书出版的主动权。

面对竞争日益激烈的市场经济，出版社如何适应时代的发展，满足市场的需求，在机遇和风险并存的出版市场走出一条新路，云南民族出版社的经验给了我们诸多启迪：我们既要考虑当前的热点，又要考虑长远的文化积淀；既要考虑大的投入，又要研究单本书的效益。

学习云南民族出版社的经验后，为了使四川民族出版社的民族图书策划、出版更能适应市场、创造市场，我提出了正确处理图书出版中的"五个关系"：一是处理好广与深的关系。进一步拓宽民族文化图书出版的面，凡涉及民族文化研究、文学艺术、风俗风情等方方面面的内容，都力争挖掘出新东西，同时打造一批有深度、有影响、有价值的图书。二是处理好上与下的关系。编辑人员既要向"上"了解中央精神,掌握民族政策,又要向"下"了解市场,了解读者需求,精选精编一批"双效益"的图书。三是处理好内与外的关系。既要把图书策划、出版的视角面对本省、国内,又要注意国际民族文化的研究新动向,出版一批满足各阶层读者需求的图书。四是处理好合与分的关系。在民族图书策划、出版中既充分发挥集体的聪明才智,集思广益,形成合力,又要实行分工负责,责权分明,给编辑人员提供可以充分发挥才智的舞台。五是处理好"吞"与"吐"的关系。加强编辑人员知识积累与更新的学习,加强青年编辑的培训工作,鼓励大家大量"吞"进有关市场经济的知识。编辑的政治、业务水平提高了,"吐"出来的东西才会更有分量。

为了更加深入地与市场经济接轨,2004年,四川民族出版社加快推进"三项制度改革",全面推行中层干部竞聘上岗和全体员工聘任上岗的用人机制。2006年,又实施了干部职工第二次竞聘上岗,在"公平、公开、公正"的竞聘原则下,一批政治素养高、业务技能精、职业道德好、责任心强,有一定管理能力和组织能力的年轻人被聘为中层管理者。通过竞聘上岗、调整人员结构、实施新的绩效考核办法,四川民族出版社建立起了新的选人用人机制,基本形成了能上能下,按劳分配,人尽其才、各尽所能的现代企业制度。通过深化"三项制度改革",社内干部职工的工作热情普遍高涨,大家转变了思想,焕发出活力,豪情满怀地投身到出版社的改革发展中去。

有了发展思路的指引,有了体制机制的保障,我们组织了由少数民族专家学者、作家、摄影名家等组成的全国一流作者队伍,与其紧密协作,在民族出版市场化的道路上大步向前。我们通过做精民文教材和一般民文图书的公益性出版工作,做强、做大汉文教辅和汉文版民族文化类图书的策划出版营销工作,实现了公益性出版和市场经营性出版平衡发展的战略目标;我们在少数民族文化古籍的抢救出版,在民族教育、经济、宗教人文和自然旅游、民俗文化等领域的图书与精品画册出版方面形成了自己的品牌,所出图书从选题内容到装帧印刷已经成为全国同类图书的领先者;我们通过图书结构调整、品种优化等策略,巩固了优势领域,加大了畅销、长销品种的出版开发力度,仅2005年、2006年两年,再版重印的藏文图书就有60多种,许多品种反复重印,市场图书更是占据了一般图书品种的80%以上。2008年,四川民族出版社的少儿图书已经形成了较为良好的发展局面,发行码洋达1235万元,动销率高达87%。

值得一提的是,我们在"走出去"和数字出版方面也取得了不错的成绩。通过对海外市场的分析,我们依靠国家图书对外推广计划,确定了输出图书版权和销售成品图书的"两条腿走路"的"走出去"战略,将打好民族牌,适应海外图书市场,向海外推广富有中国特色的民族优秀传统文化确定为四川民族出版社发展的一个重要方向。2008—2009年,四川民族出版社共输出版权68种,受到了省新闻出版局的表彰。

在数字化方面,我们与北大方正等公司合作,签订了200余种图书的网上销售合同,完成了30余种图书的书配盘的出版,其中彝文版《中国彝文典籍译丛》光盘于2007年初出版,实现了古老的彝文与现代数字技术的结合,同时其作为第一部规范彝文图书光盘,在彝族文化发展史上具有划时代的意义。

在"市场销售一点"策略的带动下,四川民族出版社坚持市场化的改革发展方向,不仅突破了事业单位身份的束缚,还在市场经济大潮之中锻炼了本领、提升了能力,迎来了更加灿烂的前景。

2. 政府补贴一点

"政府补贴一点"就是在纯公益性的出版方面,除了自身的投入,还要向政府合理地寻求资金补贴。随着文化体制改革的深入推进,民族出版社面临着由民族出版自身特点所带来的困境。比如：民文教材和一般民文图书品种多、印数低、发行难；重点项目多，部分政府指令性图书补贴资金无法按时到位；少数民族语言作者流失严重，出版后续资源紧缺；出版社缺乏了解市场的策划编辑；发行网点设置欠科学，营销手段落后；读者对民族出版的狭义理解，使得出版社无法培育起目标市场；等等。面对严峻的局面，若没有国家在政策或资金上的大力扶持，民族出版将面临生存危机。

四川民族出版社面临的情况亦是如此。我们的出版活动具有很强的公益性，是全国唯一一家用彝文编辑出版党和国家领导人经典著作，党和国家政策文件、法律法规等重要文献的出版机构，先后编辑出版了一大批相关著作与文献。同时，四川民族出版社一直承担着藏、彝两种民文图书的出版任务，但由于民族地区地广人稀，生产力水平低下，群众的购买力弱，所以民文图书印数一般仅在500—1000册，以此来实现经济效益是完全不可能的。

因此，四川民族出版社积极推进政府的资金补贴项目采购工作。如2007年11月出版的彝文版《中国共产党章程》，就是我们积极与凉山州委对接，最后，这本小册子达成了基层人员人手1册共88050册的印数，一扫彝文图书印数低、发行难的阴霾，创下彝文图书历史最高印数纪录。2008—2009年，我们面向民族地区广大农村，抓好"农家书屋"藏文版图书的政府采购工作，全年共有341种、近29万册图书被政府采购，码洋高达409万元，还有很多品种被多个省区采购，实现了"双效益"。

从20世纪80年代开始，随着藏、彝地区基础教育民汉双语教学工作的推进，四川民族出版社出版的中小学藏、彝文教材品种也开始大幅度增长，年出书达400余种，从小学到初中、高中各科教材、教参和中师教材等，已达到基本配套，满足了该地区中小学双语教学的需要。但由于藏、彝文教材印数少、成本高、定价低，加之每年不断修订等因素，四川民族出版社每年为此承担巨额亏损。为解决藏、彝文教材的严重亏损问题，我们积极申请政府的政策支持和财政补贴，争取到了"据实核算、按时补亏"，中央财政和地方财政各承担一半的政策，以及"以教辅养教材"的政策，从而保证了藏、彝文教材的正常出版发行。

可以说，四川民族出版社的出版工作能够取得比较突出的成绩，是党和政府长期关心、支持的结果。对公益性出版来说，"政府支持、经营补偿"是四川民族出版社多年来的成功经验，也是社会主义民族出版工作的必由之路。理由有三个方面：其一，全国民族文化出版单位无论是否转企改制，均具有较为明确的公益性质，公益性的出版应该得到政府的财政和政策支持。其二，民族地区地广人稀，民族文字出版物印数少、成本高、发行困难等局面短期内不可能改变。公益性民族出版的亏损不可能短期改变，需要得到党和政府的扶持。其三，民族出版的重大文化项目，特别是保护性、抢救性的文化项目，需要巨额的投入，时间长、任务重，经济效益又不明显，考虑到对出版社现实利益的影响，没有多少出版社愿意单独投入，因此需要通过政府的投入来带动出版社的投入。

但是，我们也要清醒地认识到，在国家财政还不宽裕的情况下，政府对公益性文化事业的投入是有限的。四川民族出版社作为一家具有公益性质的出版单位，在争取并用好党和国家给予的优惠政策的同时，加快发展市场化出版和产业化经营，增强自身经济实力，仍然是今后相当长时期内的重要任务。所以，在争取"政府补贴一点"的同时，"市场销售一点"还要加快发展。唯有如此，四川民族出版社才能更好地履行政治职责和社会公益职责。

3. 项目获取一点

"项目获取一点"是指在做精品、做大部头图书的时候，通过项目获得奖励或申请专项资金支持。我认为，如果我们的项目社会效益好，那么自然能够得到政府的项目资金支持。有了资金就能确保实现较高的出版质量,老百姓也会主动掏钱去买,经济效益也就容易实现了。所以,做项目一定要做精品,只有精品才能撬动政府和市场。在这个思路的引导下,重大出版项目我们都坚持投入,有力地保证了质量,形成了出版品牌,最终也得到了政府和市场的认可,资金压力也逐渐缓解,使得具有重大文化传承价值的大型民文图书出版工作步入了一条良性发展之路。

比如,我们在资金十分紧张的情况下,仍坚持有计划地加强对民族文化古籍和民族学术著作的出版资金投入,先后出版了被列入国家"七五""八五""九五""十五"出版规划的重点图书和省重点图书"藏族英雄史诗——格萨尔王系列丛书""藏医珍稀古籍丛书"和《青史》《更敦群培文集》《藏传历算学大全》《显密文库》《四部医典大详解》《德格印经院目录》等藏文图书,《彝文典籍目录》《彝文金石图录》《彝语大词典》《彝族尔比词典》《中国彝史文献通考》《彝族克智》《玛木特依》《勒俄特依》等彝文图书。其中,多部图书荣获省(部)级以上奖项。有了这些重大的奖项,我们也获得了相关的项目资金支持,并因为奖项的影响力,获得不错的市场销量,纾解了出版资金短缺的困境。例如2007年出版的《噶当文集》,在获得首届中国出版政府奖图书奖后,第一版500套全部售罄,销售码洋达到99万元,很快启动了重印计划。

为进一步巩固出版项目的精品优势,我们还出版了"四川民族自治地方概况丛书""历代民族史诗丛书""民族专史系列""中国少数民族语言词典系列丛书""中国少数民族作家作品选系列"和《中国彝族》《德格印经院藏传木刻版画》《中国少数民族古籍集成》(汉文版)等一大批民族类汉文精品图书,深受海内外学界的推崇并产生了极大的社会影响。这些图书不仅得到了项目资金支持,还进一步突破了原有的出版局限,拓宽了出版市场,找到了新的发展空间。

这些获得奖项和资助的图书,都是我们在"三个一点"政策之下精品出版的成果。今天来看,如果没有"三个一点"的发展思路,出版像《藏族美术集成》这样的藏族美术精华的集大成之作就很可能无法实现。如果当时没有获得国家基金办的2000万资金补贴,我们依靠自身投入做这个项目会十分吃力,而且还会影响项目的周期和质量。

总之,在"三个一点"的理念引领下,我们在民族文字出版领域重拳出击,狠抓精品,不仅实现了社会效益和经济效益的双丰收,还履行了传承弘扬优秀民族文化的庄严承诺。

第四章 跨越式发展：四川出版发行的重组历程

雪山(罗勇摄)

2008年，组织上推荐我去担任新华文轩的总经理。当时我已经是四川出版集团的管委会副主任，同时还兼任四川民族出版社的社长。此前，我一直在出版单位从事出版工作，而这次调动让我从出版上游跨入了发行下游，使我对出版发行全产业链有了更直观的认识和感受，进一步开阔了工作视野，丰富了人生阅历。来到新华文轩后，我肩负着四川出版和发行两大集团主业整合的重任，这对我来说是一个全新的挑战，也翻开了我人生的新篇章。

一、 四川出版发行的"前世今生"

2010年6月23日凌晨，四川新华文轩连锁股份有限公司发布公告，与四川出版集团有限责任公司签订协议，以12.55亿元收购四川出版集团15家全资子公司的股权。这是新华文轩在香港（H股）上市后最大一个资本运营项目，也是震惊全国出版业的出版发行资源整合大手笔。本次整合彻底改变了四川出版、发行双线并行的发展模式，重塑了四川出版业的发展格局。这次重组是历史的选择，是上级主管部门的期望，但更多的是四川出版、发行两大集团自己的意愿。

在回顾和探究这次合并过程之前,我们需要首先了解一下四川出版和发行的历史。

(一)四川出版集团的发展

出版产业包括编、印、发等各个业务环节,其中出版和发行作为产业链的上下游环节,具有天然的紧密联系。在管理体制上,出版发行体制改革以前,四川各家出版社和四川省新华书店都是归四川省新闻出版局统一管理的事业单位,出版社和新华书店一直都是兄弟单位的关系。如果省新闻出版局召开出版会议,出版社社长和省新华书店经理都是要到场的。这种关系在20世纪90年代初,四川省第一次组建四川出版集团时得到了进一步深化。

1. 1992年组建的四川出版集团

1992年,为了解决出版单位力量分散、发展不均衡、编印发供缺乏配合与协调、人财物重复投入和政企不分等问题,经过省委、省政府批准,四川省新闻出版局组建了四川出版集团,试图通过组建出版集团发挥整体优势,集中精力做大做强四川出版。四川出版集团的组建思路是:从产业链一体化出发,集编、印、发、供和外贸于一体。根据四川省新闻出版局1992年12月18日下发的《关于核准实施〈四川出版集团公司章程〉的通知》,四川出版集团当时包括四川教育出版社、四川出版印刷公司和四川省印刷物资公司这3家效益比较好的核心企业,还包括了省局另外8家出版社和四川省新华书店、四川省外文书店、四川新华印刷厂、四川新华彩印厂等8家发行印刷和其他企事业单位。

四川出版集团作为计划单列、独立核算、自主经营、自负盈亏、依法纳税、具有独立法人资格的大型文化企业,与四川省新闻出版局实行政企分开。根据相关文件精神,四川出版集团将统一编制出版规划和年度出书计划,统一组织、安排落实重点图书的编辑、印刷、发行,统一制订生产经营、资金安排计划,统一推进技改、基建等重点项目的规划实施,对成员单位的编、印、发以及人、财、物进行统一调度和协调。

当时的四川出版集团,拥有职工4200余人,所属9家出版社年出书量达3000余种,每年有近100种图书在全国和区域性展评中获奖。"七五"期间,这几家出版社推出了《汉语大字典》《全宋文》《古今图书集成》《英藏敦煌文献》《中国当代美术家画传》《空间物理学进展》《汉彝辞典》等一大批在国内外有影响的重点图书,使川版图书在全国享有盛誉,可以说为繁荣四川出版事业,为建设社会主义精神文明和振兴四川经济做出了重要贡献。

当时组建四川出版集团的目的是政企分开,让集团发挥全产业链的整体优势,集中精力做大做强出版主业。企业经营管理由集团来负责,行业行政管理由省新闻出版局负责。但遗憾的是,在实际运营过程中,四川出版集团、各出版社与省新闻出版局之间的体制不顺,矛盾难以调和,以致全国最早成立的出版集团运营两年多就被迫停业,这成了怀揣集团梦的四川出版人的"心病"。

2. 四川出版集团的"重生"

2001年,中央办公厅、国务院办公厅转发《中央宣传部、国家广电总局、新闻出版总署关于深化新闻出版广播影视业改革的若干意见》(中办发〔2001〕17号),四川再次决定组建出版集团。

2003年1月10日,国家新闻出版总署印发《关于同意组建四川出版集团的批复》(新出图〔2003〕103号)。批复里是这么写的:"四川省新闻出版局:你局川宣〔2002〕52号文悉。经研究,同意组建四川出版集团,作为全国出版改革的试点单位。组建后的四川出版集团为事业单位,实行企业化管理……今后在集团的运营和发展过程中,凡突破现行政策的重大事项,须由四川出版集团提出报告,经你局审核并报我署批准后方可实施。"

从批复中可以看出,新成立的四川出版集团属事业单位性质,实行企业化管理，由省委宣传部领导，省新闻出版局实行行业管理。当时人们并不觉得有什么问题，但从后来的发展来看，我们转企改制的脚步还是慢了一些，随之带来的阵痛也就大一点。

拿到总署的批复后，大家都积极投身到集团的再次组建中。此次成立集团，大家吸取了经验教训，不急、不躁，不好"高"，但"务远"，多次征求意见，反复修改方案，只想把这次集团组建工作做好，不要重蹈第一次集团被迫停业的覆辙。在酝酿组建集团之初，我们不仅广泛调研，还专门成立了"中外出版集团比较研究"课题组（此课题成功列入了国家哲学社会科学基金规划项目，成为全国首个进入该规划的出版课题）。2003年12月，在各方的共同努力下，四川出版集团终于再次挂牌成立。让我记忆深刻的是，集团挂牌第二天，又专门召开了"出版集团建设若干问题研讨会"，那天虽然是星期六，但大家都热情参与，在会上踊跃发言讨论。这从一个侧面反映了大家对新组建的四川出版集团抱有很高的期望，也从内心深处特别珍惜这次难得的机会，想做好这个集团。用一句话来形容就是"十年饮冰，热血难凉"，虽然距离上次集团组建已经过去10年，但大家做强做大四川出版产业的初心还在。

当时的四川出版集团，在全国范围来看，都称得上实力强劲，图书、电子音像、报纸、期刊，各种出版物门类齐全，还有印刷、发行、物资供应、版权贸易，已经是全产业链的集团了。集团成员由四川省新闻出版局原直属的所有出版企事业单位组成，净资产总额在10亿元以上。集团旗下拥有10家图书出版社，即四川人民出版社、四川教育出版社、四川民族出版社、四川少年儿童出版社、四川科学技术出版社、四川文艺出版社、四川美术出版社、四川辞书出版社、巴蜀书社、天地出版社，1家中小学教材出版（租型）单位，即四川出版集团公司，1家音像电子出版社，即四川电子音像出版中心；另有《精神文明报》《读者报》《大众健康报》等报纸，以及

《龙门阵》《西部旅游》等期刊，具备多种媒体互动、多种出版方式并举的能力。此外，集团还拥有四川新华印刷厂、四川省印刷物资公司等大型出版物印制及物资供应单位，并将组建四川出版集团物业管理公司、四川出版集团版权事务中心、四川出版集团发行中心等机构，初步形成了编辑出版、印刷、发行、物资供应、版权贸易一体化的完整出版产业链。

四川出版集团实行党委领导下的管委会负责制，我就在其中担任管委会副主任，分管集团计划财务部和资金结算中心。集团成员分为核心层、二级核算单位、独立核算单位，集团按照产业化、集约化、多元化的要求，对成员单位的人力资源、经营活动、基本建设、事业发展实行统一领导。

四川出版集团组建后，聚焦主业，发展主业。2007—2009年，集团年均出版图书4000余种，输出版权170余种，有22种出版物荣获首届中国出版政府奖和第二届中华优秀出版物奖。从获奖数量可以看出，四川出版集团的主业在全国具有较大的影响力。

（二）四川新华发行集团的探索

在20世纪90年代初，四川发行业面临着很多问题。当时四川省新华书店以管理店自居，市场拓展艰难，业务不断萎缩；书店系统内部产权关系不清晰，财务、业务管理权与人事管理权分离，各自为政，市场竞争力弱；省内各地书店管理不善，运营效率差，同时店面设施落后，导致发展进一步滞后。可以说，当时的四川发行系统主要盯着教材教辅发行这一亩三分地，对于一般图书的发行并不上心，这就难以同四川出版系统形成合力。

1. 四川新华发行集团的成立与发展

20世纪90年代初，四川省新华书店提出了"深化改革、转换机制、强化管理、开拓发展"的工作思路，进行了开行业先河的多项改革探索和尝试。1992年初，四川省新华书店将办公楼的底层和二层空出来，向社会招商，创办了全国首家开放式大型图书批发市场。同一年，四川省新华书店组建了全国出版发行界第一支近百人的专职图书推销员队伍，把发行的主战场从四川引向了全国，从"坐商"走向"行商"，赢得了出版社的普遍欢迎和肯定。四川省新华书店的发行队伍与全国3000家新华书店建立了业务联系，为四川新华书店打开了市场，赢得了声誉，也为当时的川版图书走出四川提供了很好的平台。2000年，由四川省新华书店、四川省外文书店和四川省出版对外贸易公司三家四川省新闻出版局原直属单位组建的四川新华书店集团有限责任公司正式成立，并在此基础上全力推动全省新华书店的集团化发展，将原来脆弱的行业管理关系，转变为以资产为纽带的集团化管理关系，使得分散在全省各地的新华书店整合为一个真正的经营主体。随着开行业先河的国有资产授权经营的实现，全省新华书店的整合完成，2003年5月，"四川新华书店集团"正式更名为"四川新华发行集团"。

在四川发行业的发展过程中，四川省新华书店系统除了在客观上为川版书搭建了一个强势的统一发行平台之外，还主动与四川出版系统进行了一系列合作，助力川版图书走向全国。四川省新华书店曾主动与部分省内出版社接触，建立了战略合作关系，利用四川新华书店所建立的渠道优势将合作出版社的产品打入全国市场。1998年3月，为了稳定、深化发行和出版双方的合作关系，四川省新华书店与四川科学技术出版社、四川少年儿童出版社联合成立了四川省新华书店发行有限责任公司。这是全国首家新华书店与出版社合资组建的股份制企业，为国内出版和发行的合作提供了一种新的模式。

2. 新华文轩横空出世

2003年6月，由四川新华书店集团有限责任公司转企改制而成的四川新华发行集团被列为全国文化体制改革试点单位，而上市成为试点单位体制改革的主要内容之一。带着这一使命，2004年7月，四川新华发行集团在中宣部、国家新闻出版总署的指导下，在四川省委、省政府的领导下，正式启动股份制改革。2005年4月15日，四川省国资委印发《关于四川新华文轩连锁股份有限公司（筹）国有股权管理有关问题的批复》（川国资委〔2005〕81号），同意四川新华发行集团作为主发起人联合其他发起人共同出资设立四川新华文轩连锁股份有限公司。

可以说，新华文轩就是按上市公司标准组建的股份制企业，因此其上市具有明确的指向性。按照《公司法》及中国证监会的相关要求，新华文轩规范建立了股东会、董事会、监事会、经理层等法人治理结构，引入独立董事、独立监事，董事会下设战略与投资、提名、薪酬与考核、审计等专业委员会。新华文轩发挥独立董事、独立监事及各专业委员会的作用，制定了总体发展战略规划，实行事业部制运行体制，解决了集团建设中普遍存在的多级法人问题，建立了保证各机构间独立运作、有效制衡的制度，形成了科学高效的决策、激励和约束机制。

在新华文轩还没成立时，上级主管部门和主要发起人之间已就上市问题达成基本共识，即要在A股上市，当时的准备工作也是按照A股的要求来进行的。但新华文轩推进上市过程遭遇了"股权分置改革"。

股权分置是我国资本市场独有的现象。20世纪八九十年代，由于担心在国有企业股份制改革的过程中因为股权的稀释而丧失对国有企业的控制权，相关主管部门就将股票划分为非流通股和流通股。非流通股包括国有股、法人股、职工股等，持股成本大多数是1元1股，而流通股却有十倍甚至几十倍的溢价。非流通股与流通股这两类股份，除了持股成本的巨大差异和流通权不同之外，其他权利均相同。由于持股成本的巨大差异，造成了两类股东之间的严重不公。股权分置改革就是将以前不能上市流通的国有股拿到市场上流通，以实现同股同权。

解决股权分置问题，是中国证券市场自成立以来影响最为深远的改革举措，其意义甚至不亚于创立中国证券市场。但这次改革的时机对新华文轩来说实在太"不巧"了，因为这次改革带来了A股历史上最长的一次IPO空窗期，IPO暂停了一年时间。这对刚刚诞生、一心想要尽快完成上市的新华文轩来说，无疑是一个不利的因素。当时IPO暂停，什么时候重启也没有说法，改革要改到什么时候也不清楚，一切都是未知。而对新华文轩上市来说，时间不等人。当时四川新华发行集团是中宣部确定的全国六大改革试点文化产业集团之一，不管是中宣部还是省委宣传部，都希望能够尽快打造一个改革标杆出来，而上市就是体制改革成功的一个标志性事件。

面对短期内无法在A股上市的情况，新华文轩只好退而求其次，重新寻找其他的替代方案，于是H股上市被提上了新华文轩的议事日程。赴港上市对于股东来说经济上并不是最佳选择，H股估值低，A股估值高，但尽快完成上市对新华文轩的发展具有重要战略意义，对全国出版发行业具有标杆性、引领性意义。于是2006年，新华文轩向香港联交所递交了A1申请表，这个申请表就相当于在A股上市前向证监会提交的申报材料。有时候命运就是喜欢捉弄人，在新华文轩递交了A1申请表之后，证监会突然宣布重启A股IPO了。

最后，新华文轩股东会在商讨此事时定了一个基调，决定还是先在H股上市，在H股上市之后就做回A股上市的准备，最终把新华文轩做成H+A的两地上市企业。

2007年5月30日，新华文轩在香港联交所主板上市（股票代码：00811.HK），成为内地第一家H股上市的出版发行企业，也是中国新华书店IPO第一股。新华文轩也由此成为国内首家进入国际资本市场的图书发行企业。

（三）困境与机遇

从上述回顾可以看出，由于特殊的历史原因，四川出版发行业在集团

新华之星办公大楼

化改制过程之中,形成了两个相互独立的产业集团。两个集团在顶层设计上并没有采取一体化的发展模式,而是成为上下游的合作关系。四川发行集团和四川出版集团相继成立之后,双方的合作不断深入。21世纪初的时候,四川出版集团成为中国西部最大的综合性出版商,四川发行集团成为中国西部最大乃至在全国市场有影响力的图书发行商,而四川发行集团最主要的产品供货商正是四川出版集团。"兄弟"集团齐发力,共同推动了四川出版发行业的发展。

1. 发展过程中的困境

然而,两个集团合作的"蜜月期"并没有持续太久。随着其他省份相继组建集编、印、发于一体的全产业链运营的出版集团,产业协同效应不断增强,产业竞争力不断增加,无论是四川出版集团还是四川发行集团在市场上面临的竞争都越来越激烈,正可谓"双拳难敌四手"。除了外部竞争越来越激烈之外,两个集团还围绕教材教辅等核心业务产生了一些矛盾,严重制约了四川出版发行业的整体发展。在"内忧外患"的形势下,四川出版发行业效益不断下降,在全国的地位不断下滑。四川发行集团虽然搭建起了全国领先的渠道体系,但是其发展也日益陷入瓶颈。从省委、省政府到四川出版主管部门,再到四川出版发行界,对这些情况看在眼里,急在心里。

2007年,新华文轩在H股成功上市,使得四川出版发行业打通了资本市场。然而,从四川发行集团和新华文轩的角度来看,上市后面临着产业发展乏力和股价下滑的压力。2007年成功登陆H股后,如何使用募集的20多亿元资金,成为新华文轩上市后推动产业发展的重大考验。省委领导对新华文轩提出了"快投、慎投、准投"的投资要求。为此,新华文轩提出了"突出主业,超越主业"的发展思路,开始在产业发展上进行扩张布局。主要从两个方向考虑:一个是主业方向,一个是多元化产业方向。主业方向的发展重点是向省外扩张,新华文轩先后在贵州、陕西开办连锁书店和大型书城,成立云贵渝教材教辅拓展中心等,但由于对当地市场不熟悉、供应链过长、市场基础较差、当地存在行政壁垒等原因,效果并不理想。在多元化产业拓展方向,新华文轩先后在学校教育、影视艺术等方向进行投资,并入股皖新传媒,但投资效果在短期内无法显现。在这样的局面下,找到一个既能显著提升新华文轩主营业务的核心竞争力又稳妥安全的投资对象就成为新华文轩产业发展的重要任务。而且,当时四川新华发行集团从开办批发市场、图书批销中心到开办大型书城、全省连锁书店，从教材租型到教辅造货，从省内连锁到省外连锁、全国中盘，可以说在发行领域能够做的事都做了，这时候进入出版环节、获取上游资源和利润就成为其必然选择。在多次向主管部门争取出版权未果的情况下，四川新华发行集团于2001年成立四川新华出版公司、北京蜀川公司、弘哲公司，2007年与华夏出版社合资成立华夏盛轩公司，为向出版进军做了一系列的努力和探索。

从四川出版集团的角度来说，也需要寻求新的发展机遇，希望搭上一辆"快车"。2003年四川出版集团成立后，推进系列改革举措，呈现出良好的发展势头。但是，由于事业体制的限制，发展速度远远落后于四川新华发行集团，特别是新华文轩上市之后，可谓是一年一大步，发展得红红火火。新华文轩在香港H股上市之后，原来觉得不可能的事情变成了现实，打通了资本市场，迎来了更大的发展机遇。这种情况下，出版集团的同志，特别是出版社的同志，希望通过双方资源整合，借助新华文轩渠道的优势和资本的力量，实现出版的快速发展。

2. 资源整合，是机遇更是趋势

事实上，早在21世纪初，中共中央办公厅、国务院办公厅、国家新闻出版总署下发的一系列文件，就提出"按照专业分工和规模经营要求，运用联合、重组、兼并等形式，组建一批主业突出、品牌名优、综合能力强的大型集团，推动产业结构、产品结构、组织结构、地区结构调整，促进跨地区发展和多媒体经营，提高产业集中度"，"积极推进集团化建设，把集团做大做强。在现有试点基础上，组建若干大型报业集团、出版集团、发行集团、广电集团、电影集团，有条件的经批准可组建跨地区、多媒体的大型新闻集团"，为我国出版发行业的体制机制改革指明了方向。推进集团化改革，组建出版"联合舰队"，打造一批有实力、有竞争力和影响力的国有或国有控股的文化企业和企业集团，成为当时我国出版界的共识。全国各省市加快组建囊括出版、发行、印刷等在内的大型出版传媒集团，实行出版发行抱团发展，产业实力快速提升。其中湖南正式组建了湖南出版集团，负责经营省新闻出版局所属企事业单位，将出版、发行和印刷等囊括其中，实行事业集团企业化管理，发展成绩有目共睹。浙江省也以原省新华书店为核心，整合杭州市店等71家市、县新华书店和省外文书店、浙江图书公司等省属国有发行单位，组建了浙江省新华书店集团。2000年底的时候，浙江省在原浙江省出版总社及所属事业单位的基础上组建了浙江出版联合集团，并且将浙江省新华书店集团整体划拨进出版集团，同样打通了出版发行全产业链。

当时国内出版发行全产业链经营的模式主要分为两种：第一种是各省在组建出版传媒集团的时候，就将出版、发行、印刷等各个环节的单位都纳入其中，从其成立之时便初步完成了全产业链运营；第二种是先分别组建出版集团和发行集团，再将发行相关资产业务全部划拨进出版集团之中，从而完成全产业链的搭建。前者以湖南、山东等省份为代表，后者则主要有浙江、江苏等省份。

兄弟省份的成功案例为我们解决发展困境提供了借鉴，产业一体化发展已经成为国内出版业新趋势，这也给四川出版和发行的重组提供了机遇和方向。

从出版集团与发行集团两方面看，四川出版发行资源的整合是有民意基础的，这个基础就是四川出版界希望将四川出版的资源优势与新华文轩的体制优势、渠道优势、资本优势相结合，产生"1+1>2"的效应。出版发行资源整合在当时成为两大集团的共同呼声。当时除了出版集团和发行集团本身有整合意向之外，省内也出现了有利于双方整合的良好政策环境。2007年底，四川省委召开了第九届第四次全体会议，提出了要把四川由文化大省向文化强省发展的战略。站在全省角度，对省内的相关文化资源进行整合，打造强势的文化产业集团，引领四川文化产业发展是建设文化强省的重要举措之一。实现四川的出版发行整合并打通出版产业链,也是切实贯彻省委九届四次会议精神,促进四川文化产业发展的大事。

正是当时两大集团的内外部形势,最终促成了四川出版发行资源的大整合。2010年,在四川省委宣传部的支持下,在莫世行、龚次敏同志率领的新华文轩重组工作团队的精心实施下,四川出版发行业实现了一场改变四川出版格局、影响深远的资源大整合。

二、 重组!打通出版发行产业链

(一)重组工作迅速展开

四川出版和发行的资源整合,在当时来讲是双方热切盼望的一件事情,利用新华文轩的销售网络,实现再创四川出版辉煌的梦想,可以说是那个时期四川出版人的共同心愿。

2007年10月26日,新华文轩董事会在都江堰市召开非正式会议,认为应充分利用文轩公司的资金优势,从四川省内的相关资源整合来考虑,实现四川出版发行整合并打通出版产业链。这是新华文轩实现发展的有效途径,也有利于促进新华文轩尽早回归A股市场,实现公司A股再融资,为新华文轩的发展提供更为广阔的发展空间。

2008年春节前后,经两大集团高层认真、反复的磋商和讨论,并经两大集团党委、董事会、管委会研究后决定:以香港联交所上市公司新华文轩为平台,在出版主营业务上进行全面合作,共同对四川新华文轩连锁股份有限公司进行战略重组,实现资源、资本和资产的整合,并积极争取在适当时机促进重组后的新华文轩回A股上市。对文轩公司的重组原则确定后,两大集团及时向省委宣传部领导做了专题汇报。省委宣传部领导高度评价了重组的设想,表示将积极支持四川出版发行的重组,要求两大集团尽快拿出具体方案。

为落实省委宣传部的意见和指示，两大集团专门抽调人员对重组工作进行了前期论证和分析，先后草拟了《关于四川出版集团与四川新华发行集团合作对四川新华文轩连锁股份有限公司进行重组的汇报材料》《关于四川出版集团与四川新华发行集团合作对四川新华文轩连锁股份有限公司进行重组的框架方案》等文件，并向省文化体制改革领导小组正式提交了两集团提出的重组框架方案。

2008年4月24日，经省文化体制改革领导小组审议批准，原则同意《关于四川出版集团与四川新华发行集团合作对四川新华文轩连锁股份有限公司进行重组的框架方案》。为了切实保障重组工作的顺利进行，经省委宣传部同意，2008年5月，由两大集团共同组建了重组工作领导小组，由两大集团主要领导亲自担任组长，并设立了相应的重组办公室，负责实施重组工作。

作为一家在香港上市的公司，为使重组事项符合上市地的上市规则和国际资本市场的游戏规则，文轩公司还多次与公司合规顾问及相关中介机构进行沟通，得到了他们的认同，并着手开始重组工作。

重组领导小组及办公室的正式设立，预示着重组文轩公司工作的开始。重组领导小组及办公室在省委宣传部的直接指导下，在两大集团党委、董事会、管委会的直接领导下积极开展工作。两大集团对四川出版业的现状做了认真剖析：两大集团虽然分别为四川出版、发行事业的发展做出了较大贡献，但因历史原因也造成了四川省出版、发行两个环节分割的局面，使之成为两个独立的市场主体。随着形势的发展，这种分离现象严重地阻碍了四川省出版业的进一步发展壮大，已经成为影响四川省出版业繁荣发展的最大问题。四川出版发行产业缺乏一个统一高效的发展平台，不仅未充分发挥出版、发行两个集团的资金、资源优势，甚至有所削减，这也与省委、省政府提出的"以大集团带大产业"的发展思路不相符。这种格局导致如下缺陷：一是产业链不完整，对出版集团来讲，缺乏强大的发行销售网络支撑和发展资金，对发行集团而言，缺乏出版资源和内容产品研发制作支持；二是作为不同的市场主体，内耗严重，不能共同应对越来越严峻的市场竞争；三是个体规模相对不大，不能充分有效地消化生产成本增加等不利因素以取得更加可观的规模效益。以对文轩公司重组为契机，实现两集团的强强联合，既符合《中共中央、国务院关于深化文化体制改革的若干意见》对文化体制改革的总体部署和新闻出版总署于2006年7月出台的《关于深化出版发行体制改革工作实施方案》的有关文件和政策精神，也符合两个集团协商一致、按市场规律进行自愿合作的强烈愿望。

省委、省政府对两大集团在四川出版产业发展方面的基本认识予以了充分的肯定。2008年7月23日，四川省委宣传部领导专门听取了两大集团就重组文轩公司有关情况的汇报，随后发表了重要讲话，充分肯定并表示将积极支持两大集团对新华文轩进行重组。根据宣传部领导的重要讲话精神，重组领导小组及办公室对重组框架方案进行了进一步修改和调整。2008年8月初，两大集团正式向省委宣传部、省新闻出版局报送了《关于四川出版集团与四川新华发行集团合作重组四川新华文轩连锁股份有限公司的请示》及《四川出版集团与四川新华发行集团合作重组四川新华文轩连锁股份有限公司方案》。省委宣传部和省新闻出版局及时将请示和方案向中宣部和新闻出版总署转报。省委宣传部在给中宣部的请示里着重强调："新华文轩是四川进一步做强做大文化产业、建设文化强省的重要战略平台，重组新华文轩是四川建设文化强省的重大战略，对进一步深化文化体制改革和加快文化产业发展具有重大意义。"

（二）当好联结者，从出版集团到上市公司

为确保重组工作的顺利进行，文轩公司从公司治理结构上开始进行相应的改造，在文轩公司董事会、监事会换届之际，开始向四川新华发行集团、四川出版集团两大集团即文轩公司的两大股东征求意见，推荐新一届的董事会和总经理人选。通过双方的推荐，特别是在发行集团龚次敏董事长和出版集团莫世行董事长、张邦凯总经理的全力支持下，最后决定由我担任新华文轩新一届董事会的董事，并出任总经理。此时我已经是四川出版集团管委会副主任了，还兼任四川民族出版社的社长，工作担子日益繁重，既要协助集团"一把手"分管计划财务部和资金结算中心，又要主持四川民族出版社的全面工作。上级领导来找我谈话时专门说道，我是所有人选中最被双方认可的，希望我能肩负起这个重任。我深受感动，也为自己过去多年来在四川民族出版社和出版集团的工作得到了组织和同志们的认可而感到高兴，但同时又深感责任重大。我知道，我以后不仅要身兼多职，更为重要的是要肩负起一件四川出版发行业的人事，那就是四川出版发行资源的整合，这里面肯定有许多的难关大关需要我去闯、去解决。作为一个在党的关怀和教育下成长起来的藏族干部，我没有任何迟疑，在多方的殷殷期盼之下，经过省委宣传部的同意和批准，毅然决然地来到了新华文轩，迎接我人生的又一个挑战。

1. 我和新华文轩之间的深厚渊源

当时，组织上选择我担任新华文轩的总经理，成为四川出版和发行整合的联结者，除了我的工作实绩和综合素质外，其实还有一个很重要的原因，那就是我本人和新华文轩之间的深厚渊源。

第一个渊源便是我和四川新华书店在图书发行上面的长期合作。

我任四川民族出版社社长时，争取到了教育部基础教育司和民族司的统一批准，从事面向民族地区的教辅出版工作。这些教辅的发行，在省外我

们通过自办渠道发往了青海、新疆、西藏、重庆等地，开了四川教辅跨地区发行的先河。在省内，我们和新华书店进行合作。当时省内新华书店和现在一体化管理不一样，从地市州到区县的新华书店都是独立的法人单位，具有比较大的经营自主权，一些地市县区的新华书店采用我们出版的教辅，与四川民族出版社形成了较为密切的业务联系。此外，在一般图书发行方面我们与新华书店也有良好的合作。三州地区的新华书店归四川新华发行集团管辖，我们民族语言方面的图书发行就和发行集团建立起了密切合作关系。

第二个渊源则是我和四川新华发行集团在重大项目上的合作。

当时，虽然四川民族出版社和新华书店已经建立了比较密切的联系，但是我始终觉得只靠买卖、只靠感情做事是难以长久的，必须要把双方的利益更加紧密地结合到一起才能取得更持久的发展。出版和发行是产业链上下游关系，四川民族出版社想要实现进一步发展，就应该打通产业链上下游梗阻，通过和书店合作出书的方式挖掘、满足市场需求，实现共同发展。在这样的思路下，四川民族出版社和四川新华发行集团合作出版了很多民族类图书，其中不乏一些大部头图书，如《中国少数民族古籍集成》（汉文版）就是在这种情况下由四川民族出版社和四川新华发行集团合作出版的。

《中国少数民族古籍集成》（汉文版）是国家民委"十五"重点文化项目，由国家有关部门领导人、著名专家学者担任特邀顾问，国家民委全国少数民族古籍整理研究室协调领导，全国25个省级民委古籍办、相关民族院校、民族图书馆和公共图书馆等共同参与编纂，是研究中国少数民族文化必不可少的大型资料丛书，具有重要的文献、学术、收藏价值和巨大的社会影响力。

这套书由四川新华发行集团和四川民族出版社合作，相关基础资料具体由四川新华发行集团负责搜集，然后以四川民族出版社和四川新华出版有限责任公司为主，申请相关资金资助，集合各方面编辑力量共同出版。当时双边的具体操盘手便是担任四川新华出版有限责任公司总经理的陈大利和担任四川民族出版社社长的我，我们也共同担任了《中国少数民族古籍集成》（汉文版）出版工作委员会的副主任和编委会的副主编。这套书后续的发行工作由四川新华发行集团负责。对于这套书的社会效益我们是有把握的，但是对于它的经济效益怎么样、发行数量有多少，大家的心里都没底，我们甚至还担忧第一次成书套数是不是太多了会卖不完，但是实际上最后发行效果非常好，这也说明了出版和发行的上下游合作往往会产生非常好的协同、联动效应。

《中国少数民族古籍集成》（汉文版）最终荣获了第六届国家图书奖荣誉奖，但是对于我个人而言，更重要的并不是获奖，而是这个项目成为我了解发行产业的一个重要窗口。在和四川新华发行集团的合作中，我逐渐了解了股份制，了解了上市公司。这个项目对我还产生了另一个重大影响，从这个时候开始我便下定决心前往中国人民大学攻读MBA，开始系统地学习企业管理、财务、投资等方面的知识。在这之前，对于财务等工作，我一直认为只需要关注销售和利润就行，对于现金流、收益率、投融资这些内容是完全没有概念的，也不觉得这些知识在经营中起到了什么作用，尤其是对于四川民族出版社这个单位，只需要知道一年卖了多少书、赚了多少钱就够了。也正是通过这次学习，我在财务、投资方面的基本功才逐渐夯实了，为我后来在新华文轩、出版集团做产业经营打下了底子。

2. 对我这个民族干部的支持和信任是我最大的骄傲

四川出版集团和发行集团是2010年正式重组的，但我在2008年便单枪匹马从四川出版集团来到了新华文轩。到新华文轩之前，我内心还是非常忐忑的，因为自己对于新华文轩的人员都不熟悉甚至不认识，我担心自己一个外人，加上又是个民族干部，不好开展工作。

我到新华文轩之后，龚次敏董事长和莫世行董事长非常支持我的工作。

作为老大哥，龚次敏董事长为人宽厚，善于把握工作原则和方向，他对我这个新来的总经理非常信任，把日常工作交给我处理，给我很多锻炼提升的机会。我也注重在重大问题上向他请示汇报，我们之间的相处至今回想起来都非常愉快。我在新华文轩牵头做的很多事情都有龚次敏董事长的支持、鼓励。到新华文轩之后，莫世行董事长依旧全力支持我，让我能够放心干事业。

组织上安排我担任新华文轩总经理，而原来的总经理杨炒同志则成了副总经理。当时，正好赶上新华文轩要去香港资本市场进行路演，按照惯例，总经理需要出席相应活动。然而在这之前，我绝大部分时间都是在四川民族出版社从事出版相关工作，虽然最近几年也到四川出版集团分管财务，但对上市公司相关的规则并不熟悉，更何况是新华文轩的上市路演这么重要的活动。在我来新华文轩之前，这个事情一直是杨炒在负责，所以向他请教自然成了我的必然选项，但是我过来就"抢"了别人的位置，这请教还能成吗？我心里也在打鼓。然而让我感到非常意外的是，杨炒主动找到了我，他非常细致地给我讲述了去香港路演的注意事项，后来我每次去请教的时候，他也是毫无保留。实际上，不仅仅是路演这件事情，在其他事情上面我们也配合得极为默契。所以，先是我接替杨炒担任总经理，后来他又接替我担任了总经理，这也成为行业内的一段佳话。

我到新华文轩之后，不仅仅是杨炒，新华文轩整个经营团队，从各方面对我工作的支持都非常大。或许四川出版和发行在之前有过一些矛盾，但就整合这个事情而言，大家都以发展的眼光看待，一方面秉承着一起干事业的初心，另一方面又有对我本人的支持和信任，对此我极为感动和骄傲。

作为一个民族干部，得到了组织和团队的信任，能够真正融入大家庭，是一件非常值得高兴的事情。特别令我骄傲的是香港路演。当时，我在香港见到了来自世界各地的基金团队，当我和运营总监、财务总监、董事会秘书等人一起和这些来自世界各地的投资者交流的时候，我的内心是无比激动和自豪的。一方面我们新华文轩作为一家国有文化企业，走到香港来了，站在了国际金融市场的舞台；另一方面，共和国培养了我这样一个藏族人，我在甘孜州偏远地方出生成长，却真正地走上了国际舞台，旁边全是金头发、白皮肤、蓝眼睛的外国人。那个时候，我真心为我们党骄傲，为中华民族骄傲。当时，很多投资者听到我是藏族人，就问为何在场只看到我一个少数民族的人而没有看到其他人。对此，我回应道，本来我们出版发行行业上市公司在香港就只有一家，然而这一家的总经理就是我这个藏族人，这是党和国家对我的信任，这就是中国民族的平等和团结。

新华文轩团队的优秀，在行业内都是出了名的，而我作为一个少数民族干部，有幸在这个大家庭中当一把手，得到大家的支持和信任，今天回想起来，仍深受感动。大家都说藏族人有个性，我的个性就是直率，没有所谓的"整人害人"，与人为善，投桃报李，路就越走越宽广。就如同我们藏族人有一句话——你把我当人看的话，我把我自己当牛做；你把我当牛看的话，我把我自己当人做。这也是我一直以来坚持的做人原则。

（三）整合出效益，统一教材教辅业务

1. 四川出版界围绕教材教辅市场的竞争

回顾四川出版的发展历史，教材教辅都是绕不开的话题。

1977年恢复高考，教辅市场迎来发展的春天。从此之后，教材教辅图书便成为中国图书市场中最火爆、利润最丰厚的出版类别，几乎每个出版社都参与了它的运作，几乎每个书商都在这个庞大的市场里找到了自己的位置。由于横跨教育和出版两大系统，教辅图书市场问题的复杂性不言而喻。

2001年以前，全国中小学教材由人民教育出版社独家出版。在当时的经济和生产条件下，为了解决大规模出版中的印刷难、供货难等问题，人民教育出版社把教材制成胶片，分发到各地出版单位，由当地负责印刷和供货。各地出版单位把教材总价的3%—4%上缴给人民教育出版社，这就是大家通常所说的"租型"。从2001年开始，我国推行基础教育课程改革，教育部颁布了新的中小学教材编写审定管理办法。全国符合条件的出版单位、团体和个人都可以依照教育部统一的课程标准编写教材，经教育部审定通过后出版并供全国中小学生使用。虽然基础教育多年来的全国一本教材统天下的模式被教材多样化政策取代，但历史沿用下来的"租型"模式仍然在我国不少省份存在着。

在教材的发行方面，所有中小学教材都以国家规定的发行折扣（即定价的30%），通过各省新华书店系统独家发行。省新华书店将各个学校上报的订数进行汇总后报省教材出版中心安排印刷，再将各种印刷好的教材层层下发到每一所学校。

教辅的出版发行又是另一种情况。一般的商品，自然是谁用谁来买，但教辅不一样，实际上约80%的教辅是通过统一选购后再销售的。统一选购的主要方式就是各地教育部门将选定的教辅纳入征订目录。

2001年，国家新闻出版总署、教育部出台的《中小学教辅材料管理办法》规定：禁止将一切形式的教辅材料编入"目录"，不得向学校征订或随教材搭售一切形式的教辅材料。之后多年，七部委治理教育乱收费的文件中多次强调，严禁印发教辅"推荐目录"。教育厅"目录"卡住了教辅统一选购的咽喉，而能进入教育厅"目录"的教辅材料凤毛麟角。这样一来，从事教辅出版策划的数百家出版社和近千家民营公司，它们怎么活？所以在教育厅"目录"外又产生了新的"目录"。由于教育厅"目录"里的品种太少，学校缺少选择，于是新华书店利用自己是指定（或者说默认）发行渠道的优势，又做了一个新华书店"目录"。这个"目录"，对于学校来说，增加了市场供给，对于众多教辅出版企业来说，提供了进入学校的通道，对于新华书店来说，它也有利于增加自身的经营规模和利润，所以得到了各方的普遍欢迎。为保护本地出版社，很多地区新华书店将"目录"分为A、B、C级：本省出版社的产品A级，为优先保护；其次是本省出版社与民营出版公司合作的，为B级；最后是民营出版公司与外省出版社合作的，为C级。

长久以来，围绕教材教辅的竞争主要是本地出版力量和本地发行机构抱团起来与外地出版、发行力量的竞争，主要表现在原创教材出版社和"租型"教材出版社的竞争、教材发行招投标时本地新华书店和其他发行方的竞争等。但是，21世纪初四川却出现了截然不同的情况。

四川新华发行集团组建后快速发展，成长为一家产业实力强劲、竞争意识浓厚的市场化经营主体。发行集团认为原来的教材教辅利益格局不合理。出版环节负责"租型"印供，投入不多，费力不大，但在教材教辅出版发行的利益分配中占了多半，可以说躺着就把钱挣了。发行环节负责征订发行，投入多不说，还要四处拉关系费力气，但是得到的收入却比出版环节要少一大截。以前大家都是省新闻出版局管辖的事业单位，谁获利多，谁获利少，都是"肉烂在锅里"，无所谓，但是现在发行集团已经是市场化经营主体，应该按照市场化方式进行利益分配，打破原来的教材教辅利益分配格局。而且，随着四川新华发行集团在行政级别上升格为与出版集团一样的正厅级，在四川教材教辅发行上处于绝对垄断地位，牢牢掌握着市场的主动权，所以完全有能力和出版集团重新"掰掰手腕"。

开始阶段，发行集团打算利用掌握征订环节的强势地位，以谈判的方式迫使出版集团让步，拿出一定比例的"租型"利益给发行集团。但是对出版集团来说，教材教辅"租型"与出版是核心业务，也是其生存发展的命根子。此时出版集团刚刚成立，不能什么事情都还没有做就先让出一大块利益，这是谁都不会同意的。双方经过反复谈判，最终不能达成一致，出版集团坚持不让利。谈判不成，就只有在市场上见，震动全国业界的两大集团教材教辅利益大战由此拉开。

互不相让的争斗，结果只能是两败俱伤。这场恶性竞争，消耗了四川大量的出版资源，不仅导致四川出版的利润大量流失，还使正常的出版业务得不到关注和资金支持，最终导致教材教辅和一般图书出版业务都没有得到很好的发展。四川出版与发行的这场"内耗"，给了教育管理机构更大的话语权，给了省外教材教辅占领四川市场份额的大好机会，民营教育服务机构也乘机夺利。多方面的挤压，大幅缩小了四川出版业的利润空间。

2. 整合教材教辅触动了所有人的神经

四川出版集团与发行集团围绕教材教辅的争斗，随着新华文轩的重组而彻底结束。但在新华文轩内部，教材教辅业务也存在利益分配问题。随着重组工作的推进，新华文轩开启了教材教辅业务的整合。当时，新华文轩内部对教材教辅整合的争议很大，因为整合教材教辅业务触动了所有人的神经。

除了四川教育出版社之外，其他所有出版社都对教材教辅整合强烈反对，这也与当时其他几家出版社的发展状况密切相关。那个时候，教材教辅是各个出版社发展的基础和核心利润来源，大部分出版社都是依靠教材教辅的稳定盈利和现金流来反哺大众图书出版的。一旦拿走了教材教辅业务，那么各个出版社短期内将几乎完全失去"造血"功能。因此，当听到纳入新华文轩之后，新华文轩第一件事情就是要拿教材教辅业务开刀，各出版社反应激烈。个别出版社社长说："没了教材教辅，社里别说发展大众出版，我看恐怕发工资都是个大问题。"甚至还有人赌气地说："我们是被卖的一方，是没有话语权的，以后四川完全是发行说了算，我们出版没有教材教辅后啥都不是。"

但是，站在新华文轩的角度看，四川出版最有市场价值的资产就是教材教辅业务了，当时资本市场看好本次整合，很大程度就是因为教材教辅业务进入新华文轩了。当时新华文轩内部是有统一认知的,那就是教育出版发行未来将是公司最重要的盈利来源,在业务架构设计中必须保障并提升教材教辅业务的盈利能力,要打造紧密的教育出版发行供应链,公司总部要对教育出版发行业务进行有力掌控。新华文轩必须要确保教育产品出版发行业务的稳定,因此就需要对该业务各环节的运行、成本、费用、销售、利润等情况进行全面的掌握,并通过供应链一体化管理,在确保价值回报在供应链上多个环节进行分配的同时,保证供应链整体优势下的最大收益。

当时行业主管部门对此也是持默许的态度,因为从20世纪末到21世纪初,四川出版和四川发行围绕教材教辅产生了一系列的竞争,严重制约了四川出版整体的发展。如果教材教辅这一问题不解决,那么很可能从两个集团的"外部竞争"演化成新华文轩的"内部斗争"。

3. 整合出效益,整合谋发展

在新华文轩教材教辅整合的风声传出去之后,很多出版社的领导都找到了我这里。我是从四川出版走出来的,说四川出版是我的"娘家"也不为过。因此,出版社的同志对我还是比较信任的,他们都希望我帮出版说话。

作为新华文轩的总经理,特别是作为从四川出版集团过来的人,我认为不能只站在出版的角度看问题,有一点一定要对出版过来的同志讲清楚,那就是未来的新华文轩,在顶层架构安排上,出版与发行没有谁为主、谁为辅的问题,也不允许出现这样的问题,出版与发行是未来公司主营业务的两大支柱,要互相支持、协同发展。

我认为两大集团的重组,既是四川出版、发行两大板块的对接,也是上市公司与事转企单位的合并。这个重组不是简单的组合,而是要打造一个以出版传媒为主业的全新上市公司。只有进行整合,才能打破长期以来四川出版形成的小而散、小而全的发展格局,实现发展大公司、运作大平台、做强大产业的目标,这就需要推进大量的业务整合、业务再造。这个业务整合既要考虑新华文轩发行主业的运行规律，也要考虑出版行业的运行规律，还要向国内外一流的出版传媒集团看齐。一方面，在业务整合中，教材教辅的整合是重点，也是最容易出整合效益的地方，所以我们要突出核心业务，打造紧密型的教育出版发行供应链，夯实公司盈利基础；另一方面，新华文轩的出版业务，应该走专业化、品牌化的道路，求精不求全，在现有出版分工的基础上，引导出版社专业化发展，新华文轩要根据出版单位的出版定位进行相关出版资源的调整和配置。

当时，我觉得应该统一教材教辅业务还有一个重大的原因，那就是倒逼出版社发展市场化的大众图书出版业务，真正提升四川出版的竞争能力。教育产品剥离后，大众出版社应将主要精力放在大众市场上，力求在大众图书出版方向有所突破。再通过专业化分工，公司集中各专业方向优势资源到相应出版社，努力使大众图书出版社实现市场化运作和大众图书盈利。

4. 实现教育产品出版发行一体化运营

经过不断的磋商讨论之后，最后统一教材教辅业务的声音占据了主流。2010年，四川出版集团15家出版单位正式并入新华文轩之后，新华文轩开始着手搭建教育产品出版发行一体化业务架构，围绕教育产品出版发行业务进行了一系列的资源整合。

新华文轩将各出版社的征订类教育产品业务进行集中，除四川教育出版社外，其他出版社不再保留上"目录"的教材教辅类产品。新华文轩还对重组后教育产品研发、纸张采购、印制、征订发行等业务按照产业链环节进行细分，建立了教育产品原创研发平台、教育产品纸张采购和印制集中业务平台，拟定了教育产品征订运行方式、教育产品纸张集中采购平台运行方式等业务制度，对教育产品从生产到销售的各个环节进行计划管理和全面监控，实现了教育出版发行业务的一体化运行。具体来说，主要有以下举措（见图4-1）：

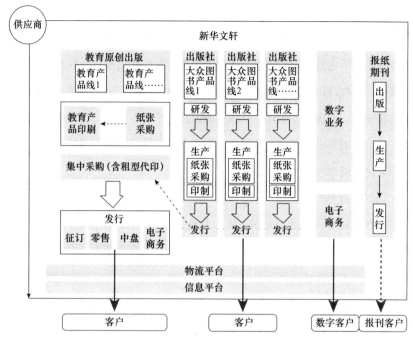

图 4-1　新华文轩出版发行业务架构

一是将各出版社、新华文轩旗下出版事业部、四川出版集团旗下上瑞公司的所有教育产品研发业务，并入四川教育出版社。四川教育出版社归口统一出版所有教育产品，不再介入四川区域市场中小学九年制义务教育产品的发行业务。

二是将原来四川出版集团旗下的四川出版印刷公司与原来新华文轩旗下的生产印制中心进行整合，组建了新的生产印制中心，统管教材印制业务。

三是将人民教育出版社、北京师范大学出版社等版本的教材"租型"业务，统一归到了新华文轩旗下的采购中心这一平台。

新华文轩成立教材领导小组，负责教育产品重大事项决策（包括避免同质品种冲突等）及目录审定，对教育产品原创研发业务实行"统一决策、统一规划、统一管理和统一协调"。自此，原四川出版集团旗下的教育产品出版和原四川新华发行集团旗下的教育产品发行，都统一到了新华文轩旗下，从而彻底结束了原来两大集团的"内耗"，实现了四川教育出版发行一体化运营和对四川教育市场的绝对掌控，确保了这一核心业务利润的最大化。据财务报表显示，2011年新华文轩利润大幅增长，教育出版发行一体化运营贡献巨大。教育出版发行的整合，使四川出版和发行的整合真正发生了化学反应，这一改革举措在行业的影响也是巨大的。时至今日，每当新华文轩与其他出版发行集团交流学习时，其他兄弟单位都对新华文轩当年的改革成效羡慕不已。这在全国都是唯一一例。

（四）推动大众出版，向市场要"饭"吃

1. 明确新华文轩对出版社的母子公司管控模式

重组后新华文轩对出版社怎么管，这是出版社关注的又一个核心问题。

当时所有出版社都认为进入新华文轩后，应当实行母子公司体制，作为子公司的出版社享有独立法人地位。理由有三：其一，实行母子公司管控体系，是理顺整合后出版单位与各渠道、各业务支持平台之间业务关系的前提，是新华文轩战略顺利实施的组织保障，是保持和进一步调动各出版单位主动性、积极性，发挥其专业分工优势的基础；其二，保持出版社独立法人地位是现行出版管理法规的要求；其三，国内同行中除上海世纪集团外，几乎都实行母子公司制，保持出版单位独立法人地位。如出版发行资源已整合的辽宁出版集团、安徽时代出版集团、江苏凤凰出版集团下属的出版社都是作为独立法人单位运作的。

在这个问题上，新华文轩内部有不同声音。当时，有部分人认为新华文轩作为一家市场化的上市公司，体制机制领先于刚刚事转企的出版单位，应该打破独立法人的桎梏，实行彻底的事业部模式，以公司大平台带动出版大发展。为了减少撤销法人地位对出版社的震荡，有人建议预设1—2年过渡期，初期实行母子公司制与事业部制相结合的管理体制，两套体制混合运行，以后逐步过渡到公司统一的、以事业部为基础的管理体制。这样既有利于重组过程中的稳定，也有利于新华文轩公司的长远发展。

针对这个问题，我始终认为出版作为个体创意为主的生产活动，其生产经营活动要面向市场、参与竞争才有活力，为此新公司应该赋予出版单位相对完整的生产经营权，让各出版单位成为市场竞争的主体。在2009年4月召开的出版集团和发行集团重组研讨会上，我也明确地提出了自己的想法。具体来说有六个方面。

一是对新公司管控模式进行探索、创造，不要急于下结论。国外任何一个跨国公司的管控模式，都是经过几十年甚至上百年的实践演变发展而来的，不是从书本上照抄而来的。经过重组后的新华文轩，业务复杂，业态多样，市场化进程不一致，没有现成的经验可以借鉴，管控模式既需要设计，更需要在实践中去探索、去创造。草率地选择这种模式或那种模式，都容易使未来的管理工作走入误区。

二是重组过渡期实行混合型的管控模式，要避免"一刀切"的做法。目前新华文轩公司实行职能控制型的管控模式，出版集团偏重于实行资本控制型的模式，这两种模式在短期内彻底融合的可能性不大。从当时两家单位的实际运行情况来看，两种模式又各有利弊，究竟哪一种模式更适合新公司，短期内难以判断，因此在重组初期建议实行混合型的管控模式，以适应重组后的管理需求。

三是保留国家正式批准的出版机构的法人地位，使出版机构成为市场竞争主体。当时四川出版集团推进的出版单位转制的目的就是把事业单位转变为企业，从而把出版社推向市场，使其成为真正的市场竞争主体。出版单位转制进入新华文轩后，不应该再走回头路，回到计划经济体制下。与此同时，出版单位保留独立法人地位也有利于独立承担相关意识形态责任和民事责任。

四是实施公司总部战略、投资、平台管理。随着重组后公司业务规模的急剧扩张，公司总部要善于从日常事务性管理中解脱出来，抓方向、抓大事、抓管理平台建设。财务、人力、资产、信息等平台功能要强化，各职能线该集中管理的要坚决集中，因此两大集团的整合首先就要从管理整合入手。

五是组织架构要精干、管理层级要精简，提高管理效率。四川出版、发行两大集团的主营业务重组，重叠环节太多，重组工作简单相加很容易造成组织机构臃肿、人浮于事的局面，因此要坚持设计精干的组织架构。与此同时，还应实行扁平化管理，减少管理机构层级。以出版社管理为例，如果在已有集团、省出版局、省委宣传部的基础上还要增加新华文轩公司总部职能部门以及出版事业部等层级，就容易产生效率低下的问题。因此管理层次不应设计得过多。

六是以市场为导向，以业绩为目标，推行全面绩效管理。公司大了，责权不到位，业务经营部门既没有压力，也没有动力去开拓业务，长期"吃大锅饭"容易让人产生惰性，使企业竞争能力退化。因此，新公司要重点加强业务部门的绩效管理，对经营部门进行全面考核，下达定量和定性指标，考核结果与出版单位的效益挂钩。把业务部门推向市场，向市场要"饭"吃，努力提高公司业绩。

2. 引导大众出版业务走专业化发展道路

在新华文轩2010—2014年战略规划中，将出版社纳入新华文轩之后的出版业务按专业分工，划分为大众出版、专业出版、教育出版等三个板块。教育出版业务全部划拨给四川教育出版社后，其他出版社主要集中在大众出版和专业出版业务上。新华文轩希望建立大众出版和专业出版相对完整的出版体系，在出版生产组织上走专业化道路，形成多个具有特色的出版品牌，创造良好的经济效益和社会效益。

在大众出版方面，新华文轩提出了以全国市场为目标，锁定若干重点产品市场，走差异化、品牌化发展道路的思路。大众出版重点业务板块是少儿图书板块、"三农"图书板块、生活图书板块、汉语工具书板块，辅助业务板块是文艺图书板块、社科图书板块、财经图书板块、电子音像出版物。大众出版的市场目标是面向全国，跨区域发展，全面覆盖全国市场，并力争在重点业务板块相应的细分市场取得领先地位，形成规模，锻造品牌。

在专业出版方面的思路，主要是整合人文社科领域高端学术资源，形成专业学术出版服务能力，打造古籍、美术、科技特色出版板块。专业出版的重点业务板块是人文社科学术出版，尤其以哲学、历史学、文艺理论、新闻传播学、政治学等学科的学术著作出版为重心，辅助业务板块为古籍出版、美术出版、中医中药类及金工等专业科技类出版，以及人文社科领域其他学科的学术出版。专业出版以全国高校或科研机构及其科研人员为对象，旨在目标学科的学术出版领域确立明显的全国领先地位，将新华文轩打造为我国在经营规模、专业服务能力、品牌效应等方面处于领先地位的人文社科学术出版服务商。

在专业化发展思路的主导下，新华文轩对各出版社的出版管理也随之进行调整，主要是对大众出版业务进行产品线分工和生产计划管理。将教育类产品剥离后，新华文轩对大众出版社实行产品线管理，各出版社都要坚持在自己的分工范围内组织出版生产，避免四面出击、全面开花，引导大众出版社走专业化的出版之路，培育自己的优势产品线，增强市场竞争力。与此同时，新华文轩建立了对出版业务的计划管理体制，要求各出版社组织拟定大众原创产品年度、月度出版计划，以保证公司内部商品流转的计划性和匹配性，打通大众出版社与渠道间的运行通路，通过出版社与印制生产、物流、渠道等环节的经营计划对接，更好地实现出版与生产、物流、渠道部门的协同。

在这个过程中，新华文轩搭建了原材料采购、印制、商品采购、物流等业务平台，将能够产生规模效益的环节进行集中，实现统一运行、统一管理，同时要求各业务平台也要努力提高运行效率和为各业务单位服务的能力，加强协同，创造规模效益。比如纸张采购整合后，我们在供应商面前的话语权更大了，能够拿到低于过去出版集团的采购价格，光纸张采购一项一年就可以节约一两千万元，而且纸张统一招标过后质量的确也提高了。又比如，印制平台建立后，新华文轩把印工价格都往下降了，印工费用一年也能节约一千多万元。这些都是通过专业化整合所取得的实实在在的成效。

在推进出版专业化发展的过程中，出版与渠道如何对接也是回避不了的问题。当时，新华文轩建立了统一原材料采购、印制、商品采购、物流等业务平台，但是出版社发行渠道是否统一一开始并不完全确定。当时几乎所有出版社都认为，新华文轩的发行力量还不足以涵盖出版单位发行所涉及的零售、批发、各出版联合体、专业书店、民营渠道、网络销售、直销等7个渠道，特别是省外渠道（包括新华书店和部分有实力的民营机构），不能简单取消出版单位的发行机构。经过反复研究，最后决定：新华文轩在赋予出版单位相对完整经营权的情况下，出版与渠道可以采取内部交易的方式实现对接。原则上公司渠道能够覆盖的市场和客户，出版单位不能再去从事相同的发行业务；公司渠道覆盖不到的市场和客户，允许出版单位自主发行。出版与渠道之间以市场交易为主，充分调动市场经营主体的积极性。

（五）统一思想，细化安排——重组的人事问题

这次两大集团重组，核心在业务的整合，关键在人员的整合，只有人的问题解决好了重组才可能成功。由于出版集团与新华文轩公司是两个不同

体制的单位，主业性质也不相同，管控模式又完全不一样，因此人事、薪酬的整合难度较大，问题较多。

整个整合过程中呈现的局面是极其复杂的。出版集团中一些效益比较好的单位，像四川省印刷物资公司以及部分出版社都不愿意被纳入新华文轩。尤其是出版社，原来是事业性质单位，像四川人民出版社最典型，它是副厅级单位，一旦交给新华文轩管理，就什么级别都没有了，所以四川人民出版社的同志都很失落。我记得思想斗争最激烈的时候，四川人民出版社还在出版大厦15楼会议室开了会，会议的主题就是"我们不要这样的改革"。会议中说新华文轩公司首先就把出版社效益最好的教材、教辅、"农家书屋"图书等优质资源统统拿走了，既没有给任何补偿，也不向四川的出版社开放新华文轩公司原有的图书发行平台，更不见对开发川版图书的任何扶持措施；此外还出台了一系列损害出版社员工利益的文件，如《人员调配工作方案》《新华文轩出版传媒有限公司全资子公司财务签批权限规定》《职工福利管理办法》等，制定了一系列让人无法理解也无法接受的办法，导致出版社员工收入和福利待遇严重下降，引起出版社广大员工的强烈愤慨。说实话，看到这样的情况，身为一个出版人，我是非常痛心的。

四川省印刷物资公司、四川文艺出版社还几次拉横幅表示反对重组，前者甚至有同志拿酒瓶子往自己脑袋上敲。时任新华文轩人力资源总监梁敏过去处理这个事情，他们根本不买账，用四川话来说，就是根本不认你。迫不得已，出版集团和发行集团就只能让我去做这个工作，去代表组织跟有怨气的同志沟通。面对这样一批情绪激动的青年人，我反复做思想工作，最后通过各方面努力，问题还是解决了。

我记忆很深刻的一次会议，原本我们的计划是大家挨个讲想法、提意见，按照部门顺序来发言，我们对问题和意见进行收集研究。但是会上大家越讲越激动，以致最后变成了在会议室里面吵吵嚷嚷地闹。看到这一情况,我安抚大家:"既然大家觉得这样沟通的效率太低,那我们就整体来听听大家的意见,然后重点解决如何?"没有想到的是,有几个人突然破口大骂新华文轩是骗子,指名道姓说某某现在凭什么坐几十万那么好的车子,完全是没有根据地随口胡说。我十分生气:"你们要正确地对待这些事情,不要随便出口就伤人。没有原则的话不要乱讲,文轩是排头兵,你们不能进行抹黑。"

后来事态越发僵持,等到一两百人"闹麻"了的时候,我狠狠地拍了一下桌子:"大家请安静,我们是来听意见的,是来解决问题的。大家这样的态度怎么解决!"这时,有两个小伙子气冲冲地站起来质问我:"你能不能保证给我们承诺?"我觉得又气愤又可笑:"我能给你承诺什么?我个人给你的承诺是不算数的,虽然我是总经理,但现在都是讲流程讲规范的。今天我们来是有组织、有程序地收集大家的意见,根据大家的意见再集中反映,研究看哪些可以解决,哪些是现在解决起来有困难但是可以想办法解决。这些都是有相应规定的,个人怎么能凌驾在组织之上?"话音刚落,几个小伙子马上就闹着要冲上来,一副什么都不听要打人的样子。我义正词严地告诉他们:"你们不要在这里闹,闹是没有结果的。大家都是讲道理的人,如果你们还是像这样毫无素养,就给我出去!"当时旁边的几个人边拉那几个小伙子边说:"大家不要闹了。罗总是出版集团成长起来的藏族干部,自始至终就一直很诚信,很为大家着想。我们是来反映问题的,不要和罗总一直对着来。"说完大家就沉默了一会儿,然后慢慢都安静下来,开始好好听我讲话。我说,我们今天就是要把大家的意见一点一点记完,然后对每个人、每项问题进行分析,包括他的工资属于什么层次,由教材、零售或者其他哪个事业部来处理会比较妥当,等等。就这样,我们对每一个人的意见都做了细致的记录和回复并给出了解决方案。

我们把工作做到这个程度后,他们还是通过不同途径表达了不满。我耐心细致地给他们做工作:"龚次敏董事长很支持我,是他把权力给我,让我来给你们解决问题的。"他们就嚷着说要全部来见我,我当场给他们答复:"派几个代表来即可,全部来我不见,一两百人一来就是吼就是闹,这样子我是不会见的。大家都讲道理,你们再闹我就不管这个事情了。"于是,他们就派了几个人来,然后我们又详细进行了沟通,发表了意见。没想到他们还闹,我实在是又伤心又气愤,就跟他们说:"我和你们都推心置腹地谈到这个程度了,站在你们的角度为你们考虑了又考虑,没想到你们还是这样的态度。如果是文轩内部来讨论的话,好多条件肯定都不会同意。如果你们还是这样的表现,从今天起我就不管了。我不相信你们后面会拿得到这么好的方案。我如今没有什么好讲的了,你们也不要找我了。"说完我就走了。结果当天下午,我提出的方案就被大家接受了,第二天闹事的人全部都签了字。

闹事的人分几种情况。一种情况是,当时新华文轩处于重组的关键阶段,闹事的这些人收入、岗位都还算可以,但是个别人还想得寸进尺,趁这个机会多要条件。我提出的方案对他们已经很优惠了,对于个别不满意岗位、不满意收入的,我们还做了大量的工作,都精打细算地进行了研究论证,但是他自己账都没算清楚就跟着一起闹。还有一种情况就是单纯地抵触。一些人觉得出版纳入新华文轩后,新华文轩的管理会不一样,难以适应;一些人在出版那边懒散惯了难以适应,怕新华文轩严格的管理;一些人怕新华文轩的激励机制和奖惩机制会给他们带来收入上的变化;还有些人甚至觉得上班远而不愿意进入新华文轩。总之,各种各样的原因都有。

事后我也进行了总结。实际上处理很多复杂的事情根本上就是如何统一思想的问题,如何说服大家的问题,如何细化安排的问题。当时,我们对每个人的情况都做了分析,还给负责安排的部门进行了详细的解释。比如说,当时教材教辅出版集中到四川教育出版社后,其他出版社负责教材教辅的人员就没有了工作,这就涉及大量的人员分流安置问题。我们想把大多数的人员都安置在新华文轩教材事业部,这也契合这些人长期以来熟悉的工作性质。但是教材事业部不愿意接收这些人员。我跟他们说必须接收,如果不接收,重组这个事情就做不下去了,谁说不接收谁负责。结果,他们说重组是新华文轩的大事,人是肯定要接收的,只是能不能进来的人少一点。其实仔细想想,他们的想法也合理,他们都是在市场上做生意的,在生意场上谈判出来的,肯定会为自己争取利益。

从长远来看,这次整合推进教材教辅业务的集中和大众出版市场化,是有利于出版社发展的,有利于出版社在市场中不断壮大的,并不存在谁吃亏谁占便宜的问题。值得一提的是,当时新华文轩在重组之前的员工收入,尤其是中层及以上的收入,是高于出版集团的,为了整合顺利推进,新华文轩对中层及以上管理人员的薪酬进行了调整。不得不说,为了改革,出版方和发行方都做出了巨大的牺牲。今天来看,或许当时出台的一系列举措还是略有些过激,没有考虑到四川的出版社从事业单位一步跨入上市公司,而且是H股上市公司,很难一下子适应上市公司的要求。面对突如其来的剧烈变化,出版社就产生了强烈的反弹。我以一个出版与发行联结者的身份,要做的主要工作就是尽可能地让双方都理解对方的想法,共同朝着一个目标奋力前进,不要因为一些短期利益的得失而蒙蔽了对长远目标的追求,这也是出版发行整合的初衷所在。后来的发展也证明,四川的出版社在失去教材教辅的收益之后,在新华文轩体制机制的激励之下,涌现出了一大批优秀的大众图书和编辑,无论是整体实力还是个人收入,都远远超过了当年。

出版发行的整合在组织人事的调整上并不涉及新华文轩全体员工,主要是在出版印刷公司、上瑞教育、出版事业部、教材发行事业部等与业务调整相关的机构范围内进行部分人员的调整。但对新华文轩而言,这样的调整毕竟是一次重大的变革,员工难免会对未来的前途、薪酬待遇以及陌生的工作环境产生疑问。为了进一步统一全公司的思想认识，新华文轩内刊《文轩人》杂志还专门对时任新华文轩人力资源开发部主任胡勃进行了一次专访，对员工思想情绪进行疏导。他谈了三个方面的认识，从这里也可以看出当时重组工作面临的复杂局面。

一是认清形势，把握大局。全国文化体制改革是中央自上而下推动的重要举措，出版发行行业承担了极其重要的改革使命。改革大潮不可阻挡，我们每个人必须顺势而为，方能抓住历史机遇，开创企业和个人的崭新未来。

二是正确理解什么才是企业对员工负责。企业对员工是有责任的，但必须认识到企业的发展才是对员工承担的最大责任，是大家的根本利益所在。现在我们四川出版发行企业的日子好像还过得去，但实际上全国行业竞争对手这几年进步非常明显，在有些方面我们已经落后了，如果我们止步不前，就真会上演"温水煮青蛙"的悲剧。如果我们不改革、不变革、不追求进步，那就是对将近8000名员工的极大不负责任。其实这种例子太多了，成都过去有一个地方钢铁企业，效益很好，职工收入也很高，老总曾说"即使我们不生产也能坐着吃十年"，结果怎么样？这家企业被一家更大的钢铁企业兼并了，很多职工失业。如果能够理解这个大道理，具体到个人、局部，也许还有些小道理，但是小道理总归应该服从大道理吧。

三是保持一颗平常心，着眼未来。在阶段性的调整中，难免会有这样那样的问题、矛盾，因为我们长期所习惯的环境、同事、领导都在发生变化，因此保持一颗平常心是非常重要的。我们应该把理智、稳健、务实、包容、创建的价值观贯穿到整个整合工作当中，也作为大家共勉的精神指南。为此，公司对整合的全局是有总体部署的，将以"人随业务走，依法办事，以人为本，顾全大局，严明纪律"为基本原则，有计划、分步骤地通过实施方案逐步贯彻落实。公司已经成立了整合工作领导小组和各个专业方向的实施小组，正在紧锣密鼓开展工作。有关的信息会通过正式的文件、会议和信息平台发布，会在适当的时候和大家见面，那些毫无依据传播小道消息、妄加非议制造恐慌气氛的行为是公司严厉禁止的。

（六）翘首企盼的时刻

2010年6月23日凌晨，这是四川出版人与发行人翘首企盼的时刻——四川新华文轩连锁股份有限公司发布公告，与四川出版集团有限责任公司签订协议，以12.55亿元收购四川出版集团15家全资子公司的股权。在公告日的两天前，《关于转让集团下属15家公司国有股权的公示》文件就已贴在四川出版大厦各楼层电梯口。随着四川出版和发行资源整合最终落地，新华文轩也正式成为一家出版发行全产业链运营的上市公司。

与此同时，香港联交所公告里出现了一个新名称——新华文轩出版传媒股份有限公司，这是四川新华文轩连锁股份有限公司完成这次整合后拟定的新名称。称谓的变化聚焦于两个字——出版。在业内看来，新名称蕴含着这样的意义："新华文轩"是品牌，寓意公司的发行基础；"出版"二字高调出现，寓意整合后的发展方向之变、公司格局之变，实际上也是四川出版、发行整合为"一家人"后的视野之变。

1. 重组的意义

对新华文轩公司来说，这次整合是公司适应行业发展趋势，抓住中国产业政策调整的机遇，以股权整合方式向产业链上游延伸，实现产业链一体化经营的重要举措。借助重组后公司的资源优势、竞争优势和优质出版物产品，新华文轩可以以较低成本大规模介入上游出版业务领域，为发行渠道提供更有力的产品支持，由单一的出版物发行企业扩展为以出版物编辑出版、印刷、发行为一体的全产业链出版发行企业，为回归A股奠定良好的基础。

对四川出版来说，新华文轩和四川出版的业务整合也具有重大意义。

长期在事业体制下运行的四川出版单位直接跨入上市公司经营模式，为出版发展提供了良好的体制条件，为在事业体制下受到制约的出版社打开了一片崭新的天地。此外，新华文轩经过长期市场化洗礼，其强大的渠道能力也为四川出版的腾飞提供了极大的想象空间。而且四川出版、发行成为"一家人"，使原来的教材教辅争斗失去了意义，四川出版人可以专心致志地从事出版生产了。

新华文轩与四川出版集团的重组在行业内也有着重大意义。新华文轩出版传媒股份有限公司正式诞生，被媒体称为"中国首家以股权整合方式完成的出版发行资源整合案例"，对整个行业的改革发展起到了良好的示范作用。

2. 新形势下的新面貌

我国出版业在新世纪之初开启了改革发展的步伐，短短几年内经历了出版发行业组建集团、转企改制、股份制改造等一系列改革，大批出版发行单位逐步完成内部资源整合，企业竞争力不断得到提升。但是，这些改革更多是通过行政手段推动的，各个出版传媒集团在资源整合方面，更多是依靠政府出文划拨资产的方式来完成的，与"市场化"这一改革目标相去甚远。反观当时世界出版传媒业，通过市场化方式实现强强联合、优势互补成为大势所趋。

面对这样的形势，2007年，时任国家新闻出版总署署长柳斌杰在接受《中国新闻出版报》（2015年更名为《中国新闻出版广电报》）记者专访时指出，我们在改革中要着力培育战略投资者，光靠自身的积累有些事情是办不到的，要加快出版发行企业上市融资的步伐。最近，要再推动一些企业上市。以资本为纽带，按市场规律去办事，这才是改革。要打造一些资产交易的平台，加快重组兼并和实行股份制。

2010年6月24日，中共中央政治局常委李长春带领国家新闻出版总署署长柳斌杰及中央有关部委领导一行在省委书记、省人大常委会主任刘奇葆,省委副书记、省长蒋巨峰,省委常委、省委宣传部部长黄新初,副省长黄彦蓉等陪同下视察了新华文轩成都购书中心。李长春就全国文化体制改革和文化产业发展,特别是新华文轩的发展做了重要指示:"文轩在出版发行领域是先走了一步,现在出版也进来了。希望你们不断地进行探索,不断地总结,不断开拓新的服务领域,开辟新的业态,能够为全行业不断创造新的经验。也希望你们增强辐射力、吸引力、向心力,在西部大开发、西部振兴中发挥更大的作用。"

2010年11月7日,四川卫视《四川新闻联播》以"我省推进文化机制创新,深化文化体制改革"为题对四川省进一步深化文化体制改革的情况进行了报道。新闻里还对新华文轩当年6月携手出版、贯通产业链进行了详细报道。当时的新华文轩成为省内外的焦点。

2011年的北京图书订货会如期于1月9日在北京中国国际展览中心揭幕,来自出版发行界的众多单位纷纷在此亮相、各展实力。新华文轩出版传媒股份有限公司首次携12家出版单位全新亮相,受到了全国出版界的广泛关注。时任新闻出版总署副署长、国家版权局副局长阎晓宏等中央领导同志专门来到新华文轩出版传媒股份有限公司展位进行了视察,并对四川出版发行资源整合给予了充分肯定。

2011年4月18日下午,中共中央政治局委员、中共中央书记处书记、中共中央宣传部部长刘云山一行,在四川省委书记、省人大常委会主任刘奇葆,省委常委、省委宣传部部长黄新初,省委宣传部常务副部长侯雄飞、副部长傅思泉,省新闻出版局副局长张晓杰等领导的陪同下视察了成都购书中心。在川版精品图书专柜前,刘云山长时间驻足,仔细浏览专柜陈列的川版图书,并翻阅了四川人民出版社出版的《中国近代边界史》、四川教育出版社出版的《东亚人文100导读》。当听到这两本书分别获得第二届中国出版政府奖图书奖和亚太出版商联合会图书奖金奖时,他的脸上露出了满意的笑容。看到书城舒适的购书环境及丰富多元的文化产品,刘云山赞叹:"你们这是综合文化商城啊!"并追问:"在国际上是不是一流的?"我立即回答:"是全国十大书城之一,我国西部最大的书城。"刘云山评价说:"很好!"

视察完各楼层后,新华文轩董事长龚次敏和我分别汇报了新华文轩的改革发展情况。在汇报中我们提到,新华文轩近年来发展迅速,销售收入和利润保持良好的增长势头,销售收入位列全国第五,利润收入位列全国发行业第一,这是近年来新华文轩坚持改革发展取得的成绩。新华文轩制定了"突出主业,超越主业"的战略发展思路,积极整合上游出版资源。2010年,四川出版集团所属15家出版单位整体被纳入新华文轩,新华文轩由此成功打通出版发行产业链,同时积极开拓新兴领域,发展相关文化产业,努力构建合理的文化传媒集团产业结构,积极探索文化产业复合经营模式,已成功地延伸到了出版、传媒、教育、影视、艺术等相关行业领域。

听完汇报后,刘云山高度评价了新华文轩在文化体制改革和文化产业发展方面取得的成绩,并对新华文轩的发展做出了重要指示。他说:"你们现在是全国文化产业改革的排头兵,尤其是出版发行产业改革的排头兵,以后仍然要走在全国文化体制改革的最前列,一直要做排头兵,排头兵最重要的是做大做强。图书出版是文化产业,是内容产业,摆在第一位的是社会效益。社会效益要与经济效益相统一,当二者发生矛盾时,经济效益要服从社会效益。我们讲坚持先进文化的前进方向,这就是方向,这一条一定不能动摇,在这个基础上,做大做强。你们要在建立、完善现代企业制度和法人治理结构方面,为现代文化产业的改革多提供经验。还要注重发展新的出版业态,比如电子书。现在新兴的出版业态发展很快,去年我国的数字出版已经超过纸质出版,你们要在这方面继续努力。"

不久,四川省省委书记刘奇葆在省委九届九次会议上评价新华文轩创造了全国文化体制改革的典型，发挥了大型文化企业的排头兵和生力军作用，希望新华文轩在新一轮的文化发展中能够继续创新体制、转换机制、面向市场、壮大实力。

新华文轩重组后的第一年，出版和发行的整合效应初显。新华文轩全年实现销售码洋54亿元，比2010年的47.62亿元增长13.4%；实现利润5.07亿元，比2010年的4.37亿元增长16.02%。企业综合实力位居全国同行业前列，并蝉联中国出版政府奖先进出版单位奖，被国家人事部、新闻出版总署评为全国新闻出版系统先进集体。

三、强强联手的聚合效应

随着四川出版和发行资源整合最终落地，新华文轩也正式成为一家出版发行全产业链运营的上市公司。然而，要真正发挥全产业链经营的威力，并不是那么容易的事情，但在全体文轩人的努力奋斗之下，新华文轩的出版与发行都取得了不俗的业绩。我作为新华文轩总经理也深感欣慰，没有辜负各界对四川出版发行整合的期望。

（一）文轩出版初露峥嵘

四川出版和发行的整合，除了四川省委、省政府亲切关怀，公司上下高度关注之外，国内同行也无比关心。在重组公告发布的第二天，《中国新闻出版报》对新华文轩进行了一次专访，其核心关注点就是，在全新的新华文轩内部，出版和发行怎么实现充分整合？怎么发挥双方优势促进四川出版整体发展？当时我对记者表示："这次整合是公司适应当前行业发展趋势，抓住中国产业政策调整的机遇，以股权整合方式向产业链上游延伸，实现产业链一体化经营的重要举措。只有完整地架构出版与发行一体化产业链，才能使我们出版产品的市场价值在各个环节体现出来,从而提升出版产业核心竞争力。"

时任四川少年儿童出版社副社长杨初则从出版社的角度回应了这个问题,他说道:"一个出版社要在全国铺开市场,靠单个社本身的能力很难,营销能力、市场经验都是考验。之前出版社发行一本儿童图书,最大的动作就是编辑带着作者到处演讲、签售,成本很高。如果有遍布全国的发行机构来帮忙就会事半功倍,而新华文轩就有这个渠道优势。我们和新华文轩整合后,遍布全国的发行网点都来帮忙,那么我们新书推广首先打赢了时间仗。"

出版与发行的强强联合,就是为了形成聚合效应,构建一本书"从诞生到畅游全国"的完整产业链,提升企业整体竞争力。当时的统计显示,新华文轩的传统业务是图书及影音产品零售,拥有四川图书、音像基础市场80%的占有率,年销售码洋保持在25亿元左右。此外,新华文轩还面向全国布局了中盘网络和教材教辅销售网络,渠道实力行业领先。出版川军则一直在谋求更大的市场空间。渠道与内容的整合打破了传统行业分工,成为"一家人"的目标只能是占领更为广阔的市场。在这一思想的指引下,新华文轩不断发挥出版和发行资源的整合优势,在较短时间内便打造了一系列重点出版物,"文轩出版"初露峥嵘。

1. "感恩・奋进"主题图书:"5・12"大地震三周年优秀出版物

2011年5月是汶川地震三周年,汶川地震灾区恢复重建任务基本完成。抗震救灾和灾后重建的伟大成就,礼赞了中国共产党的领导和社会主义制度,彰显了人间大爱、中国力量,也为四川出版界留下了一笔宝贵的出版资源。在"5・12"汶川特大地震三周年之际,"感恩""奋进""从悲壮走向豪迈"成为四川干部群众的共同心声,感谢中国共产党、感谢祖国、感谢全国人民和反映灾后恢复重建系列成就的图书出版进入高峰。新华文轩组织所属四川人民出版社等9家出版单位编辑出版100种灾后恢复重建类出版物,体裁涉及理论专著、长篇小说、诗歌、报告文学、摄影作品、科技专著等。重要作品有四川人民出版社出版的《汶川特大地震书系：从悲壮走向豪迈》、"感恩丛书"（每个援建省市1册，计18册）、《绝地重生》、《羌之红·北川重生羊皮书》，四川文艺出版社的《重生》《汶川故事》，四川少年儿童出版社的《亲吻春天：俺和俺的地震孤儿》，天地出版社的《中国精神——伟大的抗震救灾精神学习读本》等。

"感恩丛书"由四川省"5·12"地震灾后恢复重建委员会办公室、中共四川省委宣传部、四川省社会科学院、四川出版集团主编，共18册，18个援建省市每个省市各1册，以纪实手法，全方位、多角度地展现援建省市对地震灾区人民群众的无私援助以及重建业绩和感人事迹，歌颂了人间大爱和社会主义制度的优越性，表达了四川人民的感恩情怀。

在抗震救灾系列重点出版物出版后，我们发挥新华文轩的发行渠道优势，有针对性地开展主题推广宣传。各出版社的重点出版物获得了新华文轩发行渠道的强势支撑，四川出版品牌效应不断得到增强。

为了激励全川人民把感恩之心转化为奋进激情，让阅读使四川更加美丽，新华文轩于2011年5月6—12日，遴选了近500个与地震相关的图书音像品种，开展"'感恩·奋进'纪念'5·12'汶川地震三周年出版物大联展"活动。新华文轩全省各地的零售连锁门店、书城、文轩网都举行了抗震救灾出版物大联展，近500个与地震相关的图书音像品种与读者、采购商集体见面。

对于"感恩·奋进"主题图书的渠道推广，我们坚持两条腿走路，除了在省内发行渠道进行大规模营销宣传外，还组织参加各类图书展会，并通过我们的发行渠道走向全国市场。最终，四川以"感恩·奋进"为主题的图书在全国出版发行市场形成了巨大的品牌效应。仅仅一年，四川省16家图书出版社共出版抗震救灾及灾后重建题材图书310多种，印数超过500万册。

2.《东亚人文100导读》的品质与效率

如果说纪念"5·12"汶川特大地震三周年优秀出版物的出版发行首次体现出出版和发行的良好联动,那么"东亚人文100"丛书则彰显了四川出版在新的发展环境下的品质与速度。当原来只有发行权的新华文轩具备了出版资质后,迸发出了全新的发展活力,这也正是"东亚人文100"丛书成功的根本原因之所在。

"东亚人文100"丛书是由东亚出版人会议发起并确定书目,选编20世纪中叶以来东亚地区三国五地(中国大陆、中国台湾、中国香港,日本,韩国)思想文化领域的经典之作100册,以中(含简体、繁体)、日、韩三种文字出版的大型国际文化交流出版项目。中文简体版出版工作由新华文轩组织实施,其下属的四川教育出版社承担具体编辑出版工作。该出版工程作为国际性的文化交流和出版活动,在学术界、文化界、出版界都具有重要的影响,对促进东亚文化交流、消除文化隔阂具有重要的现实和历史意义。该书条目的撰写者均为相关领域的知名学者专家,因此能切中要害,对著作的评价精辟、恰当,为读者提供了中肯的阅读指导。

2010年4月全国图书交易博览会期间,文轩出版事业部与四川教育出版社联合中国大陆、中国台湾、中国香港,以及日本和韩国三国五地出版人正式启动"东亚人文100国际出版工程"。

2010年9月,《东亚人文100导读》在第十七届北京国际图书博览会上正式亮相,并通过新华文轩中盘的销售渠道直达全国近2000个销售点。在博览会上,国家新闻出版总署副署长阎晓宏认为,新华文轩与四川15家出版单位整合后,很快就推出"东亚人文100"丛书这样高品质、具有深远影响的国际出版项目,在一定程度上体现了出版体制改革所焕发的活力和所取得的成就。

2011年3月,喜讯再次传来:在文莱召开的亚太出版商联合会(简称

"APPA")2011年年会上，亚太出版商联合会图书奖评奖结果揭晓，此次获奖图书共11种，中国获三金一银，创历史最好成绩，其中唯一一个综合类图书金奖由新华文轩下属四川教育出版社编辑出版的《东亚人文100导读》一书获得。这是我省出版物首次获得该项国际荣誉，标志着新华文轩出版"走出去"得到国际出版界的认可。

短短11个月，《东亚人文100导读》从策划到出炉再到获得国际金奖的历程，见证着拥有"出版＋发行"双核驱动的新华文轩在出版品质和效率上的提升。

3. 第二届中国出版政府奖，新华文轩大获丰收

2011年3月18日，第二届中国出版政府奖颁奖典礼在北京举行。

新华文轩在第二届中国出版政府奖评选中喜获5项大奖，成为大赢家：新华文轩获先进出版单位奖；四川人民出版社出版的《中国近代边界史》获图书奖；四川少年儿童出版社社长王建平获优秀出版人物奖；四川数字出版传媒有限公司出版的大型电视系列片《崛起——"5·12"四川抗震救灾启示录》获音像电子网络奖提名奖；四川美术出版社出版的《纯影》获装帧设计奖提名奖。其中值得一提的是，先进出版单位奖再次由新华文轩获得，全国省级出版发行单位蝉联这一大奖的仅有两家。

当时我作为新华文轩总经理和四川少年儿童出版社社长王建平及《中国近代边界史》责任编辑蒲其元登台领取了奖项。看着捧回来的奖杯，我内心感慨万千。新华文轩此次获奖，是党和政府对新华文轩改革发展工作给予的充分肯定，是公司全体干部职工脚踏实地、开拓创新、励精图治的结果，更是对新华文轩出版和发行全产业链经营效果的最大褒奖。获此荣誉势必将激励和鞭策全体文轩人以更加昂扬的斗志、更加振奋的精神、更加充足的干劲，努力工作、再创佳绩。

自从1934年葛绥成所著《中国近代边疆沿革考》出版以来，我国还没

有一部全面详细阐述中国近代边界史的著作问世。以吕一燃为首的国内十余位学者通力合作写成的《中国近代边界史》,则填补了这个空白。

该书从东北方的中朝边界起,按逆时针方向,依次详述了中国与邻国共同边界形成的过程,论证了东南海疆台湾的光复过程,论证了南海诸岛和钓鱼岛历来是我国领土,等等。可以说,此前没有任何一部著作如此全面、系统、详尽地论述过整个近代中国的边界史。

该书集前人成果之大成,奠学科研究之基石,既吸收了已有研究成果,又进一步挖掘中外史料,更深入、更确切。一是填补空白,二是纠正错误,补充不足,提出新看法,解决了疑难问题,获得中国出版政府奖实至名归。

大型电视系列片《崛起——"5·12"四川抗震救灾启示录》全面再现了人们穿越灾难、崛起于危难、创造奇迹的全过程。该片记录了大量鲜为人知的珍贵镜头,更抢救性地拍摄了大量无法重现的史料。该片于2009年5月在中央电视台和四川卫视播出后,受到市场热烈追捧,同名音像制品销量激增。同年10月,该音像制品中英文版节目小样在法兰克福书展中国主宾国活动期间进行演播,受到中外观众的普遍好评。11月,该音像制品入选国家新闻出版总署2009年"农家书屋"重点出版物推荐目录。

四川美术出版社出版的《纯影》收录了几位摄影艺术家拍摄四川风景名胜区的精美作品,展示了四川的山川秀色,作品大气、新颖。该书采用大12开本,硬精装,灰色布面做封套,乳白色麻布做封面,烫印黑色文字,使用黑、白、灰三色,高雅庄重。纯白色的扉页、印灰色文字的目录考究雅致,内页用进口哑粉纸单面印刷,双页装订,豪华气派,精致时尚。

4.《雷锋》——四川出版发行资源整合的结晶

2012年,由四川文艺出版社出版的《雷锋》荣获中宣部"五个一工程"奖。这是四川出版时隔10年之后,再次荣获这一奖项,极大地提振了四川出版的士气。

《雷锋》是一本再版书，它是由新华文轩旗下北京华夏盛轩图书有限公司策划的，2010年由华夏出版社出版。这本书是反映雷锋事迹的长篇小说，细腻生动地再现了雷锋从一个旧社会乞儿成长为时代榜样的历程，真实展现了雷锋作为普通人的成长轨迹。该书出版之后，产生了比较好的反响，但是从读者反馈来看，大家觉得故事细节、人物形象仍然不够丰富、立体。得到市场反馈之后，华夏盛轩公司总经理杨政想对这本书重新修订一下，丰富一些故事情节和内容，然后再次出版。

对该书的再版计划当时华夏盛轩公司内部有一些不同意见，大家主要顾忌两个方面的问题：一是市面上已经有很多关于雷锋的文学作品了，市场竞争激烈；二是这本书刚出版就要再版，不能说是"炒剩饭"，而是直接"回锅"了，市场反响到底会怎么样，消费者买不买账，大家心里都没底。

杨政把这本书的情况汇报给我，我当时就表态：这是一个很好的题材，一定要放在我们自己的出版社来出，而且还要尽快出。当初将这本书拿到华夏出版社出，是因为北京华夏盛轩图书有限公司没有出版资质，四川出版也还没有并入文轩来。现在两家都合并了，这么优质的内容一定要我们自己出版，不能再为他人作嫁衣。

为什么要尽快出呢？因为2012年和2013年是纪念雷锋的重大时间节点。雷锋是1962年8月份牺牲的，毛主席于1963年3月5日给雷锋题词，因此2012年是雷锋去世50周年，2013年是毛主席给雷锋题词50周年。在这样的时间节点上，中央肯定会部署一系列关于学习雷锋的活动，有关雷锋的图书也将是这两年的重点出版选题。

在新华文轩总部的协调下，最后这本书就放在了四川文艺出版社来修订出版。这次修订一方面增加了数万字的内容，另一方面对图书的装帧重新进行了全面设计，使图书品质得到了显著提升。后来事情的发展比我们想象的更加顺利。

中央将学习雷锋精神提到了极为显著的位置。2011年底召开的十七届六中全会提出,要深入开展学雷锋活动,采取措施推动学习活动常态化,并提出这是推进社会主义核心价值体系建设、提升全社会文明程度的战略部署。随后,中宣部、中央文明办、中央精神文明建设指导委员会召开了一系列会议,提出"践行、弘扬雷锋精神"。2012年3月2日,中共中央政治局常委、中央精神文明建设指导委员会主任李长春出席深入开展学雷锋活动座谈会并发表了重要讲话。当天,中共中央办公厅印发了《关于深入开展学雷锋活动的意见》。之后,国家新闻出版总署把宣传雷锋事迹、弘扬雷锋精神、推动社会主义核心价值体系建设作为2012年主题出版的一项重点工作。

我们虽然预料到2012年和2013年这两个特殊的时间节点上,中央会有关于学习雷锋的相关活动安排,但是规格这么高是完全没有想到的。这可以说是改革开放以来中央推进力度最大的一次,大大超过我们的预期。

这对我们而言恰好是一个巨大的机会。我当时认为,《雷锋》这本书无论是内容,还是出版时间都抢占了先机,它一定会在本年度图书市场上大放异彩,也会是本年度中宣部有关奖项的有力竞争者。所以,当时任新华文轩总编辑张京找到我,希望借助公司的力量来推动《雷锋》申报"五个一工程"奖的时候,我立马便同意了。从出版到发行,新华文轩上上下下立即行动起来,一起推动《雷锋》的营销发行和申报奖项工作。

2012年3月2日,就在中央精神文明建设指导委员会召开深入开展学雷锋活动座谈会的当天,新华文轩总编辑张京、华夏盛轩公司总经理杨政、四川文艺出版社社长黄立新来到了杭州,代表新华文轩和杭州市文化广电新闻出版局共同主办了新版长篇小说《雷锋》的新书首发式,《雷锋》一书的序言作者万伯翱先生特意从北京赶来参加大会。随后新华文轩又在杭州市民中学等地组织了另外几场图书推广活动,进一步扩大了影响。

2012年3月4日,由中共四川省委宣传部、四川省新闻出版局主办,新华文轩承办的"弘扬新时代雷锋精神——长篇纪实小说《雷锋》首发式暨签售"活动在新华文轩成都购书中心举办,当时专门请来了"雷锋班"第一任班长张兴吉过来发言。

在加大营销推广力度的同时,公司组织力量开展中宣部"五个一工程"奖的申报工作。一方面,做好申报材料的准备工作。四川文艺出版社做的申报材料非常细致规范,几乎做成了一本图文并茂、将近100页的图书,后来成为新华文轩申报重大奖项材料的标杆。自此以后,新华文轩下属的出版社申报评奖材料的目录、版式等都以它为蓝本,而在这以前,申报材料基本都是填一张表、加一些附件就算完成了。另一方面,我们要求新华文轩各大渠道全力支持《雷锋》的发行工作。中宣部"五个一工程"奖评奖标准除了图书本身质量高之外,还要求报奖的图书要有3万册基础销量。当时再版《雷锋》首次印刷2万册,新华文轩通过零售、电子商务等各种发行渠道推向全国。同时,我们还通过新华文轩的力量将《雷锋》列入了"农家书屋"名录,政府一次性采购了将近10万册,而"农家书屋"对一种书一般只采购几千册,多的也就一两万册。所以,《雷锋》这本书在经济效益上不但满足了评奖标准,还成为当年四川出版名副其实的畅销书。《雷锋》之所以能够获得中宣部"五个一工程"奖,除了我们在选题上的优势之外,新华文轩的发行渠道也做出了巨大的贡献,甚至可以说对《雷锋》获奖产生了直接的影响。

《雷锋》获得中宣部"五个一工程"奖对于当时的四川出版和新华文轩来说都意义重大。从四川出版来讲,当时已经有十年没有获得过国家级大奖了。在2003—2012年这10年间,四川出版经历了很多大的改革动作:先是再次成立四川出版集团,集团从上到下的心思都放在了集团的组建和围绕教材教辅的博弈上,没有沉下心来认真做一些好的项目和选题;接着又是出版机构并入新华文轩这一更大的改革,大家都忙着管理机制建设、职能职责梳理和人事安排这些事情,放在出版上的精力相对少了。这次获奖,对于四川出版而言不但是一个极大的振奋，也是大家开始认真反思并回归出版初心的重要契机。

对于刚刚经历出版和发行整合的新华文轩而言，《雷锋》获奖也具有重大的意义。这本书产生的巨大效益是在新华文轩出版和发行共同努力下取得的，这次合作的成功让双方的融合进程前进了一大步。时任四川文艺出版社社长黄立新现在担任四川人民出版社社长，他在谈到这本书的时候发出这样的感慨："以前开会的时候，领导们每次都说四川出版和发行的融合进入了崭新阶段，但实际上，就是从这本书之后，我们出版才再也不说'你们文轩'这样的话了。"所以说，出版和发行的整合并不是一件简单的事情。只有经过长期的磨合，看到了出版和发行融合所产生的巨大能量，双方才能真正从内心接纳对方，成为真正的"一家人"。《雷锋》还让本书的策划者华夏盛轩公司总经理杨政得到进一步的成长，其选题策划能力、重大项目组织能力不断提升。除了《雷锋》之外，他在天地出版社组织策划的《我用一生爱中国：伊沙白·柯鲁克的故事》再次荣获了中宣部"五个一工程"奖，为文轩出版的发展做出了贡献。

（二）拓展渠道，转型升级

1. 支持电商发展，坚持战略定力赢得未来

新华文轩以渠道起家，从开办批发市场、图书批销中心到开办大型书城，从全省连锁书店到全国中盘网络，发行渠道建设一直走在行业前列。四川出版发行资源从下游向上游整合，一个重要的原因也是新华文轩强大的发行渠道实力。但是，随着时代的发展，出版物发行渠道开始发生变化，新华文轩构建的传统发行渠道面临着挑战。其中，最显著的挑战就是图书电商的崛起。

2010年，一场影响深远的图书电商行业价格战上演，以京东为首的几大电商行业巨头掀起了一场震动出版业的图书价格战，其后愈演愈烈。国家

新闻出版总署开始介入京东商城和当当网的图书价格战,约谈两家企业负责人。

这场价格战使我大为震动。一方面,我对图书超低的价格折扣深感震惊。在京东、卓越、当当三大网站交战正酣的那几天(12月14—20日),图书价格折扣低至6折甚至5折,不少图书的价格以罕见的低价进行促销,原价32元的畅销小说《酥油》,当当网价格为19.2元,而京东商城则为16.6元。这个折扣无论是对出版社,还是对传统渠道而言,都是不可想象的,因为当时在图书零售市场基本不打折,8—9折的团购价都已经是很优惠的了。另一方面,我对图书电商巨头强势的线上渠道销售能力和出版商的无能为力也感到震惊。短短几天内,三大巨头便在价格战上花费了几千万乃至上亿元的资金,甚至"犹有余力"。而出版商面对这样的价格战,只能进行非公开的抗议或者呼吁。我记得当时有一则新闻这样报道:"因为对渠道商比较敏感,采访中基本上所有的出版商都不想得罪渠道商,都强调要求记者保密。京东与当当打架已近半个月了,尚没有一家出版商出面公开表态。"

当时我的内心只有一个想法:"文轩必须要加快发展属于自己的图书电子商务,决不能在未来的市场竞争之中处于任人宰割的地位!"

实际上,当时新华文轩是国内新华系中较早从事图书电商业务的发行企业,在2007年前后便成立了文轩网和九月网开展互联网销售,并在2010年7月1日注册成立了四川文轩在线电子商务有限公司(简称"文轩在线")专门负责图书电商业务。新华文轩在H股上市后之所以介入图书互联网销售业务,也正是看到了图书电商的巨大发展前景及其对传统渠道可能产生的巨大冲击。那几年,国内图书电子商务增长迅速,图书等出版物也逐渐成为网上零售市场最成熟的商品品类之一,网上销售规模逐年上升。在这样的行业大背景下,新华文轩电商业务也发展迅速。新华文轩的电子商务业务主要由新华在线(后改为"文轩在线")承担,2009年该网站访问量进入图书类电子商务网站第二梯队行列，销售规模呈爆发式增长，达到年销售2000万码洋的水平，商品组织、营销组织、内部协同能力建设初见成效。

2010年四川出版发行资源整合之后，关于文轩在线的发展问题，在新华文轩内部也一直有着较大争议。从营业收入增长比例来看，新华文轩图书电商业务的确发展态势良好；但是如果从体量上来看，其实也就是几千万码洋，在新华文轩内部发行业务收入中占比更是不足1%。此外，新华文轩电商业务长年处于亏损状态，这对上市公司来说绝不是一个让投资者满意的好消息。同时，从行业来看，新华文轩与行业巨头之间的差距已经不是简单的数量差距，而是面临着几何级数的差距。面对京东、当当等巨头动辄几亿元、几十亿元的融资和投资，新华文轩囿于体制、规模等原因也根本没有能力跟进。在这样的情况下，大家都在思考一个问题：新华文轩到底要不要继续做电商业务？文轩在线到底有没有继续砸钱的必要？对此，很多人表露出了应该砍掉这一块业务的态度。

我认为，对一个新业务的发展，不能仅仅只看眼前，要从长远来看它的价值，京东和当当的价格战，其实给我们上了一课。因此，我在各种场合都坚定不移地表达对文轩在线的支持："如果我们没有自己的电子商务业务，只是抱着实体门店不放，那么我们迟早会在互联网时代被消费者抛弃。""互联网巨头是钱多实力雄厚，但是它们多是从其他行业起家的，真正从图书销售起家的并不多，而图书销售是我们的主业，在这一点上，我们有着自身的竞争优势。""对于文轩在线的亏损，我们既要从出版业看问题，也要从互联网行业看问题。京东每年亏损几十亿投资人都照样支持，我们不能只盯着它现在几十万上百万的亏损就关掉它，要看到它的未来前景和在互联网时代对公司的巨大意义。"

最终，新华文轩内部对电子商务业务的发展达成了共识，这体现在《四川新华文轩连锁股份有限公司2010—2014年战略规划》之中（见图4-2）。

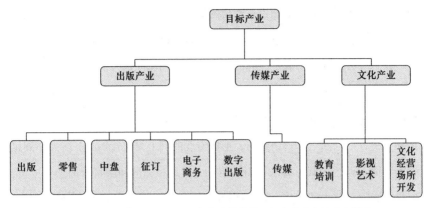

图4-2　新华文轩2010—2014年战略规划的目标产业分布及业务组合

在发展思路上，战略规划明确将电子商务业务作为文轩出版产业中的一个重要组成部分，并将电子商务业务定位为传统出版物的电子商务交易平台和数字出版物销售渠道。通过建立专业化网上服务平台，开展传统出版物和相关文化产品的经营，为上游（出版社、经销商等）提供专业、全面、完整的网上销售渠道和服务，为下游（个人用户、团体用户）提供完善、高效的选择和购买服务。

在发展路径上，确定了以下几个方向：以现有新华在线电子商务销售平台为基础，整合各个出版机构及销售渠道的电子商务业务，按照公司规划，统一销售平台，统一经营主体，统一资源配置；引入拥有专门技术和相关业务资源的主体，合资成立专业的传统出版物销售平台公司，将相关资源统一到该平台公司；基础能力建设方面，通过引入或组织专业营销推广团队、专业网站运作及技术团队，提升商品组织、物流配送、信息支持等能力，提升电子商务的基础销售功能和网络平台的基础功能；营销服务体系建设方面，与主流的专业网站、社交和即时通信平台、门户网站、支付平台、网站联盟等建立密切战略合作关系，共享其庞大活跃用户资源，利用传播力最强的电子商务营销渠道，形成特色化、高度黏性的细分销售渠道；商品组织方面,逐步从目前的采购模式转化为平台的协同供应模式,通过平台建立协同供应机制和相应的信息交换技术,从行业供应链角度优化商品组织的备货、存货、分配和销售满足之间的平衡关系;物流配送方面,搭建专业的物流管理和组织技术,通过合作、委托、自建等形式,形成完善的物流资源组织和配送体系,为电子商务在全国范围内的高效配送提供支持;通过数据挖掘和分析,结合第三方营销参与,形成专业的网上渠道营销服务能力,满足卖家对网上营销的服务要求;引入第三方应用,充分利用平台的细分渠道,形成出版物经营之外的其他商品经营或服务,获取更高的收益;借助资本力量和文轩品牌优势整合社会资源和政府力量,实施跨越式发展。今天回过头来看这个规划的思路,大多数都已经推进实施了,有些当年的设想还变成了今天的经验。

　　文轩在线的负责人是新华文轩的信息总监张践。她是一位非常有能力、非常坚强的女性,面对各种不同的意见甚至比较尖锐的批评,她都能承受下来,并且用尽各种办法,使文轩在线逐渐成长起来。记得在当时最艰难的情况下,文轩在线连续两年都没有签署目标考核责任书。按照上市公司的管理制度,新华文轩每个业务机构都要签订目标责任书。这对文轩在线而言尤为关键,因为一旦考核任务没有完成,文轩在线面临"关门"的争议和可能性都将进一步放大。因此出于维护文轩在线发展的角度,她不愿意签这个字。至今,我还记得她来找我谈这件事情时的情形,她虽然没有签订书面的"军令状",但是她坚定地说出了自己内心的"军令状",那就是一定会达成目标任务,将文轩在线发展好。接下来的两年中,她带领文轩在线顺利完成了目标考核责任书所制定的考核目标。

　　后来,为了解决文轩在线面临的困难,新华文轩控股股东四川新华发行集团希望持有文轩在线的部分股份。当张践过来向我做汇报时,她希望我能够支持这件事情。她坦言,这件事情只有向我汇报才有可能获得支持,如果换作其他人，可能是无法获得支持的。对此，我认为如果文轩在线能够让四川新华发行集团持有一部分股份，那么其发展便会得到来自集团的一些支持，也能够获得一个更好的发展环境。当然后来文轩在线的发展事实也证明了这个选择的正确性。

2011年，新华文轩全年电子商务销售首次突破1亿元，达到1.2亿元，近三年年平均增长率达147%，比电子商务行业的平均增长率高出了47个百分点。九月网的网站流量从2011年1月日均3500增长到10月的日均2.3万，增长率达557%，在网站的Alexa世界排名从2010年的48万名上升到世界前6万名；网站的外部链接数从2010年的2万增加至10万，增长率达400%。在2011年中国互联网书店的行业品牌竞争综合分析中，文轩网的品牌力指数（C-BPI）得分排名全国第四，次于行业龙头当当网和卓越网，而远高于排名第十的由浙江新华书店经营的博库书城。此外，文轩网还上线了与商业模式配套的前台网站系统及后台适合电子商务发运方式的物流系统，设立电子商务商品专库，为公司电子商务未来的战略发展打下了坚实基础。凭借创新的商业模式、良好的用户体验、优异的互联网表现和显著的销售业绩，文轩在线在四川省电子商务协会的年度评选中胜出，荣获2011年度四川电子商务最具影响力品牌大奖，文轩在线总经理邹建也被评选为2011年四川省电子商务风云人物。

《四川新华文轩连锁股份有限公司2010—2014年战略规划》为新华文轩电子商务业务设定了"2014年实现销售码洋4亿，综合实力位居全国同行业前列"的战略目标。而到了2014年，新华文轩电子商务业务超额完成了这一目标，实现了5亿元的销售收入，并且成为国内第四大、国有第一大图书电商。

2. 打造品牌，推动实体书店转型升级

新华文轩是靠发行起家的，实体书店业务是新华文轩看家的主业，是新华文轩发展的根基，是新华文轩品牌的支撑，更是党和政府交给新华文轩的文化阵地。新华文轩的社会形象，很大程度上是零售门店塑造的。因此实体书店的建设历来是新华文轩产业发展的一个重要板块。

改革开放初期，图书发行行业的发展明显滞后于经济发展，新华书店作为全国主要图书销售渠道，大多数还停留在新中国成立初期"少、小、旧、危"阶段。后来，为了解决"读者买书难，出版社卖书难"的问题，一批超大型的零售书店出现，如广州购书中心、北京图书大厦、上海书城、西南书城等，从而开启了我国大书城时代。大书城曾经引领了中国图书零售业的发展，以新的业态和新的经营管理模式为处于困境中的中国书业带来了新的希望。

然而，经过十多年的风光之后，大书城的日子也越来越艰难了，表现在对图书销售的带动作用逐渐减弱。当时新华文轩旗下西南书城等大书城同样面临着这样的问题，门店顾客迅速流失，销售额快速下滑。

实际上，当时不仅仅是大书城的日子不好过，全国范围的实体书店发展都面临着巨大的困境。据中华全国工商业联合会书业商会调查，在过去10年里，有近五成的实体书店倒闭，而倒闭趋势还在加剧。有一次，我们去青岛交流考察，青岛出版集团告诉我们，2000年前后青岛大约有1300余家书店，此后十多年间，书店数量逐年减少，2010年前后，青岛市正常营业的书店最多只有300家。

到底是什么原因导致了实体书店的没落？一方面，随着电商的兴起，读者购书渠道越来越多样化，电商的便捷性对实体书店造成了巨大的冲击；另一方面，读者的需求日益个性化和多元化，以"大而全"为特色的大书城很难满足读者的需求，中小书店也是千篇一律，不论是书店形象还是经营模式都跟不上时代的发展。

在这样的行业环境下，新华文轩实体书店的转型迫在眉睫。但是往哪个方向转？行业没有现成的经验，只有靠我们自己探索一条新路出来。新华文轩零售事业部组建了一个项目小组，对准备开办的新书店进行设计。他们思来想去，决定从满足读者需求入手，采取精品化、多元化的经营策略。所谓精品化，就是书店要改变原来粗糙的经营方式，走精品路线，选品要精，陈列要精，服务要精，做一家更加精致的书店。多元化则是解决如何满足读者需求的问题。在"书店卖什么"的问题上，新华文轩内部是有争论的。有的同志说，书店应该专注于卖书，不然怎么能叫"书店"？我对这个问题的认识是，对书店而言，卖书自然是第一位的，但书店也不能仅仅是卖书，还可以卖茶点、卖咖啡，甚至卖环境、卖格调、卖品位、卖休闲，让读者在书香、茶香、咖啡香中优雅地阅读。最后大家形成了共识，开办一家具有鲜明特色的格调书店。

2012年1月12日，一家与传统书店截然不同的新式书店轩客会·格调书店在四川洛带古镇开张迎客。该店营业面积400平方米，其中包括近100平方米的休闲水吧。除了呈现精选的6600种共计2万余册的文学经典、经管、宗教、哲学、时尚、精致生活、少儿等类别的优质图书外，书店还经营与文化相关的期刊、文化创意产品、时尚数码产品、艺术画作。同时演艺、培训、旅游、礼品服务等代售业务，网络查询及预订、资讯推送、跨行业联合、数字阅读、按需印刷等增值服务也是书店的经营内容。2012年6月11日，时任省委常委、成都市委书记黄新初视察了轩客会·格调书店洛带店，并对其经营模式给予了高度评价，他说，轩客会·格调书店洛带店不仅是一个可以买书的地方，还是个可以坐下来品咖啡、读书的场所，更是一种新的文化生活方式的创造，成为古镇上的一道文化风景。

在实体书店举步维艰的情况下，轩客会·格调书店用全然不同的经营理念和经营方式，为新华文轩实体书店的发展探索出一条新路。首先，目标客户不同。传统书店针对大众人群，尤其是学生群体，而轩客会针对18—

45岁具有一定自主消费能力的社会主流人群。其次，选址定位不同。传统书店以独立商铺为主，轩客会则是融入成熟商圈或商业综合体。再次，业务模式及盈利模式不同。传统书店是经营图书和文化用品的卖场，而轩客会打造的是集出版物商品销售、多元化文化业态、文化增值服务于一体的场景式综合文化服务平台。此外，轩客会在图书选品上与传统书店也有着巨大差异。轩客会区别于传统大书城"大而全"的品类设置，注重精品原则，将产品重心放在人文、社科类别上，包含名社精品、名家记忆、生活时尚潮流等精品。轩客会区别于传统中小门店，在品类设置上放弃将文教、少儿类图书作为重点，这也是它和传统书店的明显差异所在。

　　随后，轩客会·格调书店这一全新的品牌书店在全省范围内被迅速复制推广，2012年就开了8家门店，体现了轩客会·格调书店的旺盛生命力。许多地区的党委和政府部门主动找上门来，要求新华文轩在当地开办这样的新型书店，提升城市的文化品位。8月10日，新华文轩轩客会·格调书店锐靶街店隆重开业，这是轩客会·格调书店开在成都市区内的第一家书店。9月28日，新华文轩轩客会·格调书店旗舰店建设路店开业典礼隆重举行，标志着轩客会·格调书店的全线起航。东区音乐公园店也与建设路店同期开业。12月21—22日，新华文轩轩客会·格调书店绵阳万达店、金牛万达店和科华路王府井店同时开业。今天，成都的新型书店越来越多，轩客会书店不再那么醒目。但是，在当时，轩客会是成都本地国有出版发行企业开创的第一个新型书店品牌，对推动文轩渠道转型具有风向标的意义。后来，在轩客会经营模式成功运营的鼓励下，新华文轩持续推进全省实体书店转型升级，其后打造的文轩BOOKS书店还获得了全国"最美书店"的殊荣，成为全国新华书店转型的标杆。

3. 推动教育信息化，寻找产业增长点

　　新华文轩以渠道起家，从经营规模和利润贡献来说，最重要的就是教材教辅发行渠道。长期以来,四川省内的中小学教材发行一直由四川省店和后来的新华文轩独家代理。自2005年开始,四川省开始试点推行中小学教材发行的招投标,但并未动摇新华文轩的垄断地位。虽然新华文轩的教材专营地位因为招投标不再绝对稳固,但由于招投标门槛的存在,新华文轩绝对优势地位仍未被撼动。教材教辅业务在新华文轩的营业收入中占据着大半江山。除营业收入、利润可观以外,教材教辅业务还有着其他优势:教材教辅根据订单数量生产,基本无退货,而一般图书则有较高的退货率;教材由政府部门采购,应收账款风险相对较小;由于巨大和稳定的经营规模,教材教辅业务还给印制、物流等配套业务带来了稳定的业务流量。当时省内宣传、文化系统很多人都戏称新华文轩"躺着"就把钱赚了。

但是,站在新华文轩的角度来看,这一核心业务也不是没有隐忧。由于我国政府确保教材"人手一册"的政策,各省市区教材教辅发行业务的成效就与学龄人口有着密切的关系。在我国,人口大省往往也是出版发行大省。然而,随着计划生育政策的长期贯彻实施和九年制义务教育的全面普及,四川省内的中小学生在校人数呈现出逐年下降的趋势。到2010年的时候,全省小学在校人数比2000年减少了200万人,普通中学在校人数在达到500万人之后也趋于稳定,由此省内教材教辅业务的"天花板"已经显现。

中小学"减负"政策的推行更是制约了新华文轩教材教辅业务的增长空间。2000年,教育部发布紧急通知,要求"切实把小学生过重课业负担减下来"。2010年,《国家中长期教育改革和发展规划纲要(2010—2020)》把为中小学生"减负"上升为国家战略。在"减负"政策中,"一科一辅"政策对于教材教辅业务的影响最为巨大,国家明确要求教辅材料购买遵循"一科一辅"和家长自愿原则,学校和教师不得向学生推荐、推销任何教辅材料。

从当时的财务数据来看,新华文轩虽然仍是一家快速成长的上市企业,但是其增长逻辑已经面临着严峻的考验。在传统教材教辅业务面临"天花板"的情况下，未来新华文轩的增量从哪里来？这是新华文轩经营管理团队不能回避的问题，也是作为总经理的我思考最多的问题。从整个出版业发展状况来看，未来实体书店经营业绩估计会逐步下滑，电商虽然是一个巨大的市场机会，但更多是对实体书店损失的弥补，总盘子并没有变大多少。图书出版本身要想每年达到百分之二三十的增量，估计每个人内心都不太相信。所以，还是要从教育领域着手，在最大的基础市场找增量。这个增量市场，在当时就是刚刚起步的教育信息化市场。

教育信息化的概念是在20世纪90年代伴随着"信息高速公路"的兴建而提出的。在美国的"信息高速公路"计划中，特别把信息技术在教育中的应用作为21世纪教育改革的重要途径。美国的这一举动引起了世界各国的积极反应，许多国家的政府相继制定了推进本国信息技术在教育中应用的计划。在我国，2010年以后政府相继出台一系列政策文件推广教育信息化工作，要求促进优质教育资源共享；整合信息资源，提高教育管理信息化水平；增强信息化应用与服务能力，实现教育信息化可持续发展。

在国家教育信息化规划出台之前，新华文轩教材事业部就组建了一个项目团队对教育信息化市场开展深入研究。2009年，新华文轩联合中国地图出版社（简称"中图社"）以及北大方正集团有限公司（简称"北大方正"）成立了明博教育科技有限公司（简称"明博教育"），希望发挥三家企业在渠道、内容、技术等方面的优势，整合内外部资源，为基础教育提供以数字教室为载体的教学综合服务，将新公司打造成专业权威的基础教育综合服务提供商。

明博教育在成立之时，便拥有较大的竞争优势。一是市场资源优势，新华文轩、中图社、北大方正在教育行业经营多年，与地方教育部门建立了良好关系，积累了大量的出版资源以及政府和学校资源。二是渠道网络优势,新华文轩、北大方正现有的渠道网络可以快速搭建销售及售后服务网络,中图社作为中央级出版社,它的参与将为其他出版社提供示范。三是用户基础优势,新华文轩、中图社传统基础教育市场的现有客户群体也是明博教育的目标客户群体。四是经营权限优势,新华文轩利用传统业务关系上的优势,能够比较容易地获得各个出版社的电子教材的著作权。五是内容资源优势,新华文轩在经营传统基础教材的过程中积累了大量的内容资源,中图社高质量的教材教辅也能够为明博教育提供丰富的教学内容资源。六是技术资源优势,北大方正的交互教学硬件和数字出版技术,可以为基础教育信息化提供强大的技术支撑。可以说,从资源基础和市场条件等方面看,明博教育具有传统教材教辅发行企业无可比拟的优势。但是,当时也有不少人担忧这家公司的前途,那就是:它在国有体制下能够走多远。

为了更好地促进明博教育的发展,新华文轩做了一个极其大胆的决定——放弃对明博教育的控制权,将其交由核心管理团队来运营。明博教育刚刚成立之时,新华文轩、中图社、北大方正的出资份额分别为34.00%、33.00%、33.00%。虽然第一大股东是新华文轩,但是新华文轩并未将明博教育纳入合并报表范围。根据公司章程,公司股东会任何重大决定需要经过2/3以上股东通过,董事会做出决议则必须经全体董事的过半数通过,因此任何单一股东和单一股东提名的董事都无法控制公司的重大决策事项。没有控股股东,就意味着公司的决策权限主要集中在经营管理团队上。为了强化这种模式,已有5名董事的明博教育董事会,还专门增设了1名管理层人员。

这一举措在当时可以说是非常超前的。虽然新华文轩已经是上市公司,但放弃国有股份的控制权,这样的举措在业内还没有多少先例。所以很多人私下过来对我说,放弃控制权这件事情最好还是不要做,太容易受到诟病了。你作为新华文轩的总经理,这件事情你是要担责的,要为自己的前途、利益着想,能够推掉就推掉吧。

但是，我觉得明博教育和其他出版发行企业不一样，它从出生开始就是一家科技型创新企业，核心管理团队和技术人才对其发展有着巨大的作用。如果沿用国有企业的传统管理方式，那么它的创新性、成长性都会受到极大的制约。因此，对于明博教育我们要放权，不干涉其具体的生产研发和经营管理活动，让公司在市场中大胆去闯，去开拓一片新的天地。如果这家公司成功了，不但能给我们带来投资上的回报，还能给我们带来经营理念、市场运营经验等方面的回报，这对新华文轩来说具有更大的价值。

同时，为了适应科技创新型企业的发展，建立企业的长效激励机制，我们还在明博教育推行管理层持股的探索。2012年，在以新华文轩为首的股东单位支持下，由明博教育经营管理团队控制的北京鼎安投资管理中心（有限合伙）以1500万元人民币向明博教育增资。增资之后明博教育注册资本达到7500万元，其中，新华文轩占股27.2%，中图社和北大方正均占股26.4%，管理团队占股20%。

在股权结构确定之后，明博教育制定了发展规划，即通过纸质教材和数字化教材共生、新华书店与教育系统联动、传统渠道和在线渠道互补，使新企业最终成为专业权威的教育资源提供商和教育服务平台运营商。在新华文轩和其他股东的大力支持下，明博教育不负众望，取得了良好的发展成绩。其研发的"优课数字教室"产品在第五十八届中国教学仪器设备展示会上精彩亮相。"优课数字教室"运用现代技术手段创设优质教学环境，综合使用信息技术硬件、软件、网络、电子教材等工具，结合全方位的点对点式专家型服务，促进师生及其他教育参与者资源共享、高效互动，形成动态开放、可持续发展的交互教学模式，成为行业领先的信息化教学整体解决方案，得到了用户的广泛好评和行业的高度赞誉。到2014年，"优课数字教室"等数字教学应用产品已经在全国27个省区市应用。随着业务不断发展，公司经济效益也逐步显现。明博教育在2013年便已经实现营业收入超过2500万元、净利润超420万元，并于2016年5月20日成功挂牌新三板，挂牌当年实现营业收入5372万元、净利润1774万元。

在发起成立明博教育之后，新华文轩又通过控股设立北京航天云教育科技有限公司、组建四川文轩教育科技有限公司和对市县分公司销售渠道升级改造等方式，构建了"内容＋硬件＋集成运营＋销售渠道"的全生态商业体系，打通了教育信息化产业链全环节。到2012年，新华文轩教育信息化系列产品已经覆盖全国27个省区市，其销售业绩也从成立当年的180万元飙升至2亿多元，新华文轩成功找到了新的产业增长点。

除了产业经济效益之外，明博教育对新华文轩还有着另一个突出的贡献，那就是为新华文轩回归A股提供了极具价值的题材。在新华文轩回归A股之前那几年，在线教育已经成为当时资本市场的热点话题。根据行业相关资讯，在线教育领域的资本并购呈现井喷迹象，其火热程度堪比网游传媒领域的资本运作。据不完全统计，2013年有超过10家上市公司布局了在线教育业务或者收购了相关资产，而切入或者主营在线教育业务的相关个股，也大部分复制了网游传媒股飙升的行情，如方直科技两年时间股价涨幅接近4倍，2014年刚上市的全通教育股价最大涨幅超过2倍之多。因此，从这个角度来讲，新华文轩投资明博教育，把握住了资本市场的脉搏，对于2016年成功回归A股也有着积极的意义。

（三）特殊时期的产业倍增计划

2011年10月，党的十七届六中全会通过了《中共中央关于深化文化体制改革推动社会主义文化大发展大繁荣若干重大问题的决定》，在精神导向、体制改革、政策措施等多个层面做出重要安排，培育主流文化，重振国民精神，部署"文化兴国"战略。党的十七届六中全会闭幕以后，河南、江西、广东、吉林、江苏、湖北等地迅速掀起学习贯彻六中全会精神的热潮，各地党委、政府纷纷结合本省实际情况，出台了当前及今后一段时期文化发展的具体目标及实施举措，全力推进社会主义文化大发展大繁荣，文化建设成为各地经济发展新引擎。

在全国文化产业发展热潮中，四川省也不甘人后。2011年11月9日，四川省委九届九次全会通过《中共四川省委关于深化文化体制改革加快建设文化强省的决定》，随后四川省人民政府办公厅于2011年12月31日印发《四川省"十二五"文化改革发展规划》(川办发〔2011〕96号)。2012年3月28日，四川省人民政府为了促进四川省文化产业跨越式发展，推动文化产业成为四川省国民经济支柱性产业，努力将四川建成与西部经济发展高地相适应的文化强省，发布了《四川省人民政府关于加快推进文化产业发展的意见》。《意见》指出，以市场为导向、企业为主体，实施龙头引领、项目带动、产业集聚发展战略，打造具有鲜明四川特色、比较优势明显的重点产业、重点产品、重点项目和重点企业，构建结构合理、门类齐全、科技含量高、富有创意、竞争力强的现代文化市场体系，全面提升四川文化产业综合实力。在这个《意见》中，还明确提出了四川文化产业发展目标，即打造一批具有鲜明四川特色的重点文化产品，建成一批具有强大集聚效应的重点文化产业项目，培育一批具有明显比较优势的骨干文化企业。尤其值得注意的是，《意见》提出，到2015年四川文化产业增加值达到1200亿元以上，占全省地区生产总值的比重达到4%以上，文化企业上市公司达到5家以上，培育总资产或总收入超过100亿元的文化企业(集团)3家以上、超过50亿元的5家以上、超过10亿元的20家以上。

这一系列异常明确的文化产业发展指标在以往是难以想象的，这也标志着在2012年前后，从国家层面到地方政府层面，寻求文化产业大发展、大繁荣成为文化战线改革发展的关键所在。

随后，为进一步做强做大省级文化集团(单位)，充分发挥省级文化集团（单位）在全省文化产业发展中的主导作用，显著增强四川文化产业的整体实力和竞争力，促进文化产业跨越式发展，四川省委宣传部发布《关于实施省级文化集团（单位）产业倍增计划的意见》，提出以市场为导向、企业为主体，大抓规划、抓大规划，大抓项目、抓大项目，大抓活动、抓大活动，大抓作品、抓大作品，大抓人才、抓大人才，通过大集团带大产业、大产业带全行业，做强做大省级文化集团（单位），为建设文化强省做出更大贡献。同时还对四川日报报业集团、四川电视台、四川出版集团、四川新华发行集团、四川党建期刊集团、峨眉电影集团、四川省有线广播电视网络股份有限公司提出了具体的发展目标。并特别点出，新华文轩出版传媒股份有限公司到2015年末总资产要达到150亿元，年度总收入达到90亿元，实现回归A股上市，成为国内出版发行行业龙头企业和重要的文化产业战略投资者。在省委宣传部确认的省级文化集团（单位）产业倍增计划重点支撑项目中，新华文轩单列八项，分别为发行连锁便民文化服务工程、西部文化商品物流配送基地、数字教育服务平台、文轩数字阅读电子商务平台、西部文化资源数字出版平台、四川国家数字出版基地、移动互联网的云出版平台和新华文轩回归A股。

在这样的背景下，新华文轩为认真贯彻落实党的十八大精神，以及省委九届九次全会"深化文化体制改革、加快建设与西部经济发展高地相适应的文化强省"的战略部署，提出通过"实业经营＋资本经营"双轮驱动的发展模式，努力打造西部领先、中国一流、国际知名的出版传媒集团，并于2012年9月制订了新华文轩2011—2015年产业倍增计划。结合公司实际情况以及行业发展态势，提出公司力争"十二五"期间实现销售收入高于15%的年均增长率，到2015年达到90亿元，资产总额达到150亿元，实现比2011年翻一番的倍增发展目标。

为了实现上述产业倍增目标，新华文轩经过讨论研判，决定实施巩固传统主营业务、开发新兴产业项目以及布局投融资项目等三大战略举措。

一是实施现有业务增长战略。通过传统业务的升级和转型、新兴文化产业的拓展，实现现有出版发行主业和相关文化产业的持续稳定增长，力争将当时的业务的销售规模发展到62亿元。其中，出版印刷、教材发行、零售、中盘等传统主业的销售规模由2011年的42.9亿元增长为53.7亿元，影视艺术与教育等投资业务的收入规模由2011年的0.99亿元增长为8.13亿元。

二是实施重点产业项目拓展战略。在发展现有业务的基础上，公司积极推进新兴产业项目拓展，拟重点发展以下八大产业项目：发行连锁便民文化服务工程、西部文化商品物流配送基地、数字教育服务平台、文轩数字阅读电子商务平台、西部文化资源数字出版平台、四川国家数字出版基地、移动互联网的云出版平台和回归A股。

三是开展资产经营与投融资战略。公司在发展实业经营的同时，将大力推进资产经营和资本经营，着力将新华文轩打造成为四川省重要的文化产业投融资平台，实现资产倍增目标。首先，通过存量资产的经营，实现资产增长18亿元；其次，通过回归A股，实现资产增长10亿元；再次，通过再造一个中小板上市公司实现资产增长10亿元；又次，支持成都银行上市，实现资产增长5亿元；最后，发起文化产业基金，开展文化产业的战略性投资，实现增长30亿元。以上项目合计实现资产增长73亿元。

由于产业倍增计划任务重、时间紧，新华文轩还专门制定了明确的阶段性时间表。在第一阶段（2011—2013年），通过战略布局与资源集聚创新实业发展平台。搭建并完善传统业务、新兴数字业务、多元文化产业经营业务和资本经营业务四大发展平台，整合内外部优势资源，稳定主营业务发展基础。在第二阶段（2013—2014年），打造投融资一体的金融投资平台，构建多元化的投融资模式。在实业投资的基础上，按照金融投资行业的组织方式和运行机制介入文化产业领域内的投融资业务，拓展新的发展空间。在第三阶段（2014—2015年），构建产融结合的新型文化传媒集团，做大公司金融投资业务规模，形成实业经营和金融投资并行发展的产业格局。

在这三个阶段期间，新华文轩还决定实施四项具体发展措施，实现产业倍增。

一是通过商业模式和业态的创新，推动传统业务转型升级。公司零售连锁业务着力打造"轩客会·格调书店"品牌，将传统的图书零售门店升级为多功能的市民文化消费场所，推进中小门店经营模式的转变；同时将大型图书卖场向综合性的文化商城转型，推进大型图书卖场经营模式的升级；顺应出版物消费便利化、多元化的市场发展趋势，建立全国规模最大、最具影响力的连锁商超书店网络。公司教育出版发行业务着力推进从产品销售商向教育服务提供商的升级和转型。积极推广"优课数字教室"，通过"硬件＋软件＋资源＋服务"的模式为中国信息化课堂教学提供整体解决方案。在内容出版业务方面，公司加强对外合作，与新世界出版社、麦格劳-希尔教育出版集团、圣智学习集团等国内外知名出版企业建立战略合作关系，通过版权贸易、出版项目合作以及开发新型文化产品或服务等方式，打造四川优质出版品牌，推动文轩出版发展上层次、上台阶，加快文轩出版"走出去"，实现出版规模与品质同步增长。

二是抓住科技与文化融合发展对产业重构之机遇，积极发展数字出版等新兴产业。公司结合四川国家数字出版基地建设，建立数字教育服务平台，引导数字教育产业发展。同时积极顺应电子商务的发展趋势，加快新华文轩电子商务的战略布局，以渠道为核心，建设西部地区影响力最大的出版业电子商务与数字阅读平台。此外，公司还将充分利用四川丰富的文化资源，运用现代科学技术，打造四川文化产业数据库，推动四川文化产业的转型发展。最后公司瞄准移动互联网等产业发展趋势，与网络传输、软件开发等相关行业开展战略合作，建立四川云出版基地，推动传统出版业向数字出版的整体转型。

三是利用重点项目带动相关文化产业的拓展。一方面加强投资能力建设，积极稳妥地开发投资项目，进一步做好在教育、影视、艺术品等领域的投资经营。另一方面，通过西部物流配送基地等重大项目的建设开发，进一步完善出版发行产业链，逐步构建影视制作发行产业链，带动相关文化产业的快速发展。

四是构建完整的金融投资板块，为公司提供强劲的发展动力。一是推动重大融资活动，为公司发展提供强大的资金支持，推动并完成A股上市目标，实现A股＋H股的资本市场组合。此外，推动1—2个新兴业务在中小板资本市场上市融资。二是发起设立文化产业投资基金，建立新型的投融资平台，抓住文化产业快速发展的机遇，寻找公司新的经济增长点。三是抓住出版传媒及相关文化产业进行转企改制的历史性机遇，寻找3—4个战略性投资项目，为公司的快速增长和跨越式发展提供强力支撑。

四项产业发展举措均取得了一定成绩。以第三项举措为例，新华文轩成立了北京华影文轩影视文化有限公司，投拍了《历史转折中的邓小平》《画皮Ⅱ》等作品。《历史转折中的邓小平》全景式地反映了从1976年10月粉碎"四人帮"到1984年实行全面改革开放这段实现伟大转折的重要历史，再现了邓小平带领党和人民成功开创中国特色社会主义道路的生动实践和光辉历程。在这部电视剧中，时任中央文献研究室主任冷溶、四川省委书记王东明任总顾问，中央电视台台长胡占凡任总出品人，中央电视台副台长罗明、新华文轩董事长龚次敏等任出品人，我和杨杪等人一起担任该剧的总策划。2014年8月7日，为纪念邓小平诞辰110周年，电视剧《历史转折中的邓小平》的座谈会暨首播仪式直接放在人民大会堂举行。《历史转折中的邓小平》正式播出之后，更是获得观众一致好评，收视率一度高达1.995，同时段全国排名第一。该剧同样取得巨大的社会效益，2014年荣获第十三届精神文明建设"五个一工程"奖，2015年获得第十七届华鼎奖全国观众最喜爱的电视剧作品奖和第三十届中国电视剧飞天奖重大革命历史题材优秀电视剧大奖，2016年获得第十一届中国金鹰电视艺术节优秀电视剧奖，2017年获得第十一届全国电视制片业十佳表彰大会优秀电视剧奖。

在产业倍增计划的指引下，整个"十二五"期间新华文轩产业发展的确取得了较好的成绩，资产规模、收入水平均实现了大幅度攀升，并于2016年成功回归A股，成为国内出版传媒行业唯一一家"A股+H股"双上市公司。

今天来看，产业倍增计划对新华文轩产业发展起到了巨大的促进作用，但也有不尽如人意的地方，那就是对出版的关注相对少了。而实施产业倍增计划的那几年，原本也是四川出版资源进入新华文轩公司后通过磨合加快发展的关键时期。产业倍增计划中虽然也有出版内容建设的安排，但总体上是全面的产业建设，很难把出版放在突出的位置来加快发展。从出版角度看，特别是与原来出版集团抓出版主业的时期比较，这难免给人对出版重视不够之感。所以，一些人对新华文轩这一时期出版的发展颇有微词也在情理之中。

在当时特殊的政策环境之下，我作为新华文轩总经理，首要任务就是贯彻落实省委、省政府的决策部署，特别是省委宣传部的重要发展部署，把主要精力投入到各项经济指标的"倍增"上来，这也是我的职责所在。出版从出版集团中的核心主业变成新华文轩的主业之一，这一地位的变化也让我在产业倍增时期对新华文轩其他产业板块给予了更多的关注，客观上影响了出版的发展。因此，在这一时期，虽然文轩出版仍然取得了一些成绩，但是与新华文轩整体的发展速度和四川出版以往的历史地位相比，仍然有所不足。

第五章 「二次创业」：四川出版集团再造主业之旅

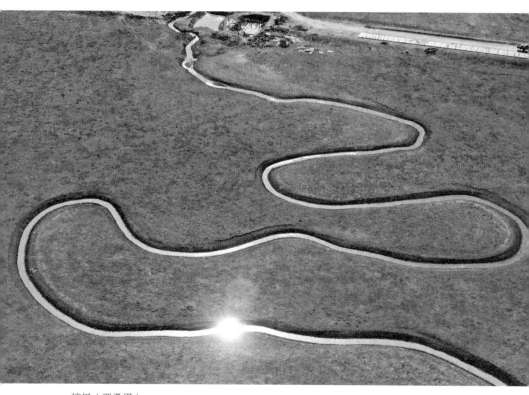

蜿蜒（罗勇摄）

2013年12月，一纸调令，我"重回"四川出版集团。说是"重回"，其实并不恰当，严格来说，我一直都没有离开过四川出版集团。我从2003年11月起担任四川出版集团管理委员会副主任，同时兼任四川民族出版社社长。在担任四川出版集团管委会副主任期间，我主要分管集团计划财务部和资金结算中心。那个时候，虽然我的工作重心更多放在四川民族出版社，但四川出版集团的事情也没落下。我按照集团党委的分工和部署，紧紧围绕生产经营目标，积极协调内外各方面关系，努力开源节流，加强内部管理，在制度建设和有效运作上下功夫，使四川出版集团的财务管理工作呈现出新的面貌，为转企改制后推行企业化的财务核算管理奠定了良好基础。

2010年10月，我升任四川出版集团党委副书记，同时兼任新华文轩总经理。在这段时期，我肩负着四川出版和发行两大集团重组的重要职责，四川出版集团党委副书记的身份的确有助于我开展工作，但一心无法二用，尤其面对的还是集团重组这么复杂的工作。坦率地讲，当时我的主要精力投入到了两大集团重组和新华文轩发展上。

因此，虽然在各种媒体报道和他人的视角中，我自2013年12月起担任四川出版集团总裁是"重新回归"，但在我看来并不是这样，如果理解成"将工作重心再次转移到四川出版集团"无疑更加准确。虽说我一直都没有离开过四川出版集团，但这次"回来"就任总裁，还是让我感觉到那个熟悉的四川出版集团不见了，眼前的这个集团，有些陌生。还是那栋楼，还是那些老面孔，但集团的业务发生了重大调整，大家的精气神也相应地发生了变化，这让我遇到了"重回"四川出版集团的第一个难题。

一、走出舒适区，艰难再造主业

前面提到，新华文轩于2007年在H股上市后，2010年又通过出版和发行两大集团重组，与四川出版集团签订协议，以12.55亿元收购四川出版集团15家全资子公司股权，整合出版发行全产业链，开始向既定的回归A股目标前进。根据A股IPO规定，A股拟上市企业不能与控股股东及主要股东有同业竞争关系，但新华文轩和四川出版集团就存在同业竞争的情况。四川出版集团也有出版业务，即四川民族出版社；还有印刷业务，即四川新华印刷有限公司。经过新华印刷公司和四川出版集团的艰苦努力，克服了完善产权、住户拆迁及赔偿、资产处置、审计评估等一系列困难，最终以1.48亿元的对价顺利实现了新华印刷公司股权转让给新华文轩，并收回新华印刷公司历年欠四川出版集团的借款2.1亿元。此后，又将公益性出版单位即四川民族出版社划归到与新华文轩不存在同业竞争关系的四川党建期刊集团，由此彻底解决了同业竞争的问题。但回头一看，自己的业务已所剩无几，四川出版集团陷入了"空心化"状态。

（一）"空心化"的四川出版集团

当时四川出版集团具体是一个什么状况呢？虽然它仍是省管一级企业，但是旗下只有四家子公司了。第一个子公司是四川恒熙物业管理有限公司，主要负责四川出版大厦和龙潭寺的物业管理，每年有集团支付的几百万元的物业费收入，这也是当时集团旗下唯一一家盈利的单位。第二个子公司是位于成都崇州市的崇文居酒店,这是一家亏损单位。我重回四川出版集团不久,有一次集团开董事会研究崇文居酒店的问题,参会的部分同志提议,既然这家酒店亏损如此严重,早就资不抵债了,还不如把它关了,把资产腾出来,这样我们整个账面也会更加好看一些。但是最后考虑到如果把这家酒店关停了,那么集团旗下就只剩下三家公司,"集团"的称号会更加名不副实,因此这一提议就作罢了。除了这家酒店之外,集团在西昌市还有一家天光月影酒店,这家酒店是和凉山州新华书店合办的,也是集团旗下的第三家子公司。虽然这家酒店背靠邛海,地段好,但当时也处于亏损状态。此外,集团还有一家子公司叫作爱科行教育科技有限责任公司,主要做线上未成年人社会实践教育平台。这是一家2014年刚刚成立的公司,当时还处于前期投入阶段,基本没有产生什么收入和利润。

翻看当时四川出版集团的年度财务报表,可以看到整个集团的利润主要来源于新华文轩的分红、现有资金的理财和一点儿房租物业收入,一年只有1个亿左右,整个集团的产业规模极小,甚至可以说算不上一个产业集团。有一次,我们去参加一个行业会议,别人一听说我是四川出版集团的,马上开始谈论图书出版、选题策划这些业务,我只好解释半天,说四川出版集团的出版资源已经整合进了新华文轩,我们是第二大股东,目前并不具体做出版方面的事情。现在回想起当时的场景仍然觉得有些尴尬,特别是当对方进一步追问出版集团所从事业务的时候。

当时省委宣传部甚至一度产生了将四川出版集团、四川新华发行集团和新华文轩这三大集团合并的想法。新华文轩虽然不叫作产业集团,但是从产业发展实际来看,它却是三家里面最名副其实的产业集团。当时龚次敏同志恰好同时担任这三家集团的董事长,所以省委宣传部的这个想法更加强烈了,时任省委宣传部部长吴靖平甚至和龚次敏董事长商讨过这三大集团合并的可能性。当时我刚刚从新华文轩回到四川出版集团担任总裁,听到这个消息之后，内心真的是五味杂陈，难道四川出版集团就要这样完全消失在四川文化产业的发展历史之中？而且，大家内心也都清楚，表面上说的是三家合并，其实更大可能是四川出版集团完全被四川新华发行集团或者新华文轩吸收，因为在这三家集团里面，新华文轩本身就是四川新华发行集团的重要成员单位，而四川出版集团的业务、人员都是最少的，吸收合并起来的难度也是最小的。

虽然从内心来讲万般不情愿，但这毕竟是主管部门的要求，而且从当时产业发展的实际情况来看，三家集团合并成两家，确实是最好的选择。因此，三家单位各抽调了一部分人组成了专门的工作小组来研究这一问题，而我则是四川出版集团一方的牵头人。经过工作小组的研究之后，有三个很现实的障碍摆在了大家眼前，这最终也挽救了四川出版集团被合并的命运。

第一个障碍就是当时出版和发行（包括四川新华发行集团和新华文轩）两边离退休人员的工资水平有着很大的差距。最开始出版集团和发行集团都是省新闻出版局所管辖的事业单位，但四川新华发行集团体制机制改革较早，在2000年左右的时候便实现了企业转制，由于特殊的历史条件，转制后的离退休人员政策待遇并不是特别好。到2009年四川出版集团转制的时候，政策条件已经很好了，这就造成了两大集团之间政策待遇的巨大差距。差距大到什么程度？举个例子：有两个职工从同一所学校毕业之后分别分配到了出版集团和发行集团，到他们退休的时候，职务级别和职称水平一模一样，但是两人的退休工资却相差很大。当大家分别属于不同单位的时候，这种差距还说得过去，如果变成了一家人，这么大的差距便无法处理了，这也是当时面临的主要障碍。

第二个障碍是领导职数的问题，也就是俗称的"帽子"不好安排。这个问题不仅存在于高层领导层面，而且在中层领导层面表现得更加突出。因为三大集团高层领导总人数本身并不多，可以通过提前退休等方式来解决。

但是中层干部就不一样了，三大集团当时各自拥有一套完整的组织架构，一旦合并的话，同一个部门就会出现两三个正职、近十个副职的情况。因此，在调研的过程中，这一块的阻力也比较大。

第三个障碍来自省委宣传部内部，当时省委宣传部内部也有不同的想法。和其他单位不一样，省委宣传部虽然一直属于"常委部门"（即部门一把手由省委常委兼任），但是由于意识形态的特殊性，其管辖指导的正厅级单位当时只有6家，如果这3家单位合并成2家，那么省委宣传部所管理的正厅级单位将会减少1家，因此省委宣传部本身也有着较大的顾虑。

因为有上述三个方面的障碍，所以三大集团合并的事情后来就搁置了。但合并一事的搁置并不代表四川出版集团产业"空心化"的问题就不存在了，四川出版集团仍需要找到自己的主业方向。

（二）集思广益，寻找突破口

要解决四川出版集团产业"空心化"问题，就要确定新的主业方向，寻找新的业务，说白了，就要再次创业，但很多同志改变现状的动力并不足，因为大家的"小日子"可以说是过得相当不错。当时整个集团职工不多，上下加起来也才300多人，而且，集团账面上还躺着转让15家出版单位给新华文轩所获得的12.55亿元现金，根本没有任何经济压力。2015年，在扣除非经常性损益之后，集团实现营业收入9474万元、利润总额9263万元，相当于人均创利30多万元，这一数据拿到今天来看，都是少有单位能够达到的。

但也正是"好过的日子"，造成了四川出版集团最大的问题——员工由于常年不做业务，因此逐渐远离市场。这种情形的出现，也不能全怪大家，根本原因还是集团没有自己的业务了，搞了几十年出版的一批人才没有用武之地了。更糟糕的是，这会陷入一个恶性循环，没有产业没有业务，那么人才也会流失，人才的流失又会导致产业发展进一步陷入困境。

面对这样的情况，大家看在眼里急在心里。出于对四川出版集团的热忱，对于集团未来何去何从，大家纷纷建言献策。

有些人认为，四川出版集团未来应该把工作重心放在配合四川新华发行集团对新华文轩——特别是对出版社——的管理上面。一方面，在新华文轩最初上报中宣部的重组方案之中，四川出版集团在将集团核心业务即下属15家出版单位的国有股权整体打包转让给新华文轩之后，接下来要做的是有偿受让新华文轩第一大股东四川新华发行集团持有的部分股份，实现与四川新华发行集团以同等股份（各持27.48%）共同控股新华文轩公司。后来，虽然为了尽快促进新华文轩回归A股上市，四川出版集团在省委宣传部的协调下，同意原方案约定的持有新华文轩股份比例由27.48%下调至19.99%，但实际上四川出版集团一直都是新华文轩的主要股东和董事会的重要成员，参与新华文轩的管理是理所应当的。另一方面，四川出版集团从2003年组建以来，便承担着原属于省新闻出版局的对出版单位的管理工作，相对于"半路出家"的四川新华发行集团而言，四川出版集团在这方面有着较多的经验，大家也认为这样可以充分发挥四川出版集团多年来在出版社的管理方面经验丰富的优势，从而有效促进新华文轩出版的发展。

还有些人认为，四川出版集团未来应该利用充沛的现金流做产业投资，这种观点也有缘由。当时集团虽然面临着严重的"空心化"，但还是有它的优点。集团的资产质量很不错，主要是以新华文轩股权为主的股权资产，此外在成都市还有一些比较优质的房产物业。从账面上来看，集团的资产负债率极低，更重要的是资产以现金为主，直白地说，就是"有钱"。当时市场上各种产业投资风起云涌，大家在走访调研省内外其他产业集团的时候，见识到了各个集团在产业投资领域所取得的种种成绩，所以在有钱了之后，大家自然就想到去做投资，"用钱去生钱"。

第一种观点，表面上来看，实施起来可以说基本没有难度，但是仔细一想其实是不可能的。首先，出版社被纳入新华文轩之后，上面的管理机构已经有了新华文轩、四川新华发行集团、省新闻出版局和省委宣传部，如果再多一个"婆婆"，那么出版社大量精力恐怕都会浪费在应付"婆婆"的各种管理上面，这对于出版社的发展"有百害而无一利"。其次，四川新华发行集团好不容易得偿夙愿争取到了出版资源，是绝不可能再将出版社的管理权拱手相让的。和四川新华发行集团共同管理新华文轩和出版社，这恐怕只会是四川出版集团的"一厢情愿"。

第二种观点，大家基本都是认同的，但是产业投资怎么投？投资的方向是什么？大家完全没有底。因为出版集团的300多人，从班子成员到中层干部再到普通职工，大家完全没有产业投资方面的经验。在市场上，投资成功的案例是有不少，但是投资失败血本无归的案例更多。

除了这些观点，还有很多其他想法。比如，还有些人认为四川出版集团应该关注在线教育领域或者职业教育领域，这样一来不仅和集团以前从事的教育出版有着较大的关联，同时还能够和新华文轩形成良好的联动效应。

虽然想法很多，但凭空设想集团未来产业发展方向是难以出结果的，因为大家搞了一辈子出版，对于其他市场化业务接触不多、了解不深。此外，由于个人从业经历，思维还容易产生路径依赖，影响了看问题的视野。于是，集团决定寻求外部智力的支持，在2012年底启动了战略规划工作，邀请上海华彩管理咨询有限公司为集团制定发展战略。

最终四川出版集团的发展战略定位为：继续按照上市公司规则认真履行对新华文轩的正确导向职责；以经营大文化产业为出发点，以资本运作为核心手段，立足"实业+投资"双轮驱动，专注于文化产业投资和资产运营，力争成为国内有影响力的文化产业投资控股集团。按照规划，四川出版集团坚持盘活存量、做大增量，在实业与资本两个方向施展拳脚，几年下来取得了较为显著的成绩，也为后来转型为文投集团打下了良好的基础。

（三）统一思想，推动改革

面对产业"空心化"所带来的一系列问题，不仅我们集团内部着急，始终关注着四川出版集团发展的省委、省政府各级领导也感到着急。2015年9月和2016年1月，时任四川省委副书记、省委宣传部部长尹力同志亲自出席我和陈云华同志的任命大会。由省委副书记专门出席一家省属国企董事长和总裁的任命大会并发表讲话，这样的举动在省内是绝无仅有的。针对出版集团产业"空心化"的状况，尹力同志指出了四川省文化产业与兄弟省份的差距，要求我们对标先进企业，认真研究面临的机遇与挑战，抢抓资源，创新发展。尹力同志当面叮嘱我："'空心化'下一步怎么办？你们出版集团要深入思考这个问题。"尹力同志专门对出版集团下一步工作提出了三点要求：一是要强化意识形态责任，二是要加快推进企业转型发展，三是要大力加强集团内部管理。

2016年，时任四川省委常委、省委宣传部部长甘霖同志在就任当月，便来到四川出版集团视察调研，针对出版集团产业"空心化"的问题，对我们提出了"既要再造主业，又不能脱离文化"的明确要求。

在这样的背景下，我们在无项目、无团队、无经验的"三无"基础上提出了"再造主业"的目标，开启了四川出版集团"二次创业"的艰难之旅。在二次创业的过程中，集团班子成员，包括陈云华、唐雄兴等同志，非常支持我的工作，大家集思广益，为集团的未来发展出谋划策。我也注重征求大家的意见，重要事项都上党委会、管委会讨论研究，一旦做出决定，大家就分头去抓各自分管的工作。可以说，四川出版集团二次创业能够取得比较显著的成绩，离不开集团班子的共同努力。

在这一过程之中，我们首先面临三个亟须解决的问题。

对于再造主业，我们首先要解决的就是统一思想观念的问题。当时大家虽然都已经明白了出版集团再造主业的重要性，但是喊口号、定目标容易，真的开始着手去干却是很难的事情。前面我们说过，出版集团每年的收入、利润和资产情况都极好，一旦开始二次创业，就意味着大家要主动从"舒适区"中走出来，到完全陌生的市场中去竞争打拼，心理上难免会出现畏难情绪。为此，我们针对班子成员、中层干部、全体职工分别召开了多次工作会议，统一全集团思想，将再造主业真正融入大家的思想深处。同时，我们认为再造主业不能只停留在口号或认识上，必须脚踏实地，将其落实到行动中、落实到项目上，因此我们从一开始就把再造主业的评判标准放到一个个具体的项目中去体现。除了思想认识外，再造主业必然会牵涉集团既有格局的调整，也有可能触及个人利益。对于这一点，我们向大家反复强调，要坚持短期利益服从长期利益，只有集团发展壮大了，个人才能享受到更好的利益。

其次，新的主业需要新的管理机制和人才队伍，这也是再造主业过程中的另一个关键性问题。将出版单位划拨进新华文轩之后，从组织架构来看，整个四川出版集团剩下的是4家业务子公司和10多个总部职能部门，一线职工远远少于总部职工，这种人员配置，完全无法满足二次创业对于人才队伍的需求。此外，集团长久以来都是一家事业单位性质的机构，一方面广大干部职工行政思维浓厚、效率低下，另一方面长期以来实行"大锅饭"式的收入分配制度，无法适应市场化业务发展需求。针对这一问题，集团决定从机构建设、人才建设和分配机制上做文章。在机构建设上，积极转变集团本部职能，精简非生产性管理机构和人员，加强一线员工队伍建设，将精细化管理的理念、方法、措施融入各项工作中，堵塞管理漏洞。在人才建设上，一方面加大对现有人才的培养和使用力度，通过岗位培训、学历教育、继续教育、技术练兵等方式，培养、造就一大批实用型人才，努力建设一支朝气蓬勃、充满活力、面向市场、开拓进取的新型人才队伍；另一方面创新人才选拔任用渠道，不断扩大外部人才招聘比例，倒逼内部人员提升能力。在分配机制上，探索激励型的分配机制，实施工资薪酬与业绩考核直接挂钩，使管理人员能上能下、员工能进能出、收入能增能减，完善"效益升工资升，效益降工资降"的薪酬分配体系，加大对关键人才的激励力度，营造创先争优、干事兴业的良好氛围。

最后一个问题是项目的问题。这一问题实质上是主业具体从哪里来的问题，也是再造主业的核心问题。再造主业与培育孵化业务不同，培育孵化业务可以依托现有主业慢慢培育起来，试错空间大，但是再造主业的试错空间很小，而且需要尽可能快地形成产业竞争力。针对这个问题，我们的结论是，不管股权投资还是产业投资，要尽快形成四川出版集团的核心竞争力，尤其要通过股权收购、兼并重组等方式快速进入新业务领域，打造集团的支柱产业。在这样的思路指引下，我们在二次创业之初，便谋划了八大重点项目，推动集团再造主业（见表5-1）。

表5-1　四川出版集团"十三五"规划中的八大重点项目情况

项目名称	项目概况	预计总投资
四川未成年人社会教育综合服务网络平台项目	借助移动互联网、云计算等技术，运用互联网思维、跨界思维，将社会主义核心价值观教育、爱国主义教育、中国传统文化教育融入社会实践教育中，利用新媒体，占领文化意识形态，特别是未成年人意识形态工作的制高点	3180万元
四川文化产业发展基金项目	为贯彻落实党的十八大关于大力推动社会主义文化大发展大繁荣的精神，积极响应中央推动文化产业成为国民经济支柱性产业的战略要求，充分利用国家文化产业发展政策，借鉴各省文化产业先进的资本运作理念，加快我省文化产业投融资体系建设，推动集团产业发展升级	50亿元

（续表）

项目名称	项目概况	预计总投资
藏羌彝文化产业走廊项目	抓住国家建设"藏羌彝文化产业走廊"的契机，依托集团现有资源，运用互联网平台，整合凉山州、甘孜州、阿坝州的旅游、文化产品和特色自然资源，发展极具藏羌彝民族特色的，集文化、旅游、创意、特产销售于一体的，融合了电子商务功能的文化创意产业	1亿元
四川出版传媒中心（财富支点大厦）项目	本项目依托四川出版文化事业的发祥地（成都市盐道街3号），定位为出版传媒行业高端产业基地、新兴文化产业孵化基地，将打造成聚合文化金融、文化旅游、文化创意、共享办公、智慧楼宇、游戏动漫以及传统媒体与新兴传媒相融合的中国西部标志性新兴文化产业基地和孵化园	6.5亿元
城北城市文化综合体（芙蓉花开）项目	城北城市文化综合体，是集团为适应当前出版产业发展的形势，突破企业发展的瓶颈，在自有土地上，与四川炎华置信集团合作开发的集文化创意、文化体验、文化消费于一体的重点项目	20亿元
三星堆原创动画电影《金色面具》项目	三星堆动画电影以"金色面具（Golden Mask）"为创意核心元素，围绕三星堆神秘文化，定位于历史穿越题材，使它能够同其他神秘文明——如玛雅文明、古埃及文明——联系起来，并结合古希腊荷马史诗中的戏剧元素，用好莱坞的叙事手法展开善恶之争的故事。影片以玄幻、冒险、穿越风格为主，瞄准国际市场，采用国际化制作团体，在视觉特效、音乐音效方面充分挖掘国际团队的优势；采用3D数字技术，用优秀的动画造型与电影语言来表现，打造出国际顶尖水准动画电影；整合国际一流电影发行资源，实现全球上映，真正在高位实现"文化走出去"目标。我们将在动画电影开发的同时，开发手机游戏、衍生产品、出版物等	1.05亿元

（续表）

项目名称	项目概况	预计总投资
西部牧场文化旅游体验项目	通过对藏文化品牌的塑造，以花海景区为载体，以中高端的藏茶、藏工艺品、藏族演艺等体验式消费为延伸，以线上线下相结合的方式进行推广，确立同心多元化经营模式，打造高端文旅品牌	1.5亿元
智慧城市项目	集团将与安徽出版集团一道成立西南智慧城市（四川有限公司），公司注册地为成都市；注册资本1亿元，四川出版集团占股60%，安徽出版集团旗下全资子公司智慧时代投资管理有限公司占股40%。新公司立足城市级"发展商"定位，采用PPP模式，运用"文化+"建设理念，整合产业基金、前沿技术、专业人才和优质合作资源，为地方政府新型城镇化建设提供全流程服务	

（四）产业再造，规划先行

产业再造，规划先行，这是四川出版集团在二次创业中始终坚持的一个理念。2015年，我们再次邀请上海华彩管理咨询有限公司为我们制定了《四川出版集团有限责任公司"十三五"发展规划》，该规划有两个版本，完整版本有上百页，简略版本有十多页。在集团日常工作中，大家每次撰写各种材料，以及每次做报告、总结、计划、方案等的时候都用到规划里的内容。大家就在这个过程中学习、理解了规划，统一了思想和行动。所以，从此方面来讲这个规划的价值很大。

在"十三五"发展规划中，我们提出：把四川出版集团建成中国西部最具影响力的文化产业投资控股集团，实现"三年上台阶，七年具规模，十年成旗舰"的战略发展目标；积极培育新型文化业态，加快结构调整和资源整合，布局大文化消费产业链；依托四川文化产业股权投资基金（简称"省文化产业基金"），强化集团在文化产业领域的战略投资者地位，探索以投融资引领为重点的文化金融创新型发展模式；通过"实业＋资本"的发展战略，着眼赶超，奋力跨越，推动集团经济总量和综合实力跃上一个新台阶。

在"十三五"规划中，我们还谋划了集团未来五年发展的五大重点任务或者说聚焦的五个重要方面。

一是为使集团尽快走上产融结合的发展道路，集团将打造三级投资体系，与四川发展控股有限责任公司一起作为主要发起人设立四川省文化产业投资基金，建设项目池、投资人池、外部智库，积累资本运作经验。致力于在省内重点培育一批有市场前景、有重大影响力的优秀文化企业和知名文化品牌，打造一批电影、电视剧等文艺精品内容；推动一到两家重点文化企业进入资本市场，使其成为集团新的利润增长点。

二是加快集团文化地产建设工程项目的推进，争取在2018年完成四川出版传媒中心的建设工作，并将其打造成四川省的文化名片、大西部文化交流的新地标，同时加大营销策划、招商引资的力度，加快资金回笼，缩短投资回报期，使项目产生最大效益。

三是努力推进未成年人社会教育实践项目。积极构建社会教育大数据中心，搭建由场所、服务机构和志愿者组成的社会教育落地承接平台，以及信息互通、动态管理、决策评估网络平台。加快社会教育创新理论体系的研究与建立，以及未成年人社会教育课程及活动体系的研究与开发，积极开展"蓓蕾计划"相关活动。

四是倾力打造藏羌彝文化产业走廊项目。依托凉山州、甘孜州、阿坝州独特的文化、旅游资源优势，拓展集团现有文化、旅游资源，打造民族文化特色主题酒店，建设独具特色的文学、摄影、绘画创作交流基地。以西部牧场文化体验项目、藏羌彝文化产业走廊旅游环线自驾游项目为抓手，进一步提升景区品质、丰富旅游业态，实现文化与旅游的融合发展。

五是探索推进三星堆原创动画电影项目，用国际语言讲好四川故事，打通相应的国际市场。

现在回头来看，四川出版集团基本还是沿着当初所规划的产业方向前进，也基本实现了当初预定的产业发展目标。整个过程中虽然在具体项目、时间进度上有所调整，但这也是产业发展的正常现象，简言之，产业发展必须要随着市场环境的变化而进行动态调整。

二、风雨兼程，打造完整文旅产业链

四川出版集团进入文旅产业不是一时心血来潮，而是在对旅游行业深入研判基础上的理性决策。一方面，国民人均可支配收入的不断增长使旅游成为刚需；另一方面，经过多年的开发，传统旅游资源开发已经到达天花板，旅游模式开始转型。2018年，随着国家文化和旅游部正式挂牌，文旅融合成为国家战略。四川是我国旅游资源大省，而集团本身文化资源富集，通过文旅融合介入文旅产业具备先天优势。因此，集团结合四川省文化旅游资源的禀赋和特点，紧扣文化主线，突出文化内涵，着力打造完整的文化旅游产业链。

（一）布局文旅：从契合国家战略到发挥集团优势

四川出版集团在做发展规划的时候，把文旅业务作为主要的发展方向。之所以选定文化旅游作为集团主业再造的一个重要板块，主要出于以下两个方面的考虑。

首先，发展文旅产业有政策支持。在国家层面，为了加快发展特色文化产业，加大对西部地区、民族地区文化产业发展的支持力度，出台了《中国证监会关于发挥资本市场作用服务国家脱贫攻坚战略的意见》《藏羌彝文化产业走廊总体规划》等文件和规划,四川省"十三五"规划又将文化旅游作为四川文化产业发展的一个重点方向。其次,除了有党和政府的顶层设计外,我们也考虑到了集团产业发展的实际情况。

一是从现状看,集团已经进入了旅游行业,当时集团旗下四家子公司,其中两家是酒店,体量虽小,但仍然属于旅游板块。二是从未来看,文化和旅游深度融合是大势所趋,也是集团当时可供选择的为数不多的发展方向。在研究集团转型发展的时候,关于往哪个方向转,我们提出了"文化+"的概念。文化产业的细分行业很多,出版、教育、影视、游戏、文化装备等,都算是"文化+",但不是每个行业我们都能做。例如,我们最熟悉的出版和教育行业由于和新华文轩存在同业竞争关系,因此不能做。文化装备制造实际上属于第二产业,而我们属于第三产业,两者差异较大。影视、游戏这些行业倒是可以做,而且也是当时资本市场上的热点,但是我们仔细研究一些并购案例后发现有一个很明显的问题,那就是国企的机制跟不上:一方面投资的响应速度跟不上,我们的流程太慢了,等我们拿到主管部门的批复,黄花菜早就凉了;另一方面影视、游戏公司属于轻资产运营,高度依赖团队,国企收购之后往往激励措施跟不上,团队很快出走,并购的影视、游戏公司也大多成了空壳。基于此,我们定下了一个策略,即影视、游戏可以做,但是前期只能采取项目投资的方式。在排除了这么多方向后,剩下可以做的行业也不多了。再来看文化旅游行业,它有着一定的行业壁垒,对资源的要求很高。而四川出版集团的领导班子成员大多出自文化宣传系统或者政府系统,如集团总裁陈云华和党委副书记唐雄兴就长期在党委、政府工作,大家对文化旅游相关领域都比较熟悉,也有一定的政府资源可以利用。我本人作为少数民族干部,对四川三州地区也比较熟悉。此外,对国企来说,即使团队出了问题,只要我们项目本身没有选错,我们的资产是摆在那里的,投资的风险是可控的。所以,经过深入思考之后,我们选定了文化旅游作为集团再造主业的方向之一。

1. 做大存量，获取增量

在规划集团文化旅游板块的时候，我们将现有的资产业务都考虑了进去，但在实际实施集团文旅战略的时候我们发现，崇文居酒店和天光月影酒店都只有"芝麻"大小，并且一直处于亏损之中，根本无法支撑一个板块的发展。因此，对于如何发展文旅板块，我们就确定了两个基本思路。

一是对存量资产能够做大的尽量去做，不能做大的及时止损。崇文居酒店长期处于亏损状态，当时集团除了初始投资外，还累计借款给它5000多万元，但是每年仍然亏损两三百万，只有依靠集团不停输血才能维持运营。因此，我们在2016年的时候将崇文居酒店整体承包给了一家外部机构经营，从而实现止损。天光月影酒店虽然也是处于亏损状态，但是这家酒店的条件更好，坐落在西昌邛海边上，通过加强经营管理之后还有可能实现盈利，至少现金流能够自我维持。后来我们通过加强线上渠道营销、管理能力建设等措施使天光月影酒店基本实现了扭亏为盈。

二是通过收购的方式快速获取增量资产，将文化旅游板块快速做大做强。这个思路确定后，又遇到一个新难题，就是应该收购什么样的文旅项目？之所以说这是个难题，有几个原因：首先是数量多。文旅资源数量实在是太多了，当时四川境内3A级及以上的旅游景区就已超过600个，而没有挂星级有待开发的旅游景区数量就更多了，这些资源大多位于藏羌彝文化产业走廊区域。其次是甄选难。仔细研究发现，这些旅游资源良莠不齐，并不是所有的资源都具有投资价值，因此甄别挑选难度特别大。最后是起步晚。我们决定进入文旅产业开展并购的时候已经不太容易找到优质标的了。资本市场早就看到了旅游行业的前景，当时省内一线的旅游资源基本已经被圈完了，我们只有去寻找一些二三线或者偏远地区的资源。很多地方政府邀请我们去看的项目基本都是不太好的资源，从商业上是算不过来账的，即使有个别的好项目，需要的投入又非常大。当时四川出版集团有几十亿元的净资产，还有20亿元左右的现金，这个体量的资金如果放在银行吃利息很舒服，但是要做文旅产业，这点资金就不够了，可能投一两个大项目就没有了。一个特别优质的文旅项目动辄便是几十亿元的投资，可能投一个这样的项目就会把集团的资金全部耗光，一旦项目出现问题，那么集团也会被拖下水，风险实在太大了。因此，在选择并购标的的时候，我们决定先收购体量相对小一点的项目，对集团来说相当于是一种探索，就算真的出现风险，也可以承受。

2. 在三州地区找项目

方向定了，思路也定了，接下来的工作就是寻找项目了。四川的文旅项目实在太多了，为了寻找合适的项目，集团班子成员要么集体出动，要么由陈云华、唐雄兴和我分别带队去考察项目。从四川到西藏，从广安、资阳到甘孜、阿坝，我们跑了很多地方去考察项目。一圈跑下来，我们一合计，觉得这样不行。在全川范围内找项目不太现实，因为四川有着丰富的旅游资源，数量特别多，如果漫无边际地去找，相当耗精力、耗时间，所以最好圈一个范围去找。

这时，文化部和财政部联合印发的《藏羌彝文化产业走廊总体规划》给我们提供了一个思路。四川民族文化资源非常丰富，大多位于这个规划的核心区域；这个区域地处我国一、二级阶梯交会处，地理风貌独特而丰富；此外，这个区域的红色旅游资源也是四川旅游的一大亮点。所以，经过集团班子成员和相关业务执行机构反复讨论之后，我们就定了一个大的范围，即以成都为中心，沿藏羌彝文化产业走廊，特别是四川的三州地区（凉山州、阿坝州、甘孜州）布局文旅板块。

我们选择这一区域进行布局除了考虑到国家政策引导等基本面外，也由于对这个区域的具体情况有较深入的了解。

首先,我们判定未来十年内,这个区域的交通会有很大的改善,而影响旅游发展的一个最重要因素就是交通。藏羌彝文化产业走廊地区是我国最为重要的少数民族聚居地区,由于特殊的自然地理环境,基础设施建设比较落后,随着国家加大对少数民族地区的支持力度,未来这一区域必然是国家基础设施建设投入的重点区域,其交通等基础设施条件会得到很大改善。做投资有个常识,就是贱时买入、贵时卖出。当时三州区域受交通因素的制约,项目、资产估值普遍较低。如果我们开始布局,是可以买到相对便宜的项目和资产的,一旦高速公路、铁路等修好以后,这些资产还可以获得较大的溢价。

其次,这个区域由于其特殊的社会环境,还有一些比较优质的文旅资源没有被其他机构圈占。当时很多投资机构都在关注三州地区的文旅资源,都觉得这一区域的资源很好,但是敢下手的并不多。最重要的原因就是三州地区属于多民族聚居地区,社会环境较为复杂,在收购过程中如果出现与当地老百姓和政府的矛盾冲突问题,这些机构协调不下来。而四川出版集团作为四川省属国有文化企业,是有条件在这些地区深入发展的,并且我本人又是在甘孜州成长的藏族人,对于这一区域的川民社会环境非常熟悉,因此在这些地区进行文旅投资反而是我们的优势所在。

就这样,我们在阿坝州若尔盖县选定了西部牧场文化旅游综合体项目(简称"西部牧场")和扎萨格项目,在阿坝州黑水县选定了羊茸哈德项目,正式开启了四川出版集团的文旅产业之旅。

(二)西部牧场:文旅探索路上最好的一课

西部牧场位于大九寨国际旅游核心区的中国黑颈鹤的故乡、中国最美丽的草原、中国最大的湿地——阿坝州若尔盖县,是藏族草原文化、马背文化与汽车文化的交融地,是中国西部旅游的一颗高原明珠。该项目地处四川出川要道213国道与省道线交会处，是从九寨沟去青抵甘过境的必经之地，离若尔盖县城3千米，距九黄机场120千米，交通地理位置十分优越。项目占地面积约400余亩，建筑面积2.4万平方米，内设古格王朝大酒店（藏式贵族酒店）、圣地大酒店（藏式民居酒店）等4家藏文化主题酒店，并拥有非物质文化遗产街区、花海湿地景区等，是若尔盖大草原上唯一一个集酒店住宿、文化体验、美食街区、景观游览为一体的文旅综合体项目。该项目于2015年入选国家财政部和文化部《藏羌彝文化产业走廊总体规划》重点项目清单，2016年8月获评国家3A级景区，2018年入选四川省文化产业发展项目库，并被四川省文旅厅纳入《四川省文化和旅游发展重点项目清单（2019）》。

实际上，在选定三州作为文旅布局的范围之后，我们花费很长时间考察了很多文旅项目，仅在阿坝州就看了二三十个景点。当我们看到西部牧场得天独厚的条件和未来发展前景之后，便一致决定将出版集团的第一个文旅项目定在此处。

1. 树牢底线思维，果断出手

若尔盖县位于川甘青三省交界的若尔盖大草原上，是从成都出发的九环线和甘南线这两条经典旅游线路的交叉点。根据国家和省级的规划，若尔盖的交通在10年之内会有巨大改善，将会成为成都周末旅游圈的重要组成部分。九绵高速（九寨沟至绵阳）于2016年正式动工修建，九若路（九寨沟至若尔盖）已于2020年11月建成通车。一旦九绵高速通车，那么从成都到九寨沟只需要4个小时，再从九寨沟到若尔盖也只需要2个小时，也就是说从成都到若尔盖的时间将会缩短一半。这样的话，对于游客，特别是自驾游游客来说，到了九寨沟再到若尔盖就非常方便，这两条路的通车会对若尔盖的旅游业有很大促进作用。

此外，若尔盖旅游还有一个更强的助推力，那就是成兰高铁的最终落地。一旦成兰高铁通车,川西北将结束无铁路的历史,从成都到若尔盖只要2个小时左右,若尔盖就会进入成都的周末旅游圈。

除了交通改善所带来的旅游潜力之外,西部牧场项目本身也有着很好的基础条件和发展潜力。

首先,西部牧场项目产权面积400亩,实际占地面积600亩,是整个若尔盖大草原上体量最大的旅游项目。当时我们做了一个判断,就是随着国家生态保护的加强,在若尔盖大草原上,今后绝对不可能再有谁能够拿到这么大一块地去做旅游开发了。事实上,到今天为止,西部牧场项目的体量仍然是当地最大的,目前我们只开发利用了100亩左右,还有300多亩的土地可以开发。

此外,西部牧场项目恰好处于若尔盖县最有名的两个旅游景点——花湖景区和九曲黄河第一湾景区——的中间,能够和这两个景区形成联动。无独有偶,我们在收购西部牧场项目的同时,在若尔盖县又看到了一个项目叫作扎萨格景区。它在花湖景区的对面,两个景区之间车程只有15分钟,导流很方便。扎萨格景区品质极高,它在徒步旅行者这一小众群体里一直很有名,是著名徒步旅行系列手册《孤独星球》中介绍的经典线路之一。和草原风光不同,扎萨格是一个山谷,里面怪石嶙峋、洞穴密布,甚至还有野生动物出没,和草原风光相比有着非常大的景观差异。从自然风光来看,西部牧场项目的确不如其他三个景区,但其他三个景区周边几乎都没有任何食宿等旅游设施。和一般区县不同,若尔盖县面积极大,花湖景区和九曲黄河第一湾景区距离若尔盖县城都有一个多小时车程,二者之间有两三个小时车程,游客来到若尔盖县,几乎都要过夜。所以我们当时就想,一旦我们投资西部牧场项目,那么该项目将成为若尔盖县最大的旅游集散地和中转地,能够和若尔盖县其他景区形成良好的生态闭环。这个闭环一旦形成,作为若尔盖县城旁唯一一个集酒店住宿、文化体验、美食街区、景观游览为一体的文旅综合体，就会吸引来若尔盖的游客在此食宿。2015年，若尔盖县官方统计有197万人次的游客量，即使只有10%的人来到西部牧场，人均一天吃住游玩只花费300元，那一年也会有几千万元的收入。等到若尔盖县交通完善之后，其经营潜力无疑将会更大。

其次，西部牧场项目当时的经营是比较良性的，未来的资产增值空间非常大，从资产收购的角度而言有着很好的风险把控机制。西部牧场项目当时已经比较成熟了，经营状况较好，一年经营净现金流有七八百万。从利润角度来看，作为民营企业核算有1000多万元，我们核算下来也有接近700万元。经过一年多的艰难谈判，我们将收购价格从1个多亿压到了7000多万元，这一谈判结果对我们的风险控制有着关键性的作用。虽然这个项目后来受到地震、水灾和疫情的影响，收购之后就几乎没有正常经营过，但是我们的资产仍是不断在增值的，这就是当时艰难的谈判奠定的良好基础。

之所以说这么多，从各个角度来盘算收益，是因为做投资，不管是做文旅项目投资，还是前面说的基金投资，我觉得一定要坚守一条风险底线，那就是：如果一个项目能做到在经营不善需要关停的最极端的情况下，将资产卖出去仍然能够保证不亏损，那么这个项目就是可以投资的。我们必须时刻谨记，国企做投资，用的都不是自己的钱，是党和政府的钱，用这个钱是要负责任的，因此一定要把风险看清楚，一定要把风险底线画出来，并且这个风险底线一定是真实存在的，绝不能自己欺骗自己。文旅产业投资属于重资产运营，如果我们的交易对手将全部身家都集中在交易标的上，那么对赌回购等机制是没有太大意义的，因为交易对手基本没有其他更多更好的资产，对赌条约也就几乎不可能实现。在这种情况下，我们的风险底线不能靠对赌协议来建立，一定要从资产本身出发来建立，这样才是最真实的风险底线。

最后，经过一年多的艰难谈判，四川出版集团于2017年4月以7975.6

万元的价格正式收购西部牧场项目投资运营主体若尔盖青藏文旅文化发展有限公司50.8%的股权,从而控股了西部牧场项目。2018年,四川出版集团又引进深圳市创新投资集团有限公司、四川文化产业投资基金作为该项目的战略投资人。

2. 探索文旅产业经营

收购西部牧场项目后,四川出版集团与各股东合作,采取五大措施推动西部牧场项目的发展。

(1)补足短板,完善业态,不断提升景区品质

尽管受到地震、洪灾、疫情等一系列不可控因素的影响,西部牧场项目长期处于停业亏损的状况,集团仍然坚定推动项目转型,提升项目各项软硬件水平,提高服务标准,挖掘当地特色文化,丰富街区业态,开发高原生态旅游产品。集团累计新增投资约2500万元用于项目提升:一是高度重视自然环境保护,规范项目的污水排放,新建电锅炉逐步淘汰原有的煤锅炉等,顺利通过了国家林业和草原局(简称"国家林草局")组织的专家评审,消除了项目历史上存在的审批瑕疵;二是提升项目硬件水平,对古格王朝大酒店、圣地大酒店进行了升级;三是丰富街区业态,新增唐卡、藏茶等特色文化体验业态,及草原餐厅、阿妈厨房、草原烧烤等特色美食业态,并以此为基础逐步打造了"夜街购物、草原夜宵、夜探草原、篝火晚会"的夜游体系;四是结合本地生态、人文资源发展民族文化体验游、大草原生态游,连续两年举办若尔盖高原湿地观鸟赛,开发"寻狼记"等高原生态旅游产品。

(2)宏观布局、打造生态,形成旅游闭环,提升项目价值

为了打造一个若尔盖周边的旅游生态圈,除西部牧场外,集团还托管运营了黑水县羊茸哈德藏寨,建设若尔盖扎萨格生态旅游景区,并成立悟空传媒、西游云极两家子公司,分别开展品牌营销、研学、定制旅游等文旅业务,向产业链上下游拓展,形成大若尔盖文旅产业闭环。扎萨格景区就是这

个闭环中一个重要的布局。

扎萨格景区开发出来之后，无论对集团的文旅布局还是当地的旅游发展来说都具有重要意义。现在若尔盖的景区主要就是九曲黄河第一湾和花湖，这两个景区很多游客看完后就走了，很少停留。而且，由于这两个景区差异化不大，一般来说，很多游客只看其中一个，旅行社路线设计也只包含其中一个景点。扎萨格紧挨着花湖，它与花湖的景观差异很大，所有去过的人都说没想到在草原里面还有这么美的大峡谷，景观资源非常好。扎萨格开发之后，游客一两天看不完几个景点，若尔盖自身就会变成一个旅游集散地。而且，若尔盖一旦通高铁，旅游集散地的地位会更加凸显。我们在若尔盖有扎萨格加西部牧场，就形成了一个旅游闭环，游客来了既可以在扎萨格观光，又可以在西部牧场吃住玩。这样的话，在若尔盖这片大草原上，就没有人可以和我们竞争了。高原旅游最大的特点就是季节性非常明显，旺季一票难求，淡季门可罗雀，因此淡季的游客资源主要靠旅行社，这种情况下景区之间就会形成对旅行社的争夺，如果我们有了西部牧场和扎萨格，竞争上就很有优势了。

（3）优化内控、完善流程，提高项目运营管理水平

我们原计划收购西部牧场项目后经营管理继续由合作方负责，他们做了那么多年，做得也很不错。因此双方谈协议的时候，把未来都想象得很美好。但是，等我们真正控股之后，运营过程中的各种问题就出现了。首先，双方从企业文化、制度环境到价值判断上的差异都很大。比如有些税费，民营企业认为可交可不交，但我们就不行，至少要保证审计不能出问题。为了坚守这个底线，项目整体运营成本就要增加。此外在项目实际推进过程中，为了打点各个环节需要送礼之类的事情，我们也坚决不做。其次，民营企业经营管理的随意性也比较大。比如，我们控股之后计划对整个牧场分年分批进行提升和改造，要提升改造，就要完成设计规划招投标这一套，这些都是

成本。按照合作方原来的做法，这些步骤就很简单，成本也会省下一大截，成本虽然省了，但这么做不一定是科学的。此外，在项目实施的过程中，我们要求，设计方定的怎么做就要怎么做，不能轻易修改，要修改就要重新走流程。但合作方就理解不了，之前他们自己做的时候，看到哪儿觉得不对就直接改了，也就是说没有什么流程和程序。到2018年的时候，合作方就主动提出，既然四川出版集团已经控股，那就还是由集团来操盘，他们确实适应不了国企体制的要求。

说到规范运营，还有一个特别能说明问题的例子。完成收购以后，我们发现西部牧场项目有一个环保手续不完整。按照以前环保方面的相关规定，进行了专家评审之后会有一个批复，但是不知道为什么就是没有州里的批复。为了解决这个问题，我们只有去把相关手续补起来。可没想到的是，此前在专家评审时，批复权限还在州里，但等我们补相关手续的时候，批复权限已经收回到国家林草局了。为了能顺利补上相关手续，我们请了全国最权威的生态保护专家来审看西部牧场项目，专家给我们提了一些整改建议，我们严格地按照建议进行了整改，所以等到后来国家林草局的专家来检查验收的时候就非常顺利。在我看来，合规是国企做事的底线，不能存在程序上的瑕疵，因此这个问题一定不能敷衍，要扎扎实实地解决好，哪怕要花点钱也必须要解决。为了补环保手续，我们花了三四百万元，包括重新做排污，把排污管道接进县里的污水管道，等等。刚开始合作方还有点不同意，但后面给他们讲道理，告诉他们企业应该遵守相关规定，而且花了这个钱之后就"长治久安"了，不花的话以后随时可能被查，合作方也就理解了。在补完相关手续之后，西部牧场项目的价值一下子就提升了很多，因为各种资质都是齐全的，没有违规风险，对于以后想要接盘这个项目的企业来说，没有后顾无忧。

（4）引入职业经理人，组建一支专业的运营队伍

中国的文旅产业是个分散度很高的产业，有很大的并购空间，很多并购基金都在发掘这个产业的机会，但大多都做不好这里面的并购项目，都觉得有难度。其中最难的并不是买项目，买项目有很多成熟的打法和套路，最难的是买了之后对项目的整合提升。这就需要有一支既懂金融投资，又非常了解产业，甚至有相关实操能力的团队。大多数基金考察项目的能力很强，但往往缺乏产业实操经验，这就是多数并购基金做得不好的原因。

运营文旅项目，团队非常重要。在西部牧场项目的运营上，我们结合集团团队及项目原有团队，形成了一支具备专业运营能力的文旅行业经营管理团队。

西部牧场项目的运营团队比一般团队的要求要高，因为面对的员工不一样。在一般地区至少没有交流障碍，但在西部牧场不一样，项目上的员工90%都是当地的牧民，有些员工连汉语都说得不太好，对于这样的员工，就一定要扬长避短，去发挥他们的长处。后来我们找了一位职业经理人，制定了一套很细致的工作标准来提升项目整体服务品质。

从这一角度看，我觉得西部牧场项目的这支团队是对今天的文投集团最大的贡献。有了这支团队，一方面文投集团运营其他文旅项目就有了基本盘，另一方面，待文旅业务发展到一定规模后，文旅方面的并购基金也可以作为文投集团的发展方向。现在国内文旅行业能够操盘这种并购的团队据我了解最多只有一到两支，所以这个空间是很大的，这也是西部牧场项目带给今天的文投集团意外的收获。

（5）根植合作思维，与当地政府民众共建项目

西部牧场项目为当地贡献就业岗位超过200个，2018—2020年累计缴纳税收超过1000万元，为当地的经济发展和社会稳定做出了较大贡献。因此，当地政府非常支持该项目。通过该项目的运作，我们也总结出了一些经验，

即在运营落地文旅项目时，一定不能与当地老百姓争利，相反地还要去给老百姓提供一些提升收入的机会，如果能做到这一点，那他们就会支持你。比如，就西部牧场项目而言，我们除了提供200多个就业岗位之外，每到过年的时候还专门针对贫困员工给予补助；此外，牧场里面有一些小项目，比如游客骑马，我们就找当地的牧民来合作。只要我们能转换思维，以合作的形式主动去创造一些能够让老百姓增加收入的方式和途径，那项目的落地实施获得的支持就会更多，遇到的阻力就会更小。

3. 步履维艰的项目运营

风险分析是投资项目的时候必须要做的工作。四川出版集团在做西部牧场项目风险分析的时候，着重分析了以下几个方面可能会遇到的风险：第一，我们分析该项目地处少数民族聚居地区，将来的经营管理可能会遇到困难；第二，我们认为旅游行业和宏观经济形势息息相关，未来如果宏观经济下行，那么项目可能会遇到困难；第三，规划的几条交通线路建设的时间表不一定跟得上预期，从而会对项目造成较大影响；第四，可能会遭遇不可抗力灾害，如地震、洪涝等自然灾害，从而给项目造成损失。

这四点中，前三点都是我们认为的实实在在的风险点，而第四点虽然写在了项目的可行性研究报告之中，也进行了风险提示，但实际上并没有引起我们的重视。我们当时以为，对"不可抗力灾害"所做的风险提示只是报告中的一种套话，因为西部牧场地处大草原，常见的地震、洪涝等自然灾害基本不会发生，最多是大雪冰冻天气等灾害，而这个项目每年入冬就会进入歇业期，所以大雪冰冻天气对项目的影响也不大。

但出乎意料的是，前三个风险点并没有对西部牧场项目造成多大的影响，反而是最后一个风险点给项目造成了很大的困难。我们投资之后，该项目便遭遇了连续性的自然灾害，正常经营深受影响。

遇到的第一个不可抗力灾害，便是发生在2017年8月8日的九寨沟地震,这也是我们收购西部牧场项目后所遭遇的最大困难。

由于地震,成都到九寨沟的道路受到严重破坏。西部牧场项目地处九黄线和甘南线两大经典旅游路线的交会点,主要客源还是以九黄线的游客为主。九寨沟加大草原一直是四川的经典旅游线路,也是各大旅行社主推的川西旅游重点线路,单独去若尔盖的游客其实并不多,很多游客都是去九寨沟的时候顺道去若尔盖。地震后,来自九黄线的客流骤然断流,整个项目就全靠甘南线的游客支撑。

可祸不单行,地震过去没多久,西部牧场项目又遭遇了百年难遇的洪灾。万幸的是,虽然项目被洪水淹没,连酒店内部都进了水,但没有造成任何人员伤亡。等洪水退却后,经过现场消毒和酒店内部清理,便恢复了经营。

2017年地震,2018年洪灾,好不容易熬过去了,本来想着项目的推进应该顺风顺水了,但是2020年初,新冠肺炎疫情突如其来,导致项目刚刚有所恢复的发展势头又下去了。现在回头来看,做文旅项目的确是比较艰难的事情,一定要将各方面的因素都考虑进去,而且还得接受不可控突发因素的挑战,因此一定要有耐心,要从长远考虑。

祸福相依,虽然九寨沟地震、洪灾和新冠肺炎疫情对西部牧场项目造成了很大的影响,但是也产生了一个利好,那就是自驾游火起来了。以前我们的客源是以旅行社的游客为主,虽然人数多,但人均消费很低。2020年疫情期间,西部牧场的经营数据出现了一个转变:这一年我们接待人次比2019年下降了20%多,但收入反而提升了30%多,原因就是自驾游游客人均消费更高,这也使得西部牧场项目在现金流层面基本实现盈亏持平。文旅行业的固定成本占比是很高的,一般而言,只要现金流持平,过了盈亏平衡线,那么这个项目就会进入一个稳定增长期。西部牧场项目的经营情况在2019年跌到了最低点,然后开始触底反弹。2021年的经营情况,拿"五一"

小长假来说，相比2019年同期已经实现了翻倍，恢复到2017年地震前的水平了。我们禁不住开始畅想，等到几年后高铁通车，若尔盖进入成都周末旅游圈，这个项目将会真正迎来高速增长期。作为这个区域文旅产业的先行者，到时候不管我们是继续投资还是退出，一定会有比较好的结果。

（三）羊茸哈德：扶贫扶出了一个乡村振兴典范

秋天，从成都沿着347国道向川西前进，经过黑水县城，从达古冰山出来向右拐弯，继续前行不到10公里，便可以在国道的左侧看到一个寨子若隐若现。寨前是一条清澈的河流，一座可以通过大型客车的水泥桥将村寨和347国道连在了一起。桥头两端无数条经幡在风中猎猎作响，桥头上方有两个巨型的法号簇拥着一座气势恢宏的大门，抬眼望去，门上方端正地镌刻着"羊茸哈德"四个大字，更远处则是一座圣洁的雪山耸立在寨子后方。再往前行，可以看到一座庄重的白塔屹立在河岸边，背后便是由几排高低分明、错落有致的藏式石楼所组成的村寨。整个寨子被缤纷的彩林包围，寨前是涓涓流淌的清澈河流，在蓝天、雪山的掩映下美轮美奂，正如"羊茸哈德"的藏语含义一样——神仙居住的地方！这是四川出版集团在文旅产业板块的另一块重要拼图，更是集团践行产业扶贫、乡村振兴的成功典范。

1. 苦苦求索，羊茸村曲折的脱贫之路

羊茸村位于阿坝州黑水县奶子沟八十里彩林区精品景点"落叶松林"中心游览区，已成为达古冰山景区精品旅游路线上的著名景点，同时也是"九寨—黄龙—大草原—冰山"旅游环线上一颗冉冉升起的明珠。

羊茸村原来是一个半农半牧的山村，生活条件艰苦，村民的收入主要来自于四个部分：一是在高山上种植土豆、玉米、青稞等；二是养殖牦牛；三是林业种植；四是外出务工。由于地处偏僻、土地贫瘠，无论是在村务农还是在外务工，村民的收入都非常低，人均年收入常年不足5000元。

"5·12"汶川特大地震后,羊茸村虽然在原址上进行了重建,但由于地质结构被破坏,当地百姓的生命财产安全受到巨大威胁。为改善全村居住环境,增加大家的收入,羊茸村村民做出了一个艰难的决定:实行整村搬迁。

关于整村搬迁,羊茸村村民有自己的盘算。所谓"靠山吃山",羊茸村守着大片的绿水青山,拥有丰富的彩林资源和浓郁的藏族风情。实行整村搬迁后,羊茸村村民就想利用这些彩林资源发展旅游服务业。

早年的时候,因毛尔盖水电站建设,羊茸村得到了80万元的征地赔偿款。羊茸村从赔偿款中拿出20万元,在2012年邀请了阿坝州建筑设计院的专家,对新村修建和房屋建设进行了统一的规划设计。接下来,经过几年的持续努力,羊茸村完成了房屋建设、风貌改造、河堤保坎、通车水泥桥等基础设施建设,羊茸生态民俗文化休闲旅游村的打造初见成效。

羊茸村村支部书记三郎俄木是村里最早致富的一批人,他眼光长远,带领羊茸村"两委"班子成员在县委、县政府的大力关心和支持下,明确了"以旅游求发展"的变革思路,将工作重点落在了羊茸村旅游经济的发展上。他着力打造羊茸哈德森林旅游项目,还带领全村村民前往各大旅游景区实地考察学习:搬迁修建之前便让全村男性村民集体外出考察学习,房屋修好之后又带领全村——每户一男一女——前往九寨沟等地进行学习。

2015年10月,羊茸哈德正式开寨,7户装修好了的民宿开始对外营业,产生了良好的经济效益。村民木尔甲一家共有7间客房12张床位,仅在开寨1个多月的时间里,就实现旅游收入3万余元。这下全村人都坐不住了,纷纷开始加快自家房屋的装修进程。到2017年的时候,羊茸哈德已经从最初的7户接待户发展到了近20户。在2017年彩林节1个多月的时间里,村里就接待了1万多名游客,收入30多万元。

羊茸村的旅游之所以能有这么快的发展,除了自然的馈赠,更多的是依靠全体村民的努力。村民们明白,在旅游发展上,只有抱团前进,才能避免恶性竞争，达到共同致富的目的。2014年，全村确立了"公司＋支部＋农户"的经营管理模式，成立了羊茸哈德旅游服务有限责任公司，以公司化的运作模式发展本村旅游产业，实行统一经营、统一管理、统一分配，羊茸村全村村民都以房屋、资金等形式入股，全都是公司的股东。

2. 扶贫扶出来的一个产业项目

四川出版集团又是怎么遇到羊茸哈德的呢？这就不得不提到集团在黑水县的定点帮扶脱贫工作。

2014年，按照省委、省政府总体部署，四川出版集团开始定点帮扶黑水县，并确定了"5村2校"作为定点帮扶对象，其中羊茸村所在的沙石多乡即是集团的对口帮扶点。集团始终把脱贫攻坚工作作为最大的政治任务、最大的民生工程、最大的发展机遇，把联系指导黑水县脱贫攻坚作为头等大事来抓。集团第一时间组建起了由我任组长、领导班子成员为副组长、处室主要负责人为成员的驻村帮扶工作组，同时还成立了专门扶贫办公室，做到部门有管事、专人来办事。

在定点帮扶过程中，集团始终秉持"脱贫攻坚，发展产业是关键"的原则，按照立足当下、着眼长远的工作思路，采取一村一策、多元发展的措施，加大产业扶持力度，壮大村级集体经济，改"输血"式脱贫为"造血"式脱贫。在集团的帮助下，帮扶村的特色产业发展如火如荼。

无论是集团还是我个人，第一次接触到羊茸村都是因为帮扶工作。恰巧当时我和羊茸村党支部书记三郎俄木同为四川省第十三届人民代表大会中的藏族代表，一来二去我就对羊茸村有了较深的了解。

和其他村寨相比，羊茸村有更好的发展基础。全村依托独特的彩林旅游资源优势，将所有村民的特色藏楼统一运营起来发展特色民宿，并取得了一定的成绩，羊茸哈德的名气也开始在小范围内为游客所熟知。但是在最初的惊喜过后，随着旅游业务的进一步开展，羊茸村在经营上遇到了很多实际困难。第一次从事旅游业的羊茸村"两委"和村民并没有专业的旅游从业经验,对于开寨后的持续经营问题没有很好的办法解决。我们在调研过程中,发现当时羊茸哈德面临着以下几个突出的问题。

第一,缺钱,后续的开发建设没有资金来源。黑水县不止有羊茸哈德一个村寨,拥有彩林资源的地方很多,县委、县政府不可能一直往这边投钱。而村民们已经把全部积蓄都花在了房屋的建设和装修上,甚至还借了信用社很大一笔钱,他们手里也没钱了。所以,当时的羊茸哈德已经完全没有资金去做其他投入了,村容村貌的提升、业态的打造、村民专业技能的提升等都没法进行。如果没有持续性投入,整个村子就跟原来的低层次民宿没有什么差别,难以形成特色和品牌效应,会逐渐衰落。

第二,缺业态,留不住游客,旅游附加值低。羊茸哈德是2015年10月正式开寨营业的,距离我们开始和村上谈投资合作的时候,已经过了一年左右了。这个时候,游客到羊茸哈德能够玩什么呢?只能看看彩林拍拍照,逢年过节看村民跳锅庄舞,吃饭也只有村民家自己做的藏餐,品相和味道都一般,既无标准也没有品控。由于羊茸哈德采取不收门票的经营模式,很多旅行社往往直接用大巴车把旅行团拉到村里游览,没有任何消费后就直接把游客拉走了,这对于村里而言,几乎产生不了任何收益。

第三,不专业,游客满意度难以提升。虽然羊茸村成立了由村民入股的羊茸哈德旅游服务公司,但是对于怎么运营管理公司,怎么服务游客,大家都是"两眼一抹黑"。因此,当时整个公司的运营处于极不规范的状态,村民也缺乏旅游服务专业技能培训,存在着服务效率较低、缺乏服务规范标准、服务意识有待改进等一系列问题,难以满足游客的需求。游客对羊茸哈德的印象主要源自独特的彩林风景,基本上没有感受到服务有什么特色,整体满意度始终难以提升。

第四,知名度不够,整体效益难以提升。旅游行业有个特点,即只要名气起来了，那么就不愁游客、不愁效益。一个景点要打造知名度，除了资源本身的独特性之外，市场营销是关键环节。羊茸哈德虽然坐落在中国最美彩林奶子沟的核心观赏区内，拥有阿坝地区最大的日本落叶松林，但是实际上听说过的人并不多。

正是这一系列原因，使得羊茸哈德的发展潜力不能得到充分挖掘。在四川出版集团介入项目运营之前，羊茸哈德虽然已经有了三四十户开门迎客的民宿，但是一年收入只有100多万元，刨去成本之后，每户村民实际获得的收入并不高。

3. 践行责任，发挥优势，实现羊茸哈德提档升级

2017年，四川出版集团旗下文旅子公司若尔盖青藏文旅文化发展有限公司与阿坝州羊茸哈德旅游服务有限公司签署合作协议，由青藏文旅公司采取托管运营羊茸哈德项目的方式，针对羊茸哈德存在的现实困难对症下药，为羊茸哈德的村民提供资金、管理和营销服务等一系列支持。

（1）采用合作押金方式提供资金扶持

签订合作协议之后，我们做的第一件事情就是采用合作押金的方式为羊茸村提供500万元资金，用于村里基础设施的建设和产业业态的更新打造。

为什么采用合作押金这种方式，而不是像西部牧场项目那样采用股权投资的方式对羊茸哈德进行资金扶持呢？这个问题在集团内部也有过争论。有同志提出，从算经济账的角度来看，我们的500万元如果按照股权投资的方式，是能够在羊茸哈德项目中占据很大一个股权比例的，随着项目的发展，这笔投资每年可以获得分红；如果采取押金的方式来扶持的话，没有利息和分红，那么集团在羊茸哈德项目的收益就只有来自青藏文旅公司的托管费。

对于这个问题，包括我在内的集团班子成员却有着不同的考虑。羊茸

哈德这个项目，从一开始我们就认为它和其他文旅项目截然不同。西部牧场项目我们面对的交易对手是谁？是一个在文旅市场上摸爬滚打了十几年的市场化的经营主体，正所谓"在商言商"，一切按照商业投资逻辑进行就好，主要目的就是为了集团产业发展和获取经济效益。但是羊茸哈德项目我们面对的"交易对手"，是我们的定点帮扶对象，虽然它在名义上也是一个市场经营的公司，但是这家公司的背后，实际上是一户户需要我们去帮扶的羊茸哈德村民，其中不乏贫困户。正如大家讨论的那样，这个时候，作为一家国有企业，我们就不能采取纯粹的商业投资逻辑，我们的出发点必须从"在商言商"即获取最大利益转变为怎么为村民增收、怎么为村民争取利益最大化、怎么促进全村产业发展。当时，我们完全可以跟村民们说这500万元股权投资是不用偿还的，是我们自愿投到这里的，这种投资方式他们也会欣然同意。但是这500万元股权投资，往后每年却会分走很大一笔原本属于村民的项目收益。按照藏族人言而有信的淳朴性格，村民们虽然不会反悔，但是对于我们集团而言，这个钱就赚得有愧于"扶贫攻坚"的初心。

（2）丰富旅游业态，盈利多点开花

我们做的第二件事情，就是丰富羊茸哈德旅游业态。

羊茸村之前旅游业态单一，基本上就只有民宿这一个业务。当前的旅游业，如果没有丰富的业态，提供不了多元的服务，是很难长期吸引游客的。因此，丰富羊茸哈德的旅游业态成了迫在眉睫的事情。

2018年，为进一步丰富羊茸哈德旅游业态，我们先从餐饮入手，以生态农产品为食材，在羊茸哈德成功打造出"美食一条街"。我们紧扣"康养羊茸"目标定位，将黑水土豆宴、特色藏餐、生态蔬菜、凤尾鸡、藏香猪等特色品牌相融合，突出绿色、有机、营养，让游客吃上生态、绿色的食品，从舌尖上了解黑水。此外，我们还依托美食街，建设羊茸村特色农产品销售中心，将羊茸村的特色农产品推向市场。

除了餐饮，我们还增设了会议培训业务。针对彩林景观拥有较强的季节性这一特点，在春夏淡季的时候，我们设计开展了会议培训业务，在羊茸哈德建立了多个多功能会议室，专门供有团队培训需求的游客使用。2022年，四川省乡村振兴培训班的培训地点就选在了羊茸哈德。除此之外，我们还在距离羊茸村1千米处创建了黑水县第二家酒店用品清洗服务公司，一方面为羊茸哈德项目提供清洗服务，另一方面还将业务拓展到了包括黑水县城在内的周边区域。

（3）创新合作模式，提高管理运营水平

针对羊茸哈德项目专业性不强的缺点，我们做了第三件事情——创新合作模式，让村民既是公司股东又是员工，并积极开展专业化运营管理和村民培训。青藏文旅管理团队创新地引入"依托村民、企业帮扶"的合作模式，与村民一起共同开展乡村特色民宿运营。简单来说，这种模式就是村民以自家民居作为运营主体，加入与青藏文旅的运营合作。如此一来，村民既是羊茸哈德旅游服务有限公司的股东，同时又作为工作人员受聘于公司，成为自家房屋的管家和入住在自家房屋游客的食宿服务人员，在家门口实现就业。这种模式不论对村民创收，还是对民宿管理都有很大的好处，自己管理自己的房屋也一定会尽心。这样一来，村民的收入除了分红之外，还有一份稳定的工资。如果没有游客，村民还可以去从事原来的耕种、养殖，实现了就业的灵活性。除此之外，青藏文旅找准项目运营的薄弱点，培训村民为游客提供精细化、高品质的服务，帮助当地村民及藏族员工学习掌握旅游服务、营销技能，将管理经验原汁原味地传授给村民。几年来，青藏文旅多次聘请专业人士在村内开设厨艺、礼仪、酒店服务、讲解服务等培训班，全面提升村民作为旅游从业者的文化素养和服务水平，培训村民总人次达到数百次。

(4) 加强营销宣传，推广品牌形象

我们做的第四件事，是加强营销宣传，积极维护和推广羊茸哈德统一的品牌形象。为了更好地推广羊茸村，四川出版集团将旅游业与自身文化产业发展有机结合起来，借助与《四川画报》《新潮》等媒体平台的良好关系，让媒体免费刊登广告宣传黑水县的冰川、彩林等旅游资源，推广羊茸哈德集康养休闲、旅游娱乐、餐饮住宿、购物度假于一体的民俗体验风情藏寨，加快羊茸哈德旅游产业转型升级。在集团的协调下，2018年央视七套（CCTV-7）《乡土》栏目对羊茸哈德进行了专题报道，极大提升了羊茸哈德的品牌影响力。

在进行市场营销的同时，青藏文旅还注重羊茸哈德统一的品牌形象的维护。羊茸哈德之所以能在众多民宿旅游中独树一帜，最大的原因就在于它有一个统一的品牌形象，各家民宿"各自为政"是不可能形成影响力的，甚至还容易形成恶性竞争，从而影响整个村寨的旅游品质。为了维护统一的品牌形象，羊茸村的村民通过"公司＋支部＋农户"的经营管理模式来抱团发展。

经过和四川出版集团的全面合作，现在的羊茸哈德已经成为一个拥有114间客房、500余张床位的特色文旅综合体。通过旅游发展模式的不断创新，羊茸哈德取得了良好的经济效益和社会效益，在游客中的影响力和知名度也越来越高。

羊茸哈德，这个原本深藏在大山中的"世外桃源"，如今成了文旅产业扶贫、乡村振兴的典范。

三、从无到有，文化产业投资的尝试与启示

在四川出版集团"十三五"规划中，总体目标第一句就是"把集团建

成中国西部最具影响力的文化产业投资控股集团"。文化产业投资，成了集团再造主业的第一选择，这是为什么呢？首先，投资只要有钱就可以做，是"钱生钱的游戏"，而集团当时有一定的资金储备；其次，投资是轻资产，所需要的人员也少；最后，文化产业投资没有离开文化，利用投资可以推动四川省的文化产业做强做大，这和时任省委常委、宣传部部长甘霖同志提出的"既要再造主业，又不能脱离文化"的指示也不谋而合。文化产业投资如果成功了，便可以探索出集团新的主业和发展方向，前景自然一片光明。

（一）用心用力，"借船出海"

没有专业的人才怎么去做投资？我开始在周围搜寻，果然还找到了一个合适的人选，时任新华文轩资本经营中心主任谭鏖进入了我的视野。我对谭鏖很熟悉，在新华文轩任总经理期间，和她一起工作，知道她能力出众、为人干练，是做投资的一把好手，也是当时从无到有来"破局"的最佳人选。于是，我立马给董事长龚次敏同志做汇报，为了出版集团的发展，要求将谭鏖调过来做集团的资本经营业务。龚总十分支持我的工作，不久就将谭鏖调了过来。谭鏖调过来后，我让她负责集团资本经营中心的筹建工作。她调过来的时候，还将新华文轩一名具有资本经营经验的人员带了过来，随后又从中银国际"挖"了一个人，就这样，资本经营的人才队伍初步搭建起来了。搭建好队伍后，2015年集团本部逐渐开展了三块投资业务。同时我们"借船出海"，借着省委、省政府产业引导基金的投入，与四川产业振兴基金共同发起设立了四川发展文旅股权投资基金、四川省文化产业股权投资基金，并成为基金管理公司的并列第一大股东。

1. 三块投资业务

从长远来看，四川出版集团不可能永远靠新华文轩的分红和银行的理财收入来过日子，需要找到新的收入来源，既然开始做投资了，那投资端就要开始赚钱。因此，三块投资业务最先落地的是做有固定收益的产品，类似于信托、债权性质的基金。这类产品本身是债权性质的，在资金安全方面相对有保障。但对于很多机构来讲，这一块业务是不敢做的，因为关于债权性的投资不能只看宣传，如果对其底层资产并不了解，没有全面掌握信息，那么这类投资所面临的风险一点都不会比股权投资低，而且收益还更低。集团在做信托资产的配置时，谭鏖要求团队首先要充分分散风险，从底层资产开始就要分散，然后信托机构分散，尤其要做好单个独立产品之间的分散；其次要牢牢把控好底层资产的质量和信托机构的质量；最后要充分把握好产品本身的安全结构。5年来，这块业务合计为集团赚取了1个多亿的利润，但我们仍在逐步调整和丰富这类业务的模式，因为信托市场面临的风险在加大，作为一家国有企业，资产的安全性始终是第一位的。

  第二块是股权投资，就是私募类的股权投资。这类投资相对来说周期比较长，通常都是5—8年。总体来说，这类投资集团本部做的规模不是很大，因为作为国有文化企业集团，我们始终面临一个问题，那就是体制机制的限制。按照当时省国资委的要求，投资2000万元以上就必须上报进行审批，获得同意后方可实施。但我们在上报的过程中，常常面临一个问题，即省国资委和省财政厅由于管理权限分歧往往不明确批复，相当于上报的材料石沉大海，没了下文，那投资就无法进行下去了。后来，为了规避这个问题，我们对这种类型的投资基本都控制在2000万元以内。但是控制在2000万元以内又会产生一个新的问题——有些好项目你根本没有办法拿到。那时候资本市场比较火爆，一个好项目往往至少要投入5000万元，甚至1个亿才能进入。不过好在那个时候还有一些两三千万的好项目可以投，现在的话机会更少了。当时我们抓住了好几个比较优质的项目，事后来看这些项目的发展都很不错。整体来讲，股权投资这块业务，我们投的项目不多，到我离开集团的时候也就投了三四个，实际收益都还可以，只有一个收益不太好，但是算总账的话，几个项目整体年化收益率在10%以上。投资都是有风险的，你总会遇到不太好的项目。所谓不太好的项目，并不是说彻底失去收益了，而是退出来比较困难，甚至有些项目，单从账面上看收益非常不错，但是没办法变现，也就是所谓的"纸面富贵"。从某种程度来讲，对于投资而言，没有办法变现，再多的收益也没有意义。财务性投资和产业投资不一样，财务投资一定要考虑后路，一开始投的时候就得考虑配置，要有底线思维，先考虑失败的风险，这样总账才能算得过来，这是做投资一定要注意的地方。

第三块是影视投资。对于这一块来讲，当时我们的想法是以社会效益为主，经济效益方面的目标就是争取实现和银行理财差不多的收益，达不到的话保住成本就可以。从后来的实际效果来看，虽然投资的项目有盈有亏，但确实取得了十分显著的社会效益。比如我们投资的第一部电影叫《金珠玛米》，讲的是中国人民解放军第十八军进藏的故事，这部电影获得了中国电影华表奖少数民族电影提名奖，中央电视台等国家级媒体还做了专题报道。从算经济账看，这部电影总投资2700多万元，西藏昌都地区投了2000万元垫底，四川出版集团投了200万元，制作人公司和其他方面投了剩下的部分。当时谈的投资条件也不错，四川出版集团的200万元和制作人公司的100万元会优先回收。这部电影算下来我们大概亏了四五十万，但是中央电视台有个专题报道，社会效益就得了1分，然后《光明日报》有个专题报道，这就又得了1分，后来又得了华表奖，这下又得了2分。因此，这部电影最后算下来社会效益总共得了4分，从这方面来讲，效果非常好。所以说，在影视投资这一块，无论是集团本身的运作思路，还是外界所关注的方面，对社会效益的考量确实远远大过了经济效益。这充分说明了当时我们的想法和思路是正确的，这也正是文化产业集团运作项目的应有之义。

2. "借船出海",互利共赢

在做上述三块投资业务的同时,四川出版集团也开始了对基金的运作。2015年,省委、省政府拿出了10个多亿做产业引导基金,托管给了四川发展旗下的股权管理公司,也就是现在的四川产业振兴发展投资基金有限公司(简称"振兴基金"),其中有1.5亿元是计划拿来做文化产业投资的。因为之前与我们有过合作,所以振兴基金那边又来找到我们,希望四川出版集团对四川文化产业基金注资。我和集团班子研究后就提出了条件,注资是没有问题的,但是在基金的管理公司方面我们要做第一大股东。我们不能"为他人作嫁衣裳",更为重要的是,借着这个机会,我们要把集团的基金板块业务真正做起来。为什么说借助这个机会才能把集团的基金板块业务做起来呢?主要还是因为集团一直从事的是传统的出版业务,对于基金这些比较新鲜的事物,大家的思想和意识还是跟不上,很难形成共识。当初集团计划自己设立一个基金管理公司,但拿出来讨论的时候完全无法形成统一意见。有鉴于此,又碰到这样的机会,我们正好可以"借船出海",不得不说这是一个切实可行的好办法。因此,我们必须要当第一大股东。后来双方达成一致:四川出版集团与振兴基金各占40%的股份,双方并列第一大股东。在公司管理层面,基金管理公司的董事长由四川出版集团推荐,总经理由振兴基金推荐。基金的投委会、风控会等由四川出版集团推荐一定的人选。就这样,我兼任了基金管理公司的董事长,谭鏖成为投委会成员,四川出版集团资本运营中心的人员加入了基金风控会,基金管理公司的总经理则由振兴基金的吴军来担任。

"借船出海"还得靠自己用心用力。我和四川出版集团班子成员一起带着谭鏖、吴军他们把能够调动的资源都调动起来,积极为省文化产业基金募集资金。除了集团本身的资源之外,我们还充分发挥个人人脉的作用,当时集团班子成员中很多人都有在其他单位任职的经历,如陈云华同志来集团之前是四川日报报业集团副总编辑、党委委员，他便充分利用这一身份，积极和四川日报报业集团进行对接联系。在大家齐心协力之下，省文化产业基金计划募集10亿元，实际到位8.4亿元，其中55%是由四川出版集团牵头募集成功的。四川出版集团自身出资1亿元，四川日报报业集团出资2000万元，四川电视台出资5000万元，峨影集团出资5000万元，凉山州新华书店出资6000万元。没有到位的1.6亿元是什么缘由呢？并非是募集不到资金，而是由于政策的变动导致资金没到位。其中有1亿元是安徽出版集团计划出资的，但安徽省委宣传部没有批准安徽出版集团的资金出省；还有6000万元是四川投资集团准备出资的，后面因为该集团要集中主业发展，这笔资金也未能到位。总的来说，基金规模基本上达到预期了。

在基金投资决策上，形成了四川出版集团实际掌控的格局。四川电视台、峨影集团、四川日报报业集团、四川出版集团、振兴基金以及基金管理团队等共同组成了基金的投委会，四川电视台和峨影集团虽然对文化产业很熟，但对文化产业的投资经验较少，所以投委会主要由四川出版集团和四川日报报业集团来做决策。投委会很尊重四川出版集团和四川日报报业集团的意见，一个项目，如果两家集团都不同意投资的话，那这个项目肯定是无法获得投委会通过的；如果两家集团大力支持的话，投委会一般都会积极通过。在风控方面，风控会具体把握项目层面的风险，并给投委会提出一些比较好的建议。振兴基金主动提出对风控会成员进行调整，四川出版集团就直接派人主持风控会的工作。后来，四川出版集团还对基金业务进行并表管理，真正实现了"借船出海"和对基金公司的实际控制。说到并表，当时我有这个想法后，吴军就过来给我讲，并表是一把双刃剑，虽然并入后资产规模马上就会增加八九个亿，但是基金是有培育周期的，短时间内很难给出版集团带来利润，毕竟出版集团为这个基金付出了大量的心血。但我们最后还是决定并表。由于我们在基金的股权占比没有超过51%，一般而言是不能够正常并表的，但振兴基金很支持我们的工作，最后以协议的形式确立四川出版集团为实际控制人，四川出版集团由此真正实现了名义上和实际上对基金公司的掌控。

虽然我们是省委、省政府的引导基金，有着强大的政府背景，但投资市场是高度市场化的，是一个充分竞争的市场，我们一旦踏入其中也要遵守市场规则，面对强敌环伺的丛林环境，稍有不慎便可能落入万丈深渊。为了做好这支基金，经过不断地探索和总结，我们逐渐形成了相对清晰的投资思路。

首先，基金投资要带动产业发展、追求投资回报。我们认为，无论什么样的基金，如果本身无法实现盈利，那么也就失去了存在的价值，所以做基金一定要实现良好的经济效益，同时带动产业发展，实现良好的社会效益。如果基金投资赚了钱，说明所投项目的底层资产是非常优质的，优质的底层资产也会带动产业发展，良好的社会效益也会随之而来；如果基金投资亏损，那么必然是底层资产出了问题，也不可能有产业带动效应了，社会效益更无从谈起。所以，对于基金投资来讲，经济效益和社会效益这两者也是相辅相成的。

其次，这支基金作为省委、省政府的引导基金，必须要覆盖主流文化领域，尤其要关注文化科技等新兴文化领域。为了做好基金投资，要对文化科技行业进行深入的研究，深入地把握与传统文化行业不一样的投资逻辑，从而做出正确的投资判断。后面我们要讲的极米科技（全称"极米科技股份有限公司"）就是一个典型的案例，该案例突破了国企传统的亏损企业不能投的固化思维，将目光放到企业的成长性和未来价值上来。

最后，基金投资最重要的是看团队。可以说，一个强大的投资团队是可遇而不可求的。在投资行业，无论是规模多么庞大、资金量多么充沛的大机构，还是苦苦挣扎的小机构，要打造一个强大的团队都十分不易。团队成员之间的磨合、沟通都需要一个过程，需要大量的时间，最优秀的人组合在一起不一定能形成最好的团队，个体优秀和团体优秀是不能简单地画等号的。因此，团队因素也是基金管理公司能否取得成功最关键的一点，而对于国有基金管理公司而言，打造好团队更是难上加难。一是团队在国有基金管理公司里面是没有股份的，从薪酬激励这一块来讲肯定不如民营投资机构，这就需要团队成员具有高度的责任感和使命感；二是因为对团队的高度信任在国有体制下很难完全做到。一般来说，基金的团队成员最了解项目的实情，由团队做投资决策最靠谱，但在国有体制的问责机制下，投资风险要由高层管理者来承担，因此，高层管理者与团队之间的信任非常关键。如果没有信任，投资业务就无法顺利开展。难能可贵的是，我们这个团队真正做到了相互信任、相互支持。

在大家的共同努力下，我们这支基金的投资是很成功的，几年来，我们用8.4亿元投了17个项目，基本覆盖了主流的文化行业，无论是社会效益还是经济效益，都取得了显著的成绩，从政府部门到LP都很满意，这也为后来四川出版集团的更名奠定了良好的基础。

（二）把握文化科技发展的趋势：极米科技的启示

四川省文化产业基金投资最为成功的一个项目就是成都本土的明星企业——极米科技。极米科技于2013年底成立，短短几年时间已经成长为国内投影设备行业的龙头老大，在文化科技领域独树一帜，也是四川民营企业的一面旗帜。2021年3月，成都极米科技正式登陆A股市场，在上海证券交易所科创板上市，其发行价为133.73元/股，可以说是资本市场的宠儿。

能够成功投资极米科技，既源于我们身为市场主体所具备的敏感职业嗅觉，也源于我们身为国有文化企业政治责任的驱使。党的十八大以来，以习近平同志为核心的党中央高度重视文化和科技融合工作，对宣传思想文化战线如何应对新一轮科技革命做出了一系列战略部署，我们正是把握住了文化科技发展趋势，瞄准国际科技前沿，才和极米科技合作，实现了双赢。

1. 好事多磨，与极米科技的多次谈判

省文化产业基金成立伊始，吴军带着管理团队就开始关注极米科技了。不过，那个时候的极米科技规模很小，营收也不过千万级，从利润上来看更是处于巨额亏损状态。作为一家创业型科技公司，刚开始的研发投入非常大，创业初期是不可能有什么利润的。基金管理团队对极米科技评估后觉得风险很大，由于国有资本投资遵循谨慎原则，而这个项目处于亏损状态，因此不一定能够获得投委会通过。但他们还是很看好这家企业，就想先小规模投个几百万或者上千万进去。果不其然，投委会在讨论时，争议太大了。从文化领域到科技领域属于跨界，大家认为对科技行业的运行规律不熟悉。此外，虽然说创业是有风险的，但这家创业型公司亏损太大了，投资尤其国有资金的投入也存在巨大风险，所以投委会多数成员都不看好这个项目，最终2015年省文化产业基金未能将资金投入进去。

2016年，吴军又带着管理团队去和极米科技的创始团队谈投资。那个时候极米科技的营收已经从千万级增长到3个多亿了，但仍然是持续亏损的状态，亏损额仍然过亿。吴军觉得极米科技的成长速度太快了，必须尽快将资金投入进去。双方当时谈的是9亿元的估值，并且做完了尽责调查，就等着上投委会了。但是这个时候，某家企业要进行战略转型，大力发展投资业务，一下子给极米科技开出了12亿元的估值价码，并投了1.3亿元资金进去。就这样，省文化产业基金再次错过了投资极米科技的机会，因为12亿元的估值在当时确实性价比不高，如果上投委会，大家接受起来的难度还是很大。

好事多磨。2017年，吴军再次带着管理团队去和极米科技谈投资的事情。这个时候的极米科技发展已经相对成熟了：2016年营收6.7亿元，基本实现了盈亏平衡，预计2017年能够实现10亿元以上的销售收入和6000万元左右的净利润。用吴军的话来讲，极米科技一旦实现盈亏平衡，又有10个亿左右的销售收入，那真是千值万值。这个时候百度也来了，于是基金管理团队就和百度一起又做了尽责调查，计划以21亿元的估值投资2亿元，其中省文化产业基金和百度风投各投5000万元，百度战投1亿元。这时，极米科技B轮投资人芒果传媒计划出让极米科技约10%的股份（芒果传媒当时持有极米科技近20%的股份），在联合利国文化产权交易所进行挂牌交易，预计采取竞价方式成交。虽然当时无法确定最终价格，但预计总额不低于1.7亿元，价格较增资有一定的折扣。此外，极米科技将在2017年融资的同时通过老股转让的方式对"三类股东"（即契约型私募基金、资产管理计划和信托计划类型的股东）进行清理，价格根据该轮增资后的估值给予一定的折扣，预计总额不超过1亿元。省文化产业基金拟向极米科技增资，同时承接部分老股。由于承接老股的价格不确定性较高，投资金额在人民币5000万元至1亿元的区间内（不超过1亿元）。

吴军及基金管理团队认为，极米科技是一家管理正规、内控严格、高速增长、全面发展并已度过"危险期"的公司，产品符合市场需求、品牌具备较强影响力，在其所处的细分领域中没有有力的竞争者，具备上市潜力，属于非常优质的投资标的。极米科技的核心团队已逐步从单纯以技术为导向，转变为集技术、销售、管理、品控为一体的综合性团队，配置合理、结构优化、优势突出，是一支值得信赖的团队。极米科技所处的行业是一个全新的细分领域，与极米科技直接竞争的企业只有"坚果"（母公司为深圳市火乐科技发展有限公司）一家。为此，吴军带领团队经过详细调研分析论证后，认为"坚果"的优势体现在设计而不是技术上，对产品的宣传也较为强调产品的外观与设计，尽管其持续获得了融资，但与极米科技市场占有率上的差距却日益扩大，也鲜有具有影响力的产品问市，对极米科技已不构成竞争压力。总而言之，省文化产业基金的管理团队对极米科技尤其看好，认为它未来能够确立在细分领域的霸主地位。后来的事实也证明，极米科技的发展不仅为其确立了行业龙头地位，还把竞争者甩在了身后。

2. 大胆决策，收益超出预期

吴军带领的基金管理团队对极米科技十分看好，但面临如何通过投委会审议的难题。吴军第一次提交给投委会审议的投资金额是7000万元—8000万元，投委会对此争议依然很大。虽然现在回头去看，投资极米科技给我们带来的收益很高，但是站在当时的角度，我仍能理解双方的分歧。对于投委会来讲，在国有体制下，从常规投资逻辑来看，投资一家仍处于亏损状态的企业，并且这家企业的估值达到了21亿元，还要一下子投个七八千万出去，是难以想象的。大家心理压力很大，因为万一失败了，会被追究责任，会受到多方的质询。而对于吴军来讲，他觉得这个项目太优质了，如果这次再不能投资进去，那么将彻底丧失机会。于是，他专程来见我，跟我推心置腹地谈了一番："这个项目我们跟了两年，不论是从它的整个成长曲线看，还是从未来市场的机会看，我觉得一定要投，一定要出手。我们作为省委、省政府的文化产业引导基金，面对极米科技这个眼皮子底下的文化科技企业，如果不投，那不只是失去了一个可能赚钱的机会，也有辱'引导基金'的牌子。"我告诉他："你不要着急，我对你是充分信任的，你要理解投委会的立场，你们再回去完善一下方案，我也再去给大家做做工作。你也要实话告诉我，你觉得这个项目成功的可能性到底有多少。"吴军当时就表示，项目成功的可能性比失败的可能性更大，但是也不能保证一定就会成功。所以，做决策的关键又来到我这里了。

说实话，当时我内心十分矛盾，局面也很胶着。一方面，作为四川出版集团和基金管理公司的董事长，我虽然没有参与具体的项目调研过程，但内心是相信吴军他们这个基金团队的眼光的。而且在高度市场化的投资领域，好的机会一旦失去了便不会再回来。被投公司不可能因为你是国有体制，要经过层层决策才能定下来而一直耐心等待。他们需要的是源源不断的资金流去推动自身快速成长，一旦有决策更快、资金更充裕的机构进来，他们便会毫不犹豫地选择后者。更为重要的是，如果极米科技做大做强成为明星企业，我们却错失机会没有投资进去，我们怎么给政府交代，我们又何以对得起四川文化产业投资基金的称号？另一方面，在国有体制下，我们必须要讲政治、懂规矩，像这样重大的投资事项，坚决不能绕过组织程序，搞"一言堂"，一定要按照决策程序来，尤其是要投资一家亏损状态的企业。当然，我身为四川出版集团的一把手，也必须肩负起应有的责任，慎重而快速决断这件事情。在重重的压力之下，我带着大家反复研究。大家也渐渐明白了，在新兴文化科技领域的投资逻辑是，当前不一定非要盈利，还要看这家企业的市场规模、占有率和成长逻辑。就这样在争议声中统一了大家的意见，我又立即主持召开了集团的党委会，在会上大家也都同意了这件事情。同时，我们开始积极协助基金管理团队与各方派出的投委成员沟通，项目最终得以顺利过会。事后吴军对我十分感激，他觉得没有我的决定这个事情可能就此作罢了。在我离开四川出版集团，卸任基金管理公司董事长的时候，我表扬他们基金团队几年来做得非常出色，他拍着胸脯说道："我可以很自豪地说，这么多年你对我们真的是太信任了，我们也真正做到了'唯有信任不可辜负'。"

后来的事实表明，投资极米科技带来的良好回报超出了大家的预期。在投资极米科技的第一年略亏，2018年上半年就开始盈利了。

2018年基金管理公司又投了一次极米科技，接下了一个老股东股改的份额，最后的投资额度总计为1.12亿元。后来，这个项目的收益就开始直线上升，可以不夸张地说，极米科技的收益不仅覆盖了整个出版集团的投资成本，还大大超出预期。更为难得的是，极米科技带来的社会效益也令人惊喜，其在文化科技领域的突出表现，不仅打破了外资品牌对中国投影机市场十几年的垄断，还使它迅速成为四川民营经济发展的一面旗帜。时任国务院总理李克强同志第二次考察极米科技的时候，对极米科技给予了高度的肯定，并希望他们可以在硬核科技智能智造领域持续前进，向世界证明中国品牌的实力。2021年，在四川省"两优一先"表彰大会上，极米科技党支部还被授予了"四川省先进基层党组织"荣誉称号。2022年，习近平总书记考察极米科技，了解极米科技关于加强自主创新、产品研发销售、带动就业等情况。当听到极米科技负责人表示公司目标是3到5年达到全球领先时，习近平总书记称赞道："很好，就要有这样的志气！"总书记还指出，推进科技创新，要在各领域积极培育高精尖特企业，打造更多"隐形冠军"。

作为省委、省政府文化产业发展的引导基金，投资极米科技无疑是一个双效俱佳的成功案例，我们不仅实现了经济效益，更为重要的是，在面向科技前沿、战略性新兴领域时以基金为抓手促进了省内文化产业的发展，发挥了基金成立的应有之义，为文化强省、科技强省建设贡献了自己的一份力量。

（三）"抢"到的好项目：跨省投资浙版传媒

出版行业的同人都知道，浙江联合出版集团在业内的成绩一贯亮眼，但多年来迟迟没有上市，所以当它要进行IPO的消息传出时，业内各方都跃跃欲试，尤其是它还属于申请上市就一定会成功的类型，简直就是投资领域不可多得的"香饽饽"。当我们知晓这一消息的时候，就紧锣密鼓地准备了一番，去拜访了浙江联合出版集团的高层，争取拿下这个好项目。当时浙江联合出版集团的高层表示十分欢迎我们的投资。本以为就这样顺风顺水地拿下了一个不错的项目,但还是发生了令人措手不及的事情。当时他们计划融资10亿元,浙江省委宣传部的领导提出,这样一个优质的项目,要尽量照顾到浙江省内的企业,就不要向省外融资了。这么一来,就关上了本来留给我们的那扇门。

为此,我们与浙江联合出版集团又进行了多次沟通。恰好吴军当时正在浙江大学参加培训,他就在培训学习的同时,抓紧推动这件事情。后来,在多方沟通之后,决定采取变通的办法,即由四川省文化产业基金和浙江文化基金一起组建一家新的基金参与投资,一同参与投资的还有安徽出版集团。当时组建新公司投资浙江出版的想法诞生之后,我在出差的动车上便给安徽出版集团的主要负责人打了电话,大概讲了一下投资浙版传媒的事情,没想到对方随即回复同意出资。就这样,仅仅两分钟,联合投资浙版传媒的事情就大致确定下来。

2021年7月23日,伴随着开市鸣锣声,浙江出版传媒股份有限公司(简称"浙版传媒")成功登陆A股市场,正式在上海证券交易所挂牌上市,股票代码为601921,特意选取了"1921"这个年份作为代码,献礼中国共产党成立100周年。浙版传媒首次公开发行22222.2223万股,发行价格为10.28元/股。上市首日,浙版传媒收盘价为14.8元,较发行价上涨43.97%。敲钟当天,我也受邀出席了浙版传媒的上市仪式。不过当时的我,已不再是以四川出版集团兼四川省文化产业股权投资基金董事长的身份,而是以四川新华出版发行集团党委书记、董事长,以及新华文轩党委书记、董事长的身份来为浙版传媒道贺。

在鸣锣开市的一刹那,四川文化产业股权投资基金的投资历程又一幕幕浮现在我的眼前。当时的省文化产业投资基金,在收获了不错的经济效益外,还切切实实地推动了文化产业的跨区域发展。能够跨省投资浙版传媒,既是川浙两地长期保持密切联系与良好合作的充分体现,也标志着川浙两地在出版传媒等文化产业领域的合作更加密切和深入,这也对双方共同增强创新发展动力、共享新机遇、共创新未来,推动文化产业高质量发展和区域经济协调发展产生了积极效应,也践行了作为省委、省政府文化产业引导基金在推动跨区域合作发展方面的初心和使命。

四、社会效益优先,助力四川出版、影视事业振兴

四川出版和四川影视都曾创造过辉煌。20世纪80年代,四川出版人以敢为天下先的创新精神,顺应时代发展潮流,率先突破体制束缚,推动出版改革,推出了一大批具有广泛影响力的图书,四川出版也被业界誉为"出版川军"。四川影视同样有着辉煌的历史,建于1958年的四川峨眉电影制片厂,是全国老牌电影制片厂之一,出品了不少好片,如《红衣少女》《焦裕禄》等,也培养出一大批电影人才。然而进入新世纪之后,由于各种各样的原因,与其他省比较,四川这个出版和影视大省,很多指标都落到了后面。为了推动四川出版和四川影视事业的发展,省委、省政府在"十三五"期间相继推出了"振兴四川出版"和"振兴四川影视"战略。四川出版集团作为省属重点文化企业,虽然已经不再直接从事出版业务,但是仍然坚持从自身产业实际出发,坚持社会效益优先,积极推动四川出版、影视事业振兴发展。

(一)矢志不移的民族出版情怀:推进《〈格萨尔王传〉大全》出版工程

至今仍以活形态广为流传的史诗《格萨尔》(也称《格萨尔王传》),讲述了藏族传奇英雄格萨尔王的故事。这部史诗以其历史悠久、结构宏伟、卷帙浩繁、精深博大、流传广泛,被誉为"古代藏族社会历史的百科全

书""东方的荷马史诗"。《格萨尔》有100多万诗行，2000多万字，字数比古希腊《荷马史诗》和印度《摩诃婆罗多》两部著名史诗的总和还多。2018年3月20日，习近平总书记在十三届全国人大一次会议闭幕会上发表了重要讲话，盛赞中国人民是具有伟大创造精神的人民。讲话中提到我国拥有三部伟大的英雄史诗，即《格萨尔》《玛纳斯》《江格尔》。此外，习近平总书记还在不同场合多次谈到"三大史诗"不仅为中华民族提供了丰厚滋养，而且为世界文明贡献了华彩篇章，从中华民族文明发展史的高度重新定位了《格萨尔》的史诗地位。

《格萨尔》既是藏族的，又是中华民族的，也是全人类的。对这部鸿篇巨制的编纂整理出版，需要多方力量参与。2018年6月22日，由四川出版集团策划投资，喜马拉雅文库历时十年搜集整理，四川民族出版社及四川美术出版社共同参与的《〈格萨尔王传〉大全》出版工程正式启动；2019年9月，《〈格萨尔王传〉大全》（1—300卷）如期出版。全书总计1.3亿字，390部，汇编成300卷精装本，成为迄今最全的《格萨尔王传》藏文文库。

1. 发展产业的同时始终不忘民族出版

我从1987年进入四川民族出版社以来，在四川民族出版社和新华文轩组织出版了一大批国家级项目，在这一过程之中，不但对藏族文化有了日益深入的理解，同时也具有了深厚的出版情怀。后来，我离开新华文轩来到四川出版集团担任党委书记、董事长，自身的角色由一名出版创意者、经营者变成了产业发展的管理者和指挥者。角色变了，但我对民族出版的情怀依旧。我时刻关注着一些优质内容资源和重大出版项目的动向，并思考着如何在新的事业平台上为四川民族出版事业做一些事情。

我有很多藏族朋友，其中有一位不得不提的人物——才让多吉。他一直致力于藏文古籍的抢救保护、编辑整理和弘扬发展，并努力打造藏文数字文库——喜马拉雅文库，希望让更多人了解和热爱藏文化。2018年，才让多吉荣获由中华文化促进会、凤凰卫视主办的"2017中华文化人物"殊荣。一个偶然的机会，我去拜访才让多吉。那时由才让多吉主持的喜马拉雅文库已成为国家民委"十二五""十三五"重点出版规划项目"藏族古籍经典系列丛书"的唯一指定课题。当我饶有兴致地翻阅已经出版的藏文化图书时，忽然看到了才让多吉收藏的从公元10世纪到1911年间未被整理出版的《格萨尔》藏文古籍，其中涵盖许多以珍本、孤本、梵夹本流传下来的古籍，版本非常古老，书皮都已经磨坏了。聊着聊着，我俩的话题自然就转到出版上来了。

才让多吉对我说："我早在十年前就开始对《格萨尔》文献进行专门的搜集和整理，心中一直有一个梦想，就是出版《格萨尔》文化相关图书，希望能得到出版社的出版资源、资金和编辑队伍等方面的支持。"此时，我已不是出版社社长了，不具体做出书的事情，但我意识到了《格萨尔》的意义和重大价值。这是藏族人民集体创造的一部伟大英雄史诗，至今仍以活形态广泛流传。2009年，《格萨尔》更是被列入联合国教科文组织"人类非物质文化遗产代表作名录"。于是我问才让多吉："如果我们把中国乃至世界上已经出版过的《格萨尔》图书，以及把你现在收集的古籍、抄本整合起来，出版一套大全集，这个出版工作可行不可行？我心里很有底，觉得是可行的！"实际上当时西藏自治区的一些出版社，包括北京的一些出版社，都在研究《格萨尔》，都在抢抓优质内容资源，这些宝贵的史料再不挖掘整理，由于自然或人为因素，很可能就在民间失散、失传了，所以我当即又补充："我看这件事就这么定了，你能做好这件事！由我来牵头投资策划并组织出版力量，你负责把内容收集整理齐备。"我们计划出版的图书将是一套大部头，也是关于《格萨尔》的母本，一套最完整的版本。图书是承载内容的一种重要形式，就内容产业来说，今后做电影也好，做电视也好，做游戏动漫也好，都需要一个最权威的母本。

一项重大的出版选题策划敲定后,我与时任四川出版集团总裁陈云华同志代表《〈格萨尔王传〉大全》编纂委员会,向时任四川省委宣传部部长甘霖同志做了汇报。甘部长非常支持,他说:这是个好选题啊!《格萨尔》不但是中华文明的宝藏,也是世界文明的瑰宝,我们要保护和传承好包括《格萨尔》在内的中华优秀传统文化,让它们一代代传下去,守护好我们共有的精神家园。

就这样,这项重大的民族文化传承出版工程就正式启动了。

2. 以高度的民族文化传承责任感和使命感推进出版工作

2018年6月22日,由四川出版集团策划投资,由喜马拉雅文库历时十年搜集整理,由出版民文丛书极富经验的四川民族出版社及图书装帧设计屡有佳作的四川美术出版社共同参与的《〈格萨尔王传〉大全》四方合作出版签字仪式举行。2018年10月16日,我在成都主持了由四方联合主办的《〈格萨尔王传〉大全》出版研讨会,这次会议上来自全国各地的40多位专家就该书的策划、编辑和出版等工作进行了充分的研讨和交流。会后,《〈格萨尔王传〉大全》编纂委员会正式成立,总策划为陈云华、泽仁扎西(四川民族出版社社长)、才让多吉、马晓峰(四川美术出版社社长)和我。

喜马拉雅文库创建者才让多吉和他的助手们,历时十年,走遍了青藏高原,从牧民家、寺庙到高校、图书馆、研究机构,并造访了美国、印度、尼泊尔、不丹等国家,一点点地把不同的版本汇集到一起,为这部目前世界已知范围内最大体量的史诗出版工程的问世提供了可靠的素材保障。

为确保文献质量,编纂委员会确立了《〈格萨尔王传〉大全》编校的三条重要原则:一是最大限度保留故事原本的内容与用语特色;二是重点解决错字和语法错误的问题;三是通过校勘,解读藏文速写隐文,统一藏文名词术语,做到既能忠实展现《格萨尔》的自身特色,又能保证文句正确、行文流畅。每一卷都经过搜集整理、录入、设计制作、三审三校、专家审定、印刷等十多个环节，保证了文献整理和出版的高品质、高水准。

《〈格萨尔王传〉大全》内容精细浩繁，囊括了历史上《格萨尔》的各种手抄本、铅印本、木刻本、分部本以及新记录的版本，是《格萨尔》传承事业的扛鼎之作。在策划、搜集、整理、出版过程中，编纂委员会怀着对经典的敬畏之心，组织精兵强将，不辞辛劳、夜以继日地做了大量垦荒式工作。从录入到校对、校勘都采用全流程的标准作业，以工匠精神，精心设计、精心编辑、精心印制，积十年之功，使之成为我国藏学领域的文化精品。在全书的编排、体例、专业术语等方面制定统一标准，力求书稿品质经得起时间检验；在校勘阶段特别邀请了一百多位格学专家、著名说唱艺人亲临现场进行沟通交流。著名国家级格萨尔艺人格日尖参，当时已经身患重病，仍坚持亲自校订了自己的全部作品。此外，我们还专门邀请国内一流格学专家进行分类审定，将《格萨尔》的所有版本按照不同类别，全面、系统地保存、传播。

成稿之后，我们还专门邀请了第十一世班禅额尔德尼·确吉杰布题词，著名藏学家土登尼玛活佛作序，还精选了四川省博物院所藏11幅精品格萨尔王唐卡，以及特约非遗画师拉孟为项目精心绘制格萨尔王唐卡作为丛书插图，充分展现了《格萨尔》作为反映古代藏族社会历史的百科全书式的伟大作品的风采。最终《〈格萨尔王传〉大全》以新、旧两个版本（以改革开放开始的时间作为划分点）面世，每个版本又依据格萨尔王从天界降诞、人间降魔、地狱大圆满这一故事的三段式发展脉络来编排，再补以附录部分，共计七大部分。其中，附录包括《格萨尔》说唱类、典故类、辞库类、格萨尔学的注释类等分册，并将全部内容汇总为索引目录，附录所集恰是《格萨尔》有别于其他史诗的最具特色之处。

2019年9月，《〈格萨尔王传〉大全》项目顺利完成。这是有史以来最全面系统地搜集、整理、编排、出版《格萨尔》的文化工程，囊括了历史上

《格萨尔》的各种手抄本、铅印本、木刻本、分部本以及当代新记录的优秀民间艺人说唱本等,其中很多版本是首次出版,不但内容极为丰富,印装也非常精致。

在《〈格萨尔王传〉大全》整理与出版过程中,参与各方以高度的文化使命感和责任感做好各项工作,呈现出藏族史诗的壮阔,为其保存、传承、传播奠定了重要基础。

3.《〈格萨尔王传〉大全》的巨大社会影响力

《〈格萨尔王传〉大全》正式出版后,于2019年7月26日在西安第29届全国图书交易博览会上举行了新书发布会,全国《格萨尔》工作领导小组副组长降边嘉措出席首发式并向世人诠释这套珍贵文献的魅力;2019年8月15日,在上海书展上举行了新书分享会;2019年9月5日,在北京民族文化宫召开了大型出版座谈会;2019年12月26日,在清华大学举行向巴基斯坦国家图书馆的捐赠仪式。这一系列重大活动取得了广泛的社会反响,中央电视台、《光明日报》、光明网、新华网、人民网、中新网、中国西藏网、中国藏语广播等媒体纷纷进行报道。2020年1月,在"四川好书"的评选活动中,《〈格萨尔王传〉大全》入选,得到了中共四川省委宣传部的嘉奖,获得了读者的肯定。2021年7月29日,《〈格萨尔王传〉大全》获得第五届中国出版政府奖图书奖。这是数年之后,四川出版集团投资策划出版的图书再度拥抱中国出版领域的最高奖,弥补了过去几年我们获大奖图书不多的不足,向"振兴四川出版"交出了一份亮眼的答卷。

后来,我在与才让多吉的交流中,问起当他得知《〈格萨尔王传〉大全》获得中国出版政府奖的感受时,才让多吉欢喜之情溢于言表,他说:"这是一个非常令人振奋和欢喜的成果。四川出版集团对这部书的策划、投资,是从传承中华优秀文化的视野和格局出发,做的非常有意义的一件事。这给研究《格萨尔》文化的专家和学者提供了研究古代藏族社会历史、宗教信仰、民风民俗、民间文化等方面的重要资料。这让格萨尔文化能继续'活'下去，让世界了解中华优秀传统文化的魅力。只有在这个伟大的时代，才能整理出版这部伟大的巨著。我相信，这部伟大的作品必将回馈这个伟大的时代。"

才让多吉的这番话贴合了我策划这套图书的初心，就是要讲好《格萨尔》这一中国故事、传播《格萨尔》这一中国声音。藏学研究什么呢？一是藏传佛教文化，二是《格萨尔》史诗，三是藏医药，四是藏族艺术。这些不同类型的文化非常有特点，非常吸引人，都是中华文明的瑰宝。我作为一名藏族干部，不管在什么岗位上，都要通过民族出版事业做好民族优秀传统文化的传承工作。下一步，我们还将打造《格萨尔王传》百部汉译工程，即在藏文版《〈格萨尔王传〉大全》300卷基础上出版汉文版100部。该书第一主编为全国《格萨尔》工作领导小组办公室主任诺布旺丹，我担任第二主编。我相信，藏、汉双语的《格萨尔王传》必将为增进汉藏民族的理解互识，让世界了解中国博大精深的民族文化，为新时代民族工作注入新的精神内涵，为铸牢中华民族共同体意识起到巨大的促进作用。

（二）坚守文化产业发展引领职责，积极投资影视项目

作为四川省属重点国有文化企业和四川文化产业引导基金，通过投资影视项目推动四川影视事业的振兴是我们义不容辞的责任。为此，我们投资的焦点就集中在推动扶持省内影视项目上，并制定了四条简单的投资策略，即小额、分散、省内和影响力，主要目的就是要对本地的影视行业有比较好的带动作用，达到利用基金投资带动社会投资的效果。我们特别强调项目的影响力，要取得显著的社会效益，以能否在央视一套、著名卫视平台、头部互联网平台进行播放作为评价影响力的标准。因此，我们较少考虑影视项目的经济效益，能够盈亏持平或实现少量的收益就可以投资。话说回来，一旦

影视项目能实现在大平台进行播放，投资基本上就不会亏损。

在我们投资的影视项目中，有以下代表性作品：第一个是大家熟知的电视剧《天下粮田》。该剧是《天下粮仓》的姊妹篇，主要由四川本土企业四川八骏联盟影视文化传播有限公司制作。该剧在2017年底的时候，作为央视的跨年大剧在央视一套黄金时段播出，引起强烈反响，受到多方好评。值得一提的是，影视项目的投资有两点共识：一是"人保戏"，指的是用大牌明星为戏的市场前景保驾护航；二是"戏保人"，指的是剧本品质特别突出，制作方足够自信，不用花大笔酬金去请大牌明星提高收视率。许多大牌明星主演的影视剧，收视率或票房确实很高，但低的也不少，这充分说明，明星不是收视率或票房的绝对保障，剧本才是一剧之根本，这也契合了文化产业发展的根本是内容这一基本规律。《天下粮田》也正是因为剧本优良、制作精良吸引了我们的投资，在实现显著社会效益的基础之上还取得了不错的经济效益。实践证明，虽然我们重点追求的是社会影响力，但好的影视项目也会带来不错的投资回报。反过来讲，失去水准的影视项目不仅没有好的社会效益，经济效益也不可能好到哪儿去。可以说，省文化产业基金在影视投资方面的策略遵循了文化产业投资的基本规律。

我们投资的第二个影视项目是湖南卫视播出的电视剧《亲爱的自己》，这部剧是由四川星空影视文化传媒有限公司和华视娱乐联合出品的女性励志都市情感剧，2020年在湖南卫视正式播出。这部剧是省文化产业基金投入最大的一部剧，投资额度达2000万元。为什么我们当时要投入这么多的资金呢？一是因为这部剧本身定位就是走高端路线，计划面向一线卫视频道及三大互联网平台发行，总投入相应较大；二是这部剧是四川省影视业市场化的代表作之一。虽然四川省不断涌现出优秀影视作品，并获得了众多含金量较高的奖项，但是从发行情况来看，四川省出品的电视剧多以央视发行为主，省内影视公司较少以主投身份参与市场化头部影视项目的制作与出品。

而《亲爱的自己》这部剧，是四川电视台旗下星空影视主投主控的头部电视剧项目，省文化产业基金参与该剧投资，对推动四川影视行业市场化的发展将起到促进作用，对提升四川影视作品的影响力具有重要的意义。

我们投资的第三个影视项目是电视剧《大三线》，后来改名为《火红年华》。这部原创的大型工业史诗电视连续剧，是以国家"三线建设"为背景，以中国十九冶集团有限公司、攀钢集团有限公司、攀枝花煤业（集团）有限责任公司等位于四川的著名三线工业企业为故事原型，全景式地展现了心怀炽热理想的老一辈三线建设者们，在国家的号召下，建设起一座300万吨级的大型钢铁联合企业的故事。该剧于2021年9月在央视一套正式播出，引起了广泛热议，特别是不少老一辈三线人含泪表示："这部剧拍出了那个年代的艰苦！"当时这部电视剧主要在攀枝花进行拍摄，攀枝花市委市政府非常重视这个项目，不仅承担了近一半的投资，当时的攀枝花市委书记还专门牵头协调处理这部电视剧的创作拍摄等事宜。省文化产业基金投资这部剧，不仅是对四川市州的宣传，更是通过讲述老一辈三线建设者的光辉事迹，弘扬实干奋进的"三线精神"，抒发家国情怀，对新一代年轻人的成长具有重要的教育意义。

五、完成转型，驶入高质量发展快车道

2020年7月，四川省委宣传部印发《关于同意四川出版集团有限责任公司更名为四川文化产业投资集团有限责任公司的批复》，集团的经营范围也同时变更为：投资与资产管理、仓储服务、房地产开发、物业管理、租赁业（以市场监督管理机关核定的经营范围为准）。这也标志着四川出版集团完成了战略转型，正在驶入高质量发展的快车道，向全国一流的文化投资集团迈进。

"十三五"期间,四川出版集团深刻把握新阶段新任务,服从全省文化产业发展大局,创新求变、主动作为,"再造主业"初见成效,集团综合实力、经营业绩、市场竞争力和社会影响力迈上了新的台阶。我们实现了业绩稳增:集团资产总额从2016年的29.63亿元增长到2020年的49.01亿元,增幅为65.4%;净资产从27.31亿元增长到43.93亿元,增幅为60.85%;利润总额从1.08亿元增长到2.22亿元,实现翻番。成员单位不同程度实现减亏和扭亏,员工收入实现合理增长。我们实现了形象提升:集团转型发展的情况多次在上级主管部门召开的有关会议上做典型经验交流;定点扶贫工作圆满完成,连续三年被省委、省政府评为全省"脱贫攻坚先进集体";在文旅产业发展方面取得突出成绩,被授予"四川省文化旅游产业优秀龙头企业"荣誉称号。

截至2020年,在各个产业方向,四川出版集团都取得了突出的成绩,"再造主业"方向不断明确,二次创业的道路越走越宽。

(一)资本运作稳健发展

五年来,集团投资的电视剧《湾区儿女》《枫叶红了》相继在中央电视台综合频道黄金时段播出,并获新闻联播报道。《枫叶红了》在第二届人民日报数字传播融屏传播盛典活动中被评为"决战脱贫攻坚决胜全面小康"优秀作品。四川文化旅游股权投资基金投资的芒果超媒项目全部减持退出,实现约400%的投资净回报,成为资本市场的明星案例。2020年,四川文化产业股权投资基金除个别项目因疫情因素暂缓交割外,已全面进入投后管理和逐步退出阶段。集团参与的省文化产业基金投资的极米科技、浙版传媒先后成功上市,中译语通、河北无线、四方伟业等项目也在积极申报IPO。省文化产业基金被评为"融资中国2019—2020年度中国文化产业十佳政府引导基金",这是自2016年以来连续四年获得该荣誉。

（二）文化旅游持续优化

西部牧场文化综合体项目运营稳定，该项目积极培育孵化文化体验业态，打造的"非遗"主题街区——云上花街被省文旅厅、省文化和旅游创意产业联盟授予"四川文创集市"。若尔盖扎萨格生态旅游区项目被纳入省文化和旅游发展重点任务清单，入选"四川省文化产业发展项目库2020年度入库项目名单"，项目前置审批推进顺利，土地挂牌前期工作基本完成，概念性方案已通过县政府规委会审批。羊茸哈德村成为四川省乡村民宿游的一张靓丽名片。2018年12月，在第二届四川旅游新媒体营销大会上，羊茸哈德村被四川省文旅厅评为"四川十大特色乡村民宿"，2020年被评为四川百强民村、四川最值得期待的旅游目的地，2021年被评为四川省实施乡村振兴战略工作示范村，2022年获评第二批天府旅游名村。

（三）社会教育优势稳固

班豆网用户注册量及年度浏览量再上新台阶，智慧教育社会大数据服务云平台及班豆社会教育社会化协作平台项目顺利完成；智慧德育系统、智慧招考系统、智慧招考网站、班豆网、"博悟少年"创新教育项目得到省、市、区、校四级教育系统以及学生、家长的高度认同；联合省教科院研发的《实践与创新——中小学STEM教程》获"2020年四川省中小学创新教育校本课程征集评选活动"一等奖；打造的《川咖说科普》栏目成功上线"学习强国"。

（四）工程建设稳步推进

四川名人馆项目完成了土地购买交接、建筑概念性设计方案、展陈概念性方案、展陈人物基础大纲编撰、天府文化体验中心策划方案等工作，正在积极推进项目可行性研究报告编制工作。财富支点项目完成工程竣工图绘制、国家安全项目验收、城建档案整理等工作，正在积极办理并联验收、竣工备案相关手续；按时启动招商租赁中心，完成项目纸质及电子楼书制作、LOGO设计、微信公众号策划、轿厢广告投放等宣传推广工作，在成都市锦江区投资促进局主办的"锦江楼宇"中被作为重点楼宇推荐。

第六章 新新华 新征程

驰骋(罗勇摄)

2019年底,我再次"启程",从四川出版集团来到了四川新华发行集团,任集团党委书记、董事长;2021年,我又兼任新华文轩党委书记、董事长。

如果说2013年我从新华文轩调到四川出版集团是一次"重回",那这次岗位变动就是真正意义上的"回归"了。2008年到2013年期间,我作为新华文轩总经理,亲身经历了四川出版和发行资源的整合,新华文轩也从一家发行企业转变为国内第一家全产业链经营的出版传媒企业。时隔8年,再次回到新华文轩,曾经熟悉的企业已经模样大变,此时的新华文轩已经是一家产业实力更加雄厚、发展势头不断向好的出版传媒企业,这是前两任董事长殚精竭虑谋发展和同事们辛勤付出的结果。

2021年,是中国共产党成立100周年,也是全面建设社会主义现代化国家新征程的开启之年,更是实施"十四五"规划的开局之年。如果说,8年前我作为新华文轩总经理主要是执行者的角色,那么今天作为新华文轩董事长则要承担全面的责任。所以,来到四川新华出版发行集团和新华文轩之后,我也一直在思考如何在"十四五"期间,带领广大干部员工在产业发展上有更大的作为,尽最大努力,不辜负四川省委的重托、股东的期待和同事的信任。

一、牢牢把握新形势

和8年前相比，不管是四川新华出版发行集团还是新华文轩，在发展上都来到了一个新的起点，我们面临着全新的发展形势，也面临着不少新问题。对我个人而言，我既是新华出版发行集团的党委书记、董事长，也是新华文轩的党委书记、董事长，不管是新华出版发行集团的发展还是新华文轩的发展，都是我的责任。走上新的岗位后，如何认清新形势，敢于直面自身发展中的不足，成为我的首要工作任务。

（一）国有文化企业的机遇和挑战

"十四五"时期，在中华民族伟大复兴战略全局中，党中央将国有企业摆在了更为显著的位置，对国有企业的发展提出了更高的要求。2020年4月10日，习近平总书记在中央财经委员会第七次会议上的讲话中指出，在这次抗击疫情过程中，国有企业冲在前面，发挥了重要作用，在促进产业循环中也起到了关键作用。国有企业是中国特色社会主义的重要物质基础和政治基础，是党执政兴国的重要支柱和依靠力量，必须做强做优做大。当然，国有企业也要改革优化，但绝对不能否定、绝对不能削弱。总书记的重要讲话，高度评价了国有企业的重要地位和作用，也指明了未来的发展方向。

首先，进一步明确了国有企业不但是党和国家重要的经济物质基础，更是重要的政治基础。在和平年代，抓经济建设、抓物质文明建设是国有企业的主要责任，但我们也不能忽视发展国有企业的政治意义。所以，作为国有产业集团，尤其是国有文化企业集团，必须进一步提高政治站位，要站在作为党执政兴国的重要支柱和依靠力量的高度，加强自身政治建设和能力建设，特别要在党和国家的关键时刻，能够靠得住、顶得上、冲在前，全力以赴、不掉链子，为党和国家解决重大急难问题。

其次，国有企业的改革方向就是做强做优做大。我们深化国有企业改革，不是要把国有企业改弱了、改没了，而是进一步增强产业实力，通过产业实力来进一步提升对国民经济和文化市场的引导力、控制力。所以，国有产业集团的改革就是要排除产权多元化，甚至私有化的干扰，沿着做强做优做大的方向不断努力。

最后，国有企业的发展要为国家的"双循环"战略做贡献。改革开放以来，特别是加入世贸组织后，我国加入国际大循环，形成了市场和资源"两头在外"，自己居中做"世界工厂"的发展模式，这对我国抓住经济全球化机遇、快速提升经济实力、改善人民生活发挥了重要作用。近几年，经济全球化遭遇逆风，我国发展面临的外部环境出现新变化，党中央及时提出了"双循环"发展战略，提出面向未来，我们要把满足国内需求作为发展的出发点和落脚点，逐步形成以国内大循环为主体、国内国际双循环相互促进的新发展格局，必须充分发挥国内超大规模市场优势，通过繁荣国内经济、畅通国内大循环为我国经济发展增添动力，带动世界经济复苏。"双循环"发展战略为我国出版业在"后疫情时代"和即将到来的"十四五"时期，利用好国内国外"两个市场、两种资源"实现高质量发展，指明了方向、增添了动力。国有产业集团要牢牢把握扩大内需这个战略基点，加快供给侧结构性改革，提升市场化经营能力，推出更多既叫好又叫座的文化产品，为繁荣文化市场做出应有的贡献。

虽然外部环境受偶然因素的影响有波动，但当前和今后一个时期，我国发展仍然处于重要战略机遇期，国民经济保持稳定增长和可持续发展的整体环境未发生根本改变。我国中等收入群体人数的快速增长将继续推动中国消费市场规模不断壮大。我国在未来较长时期内仍将拥有世界上相对规模最大的优质劳动力资源。

随着中国社会经济的发展，恩格尔系数的不断降低也意味着城镇居民的可支配收入不断提升，这给未来文化消费市场的发展提供了原动力。恩格尔系数的下降，为居民支出的多样化、为丰富广大民众的生活和提高生活品质，奠定了坚实的物质基础。城镇居民消费层次由温饱型向全面小康型转变，消费形态由物质型向服务型转变，消费行为由从众模仿型向个性体验型转变，这些转变将给文化产业的发展带来广阔的空间。随着国民教育、文化和娱乐等方面的精神文化消费占比不断上升，文化消费市场潜力不断被激发，这将给文化产业带来良好的发展前景。

（二）新业态，新目标

近年来，5G、人工智能、大数据等新兴技术的迅速发展，不断推动生产关系、社会结构和生活方式发生变化，已深刻地影响到出版传媒业的各个环节，出现了文化用品智能制造、文化创意3D打印等新行业，产生了个性化定制、网络直播等新业态，诞生了社交电商、社群营销、云阅读等新商业模式。与科技融合给新华文轩带来了新的发展机遇，也带来了现实的挑战。

1. 新业态不断涌现，转型升级成发展主线

数字媒介的广泛应用为出版物带来更为深入、广泛的发展空间。数字媒介几乎渗透到我们生活的各个层面，手机、平板电脑等电子设备成为人们获取资讯的首选工具。数字阅读平台、微信公众号、自媒体等诸多新媒介在上述电子设备中被高频使用，搜索引擎更凭借高效搜索和海量内容改变了人们的检索查阅信息的方式。传统出版物的数字化使得随时随地阅读成为可能，碎片化阅读成为习惯，传播不再受物理距离的约束。阅读需求在内容、种类和数量上都呈指数级增长。与此同时，数字媒介的快速发展，给以纸质媒介为基础的传统出版业带来了巨大冲击。

数字阅读方式的普及，为出版业提高内容质量提供了条件。特别是数字化带来的即时交互、大数据分析，可以让阅读服务提供者迅速了解受众的

阅读体验及偏好，进而针对不同偏好人群精准推送满足其喜好、适合其阅读习惯的内容。但是，随着数字阅读成为主要阅读方式，纸质书阅读增速放缓，这直接触及了传统出版业的根基。我国纸质书阅读的群体有了特定化、小众化、精英化的新趋势，阅读产品精准化、精品化、保值化成为新课题。如何在数字阅读的普及化、下沉化、大众化中保持纸质书阅读的特有格调，如何创造纸质书阅读的新增长点，成为传统出版业发展面临的重要问题。

2020年9月17日，习近平总书记在湖南考察调研时指出，文化和科技融合，既催生了新的文化业态、延伸了文化产业链，又集聚了大量创新人才，是朝阳产业，大有前途。科技与文化的融合，使文化产业具有三个鲜明特征：一是文化生产主体大众化，尤其在自媒体较为发达的背景下，文化内容生产者的门槛大大降低，极大地激发了大众的文化表达意愿和创造活力。二是文化消费主体个性化，在网络消费市场，张扬个性、追求"新奇特"成为市场新潮流。三是文化产品服务精准化，通过大数据对受众的精准分析、对内容的精准定位，为用户量身定制、量体裁衣，提供更精准的服务。科技与文化融合的深入推进，以体验式、沉浸式为代表的新型数字化内容消费和各种新兴媒介渠道对传统文化产业造成了巨大冲击，传统文化企业转型升级成为未来发展的主线。

2. 竞争态势加剧，出版业面临双重挑战

一方面，随着文化产业在国民经济中战略地位的上升，各地政府对文化产业发展的重视程度越来越高，几乎每个省（区、市）都推出了文化强省（区、市）战略，对文化建设进行系统部署。出版业作为文化产业的源头和产值的主要贡献行业之一，是各地区优先发展的目标，出版传媒集团之间的同业竞争越来越激烈。在发展出版业的问题上，各地区都没有第二选项，这不仅是一个产业问题、经济问题，更是一个地方的面子问题、形象问题。从各地党委政府到出版传媒集团，都在互相比拼，比排名、比地位、比高低。

出版市场规模就那么大、资源就那么多，新上市的企业还在增加，在当地政府的主导和资本逐利的驱使下，市场竞争越来越激烈。

另一方面，以传播知识和文化为主要任务的出版业面临着新兴互联网企业的跨界竞争。几千年来，人们通过阅读各类图书来获取知识，满足自身对文化知识的需求。但在互联网时代，不论是起初的内容免费，还是当前的知识付费，都对传统出版业的商业模式构成重大挑战。这些互联网企业用网络文学来抢占传统文学的地盘，用电子书、音频、视频来抢占纸质图书的读者，用电脑、手机等工具来取代纸张作为图书载体的作用，用大众创造内容来取代专业作者编写图书，用链接上下游的出版平台来取代出版社的知识生产，用大数据营销来打击出版社的传统图书营销，最后把出版社的传统读者变成了互联网企业的粉丝。这种跨界竞争，影响的不仅是利益的多少，更威胁到出版社的命脉。

3. 四川文化强省战略对集团和文轩提出了新的发展目标

《四川省国民经济和社会发展第十四个五年规划和二〇三五年远景目标纲要》指出，要大力发展文化事业和文化产业，不断增强巴蜀文化传播力和影响力，高水平建设文化强省旅游强省。规划提出了"实施省属国有文化企业振兴计划""实施文艺作品质量提升工程，振兴出版，推动出版发行等传统文化产业转型升级""建设数字化出版和版权综合服务平台"等多个重大举措。文化强省一定是文化产业强省，而推动文化产业发展，最核心的板块就是出版业，它作为内容产业具有较强的带动性，能拉动其他文化产业发展，也就是说如果最核心的出版产业起不来，那么文化强省建设就很难走得远。所以，在四川建设文化强省的征程中，必然要建设出版强省。作为四川省文化产业龙头企业，四川新华出版发行集团及控股上市公司新华文轩是建设文化强省和出版强省的责任主体。

自2016年实施"振兴四川出版"战略以来，新华文轩取得了较为显著的进步，得到了四川省委、省政府的高度肯定。也正因为如此，四川省委、省政府对新华文轩寄予了厚望，提出了"出版发行主业挺进全国前列，整体排名进入全国地方出版集团前3名"的更高发展目标。省委常委、宣传部部长郑莉同志在调研四川新华出版发行集团时，也明确提出集团要进一步巩固"全国文化企业30强"的地位。要实现这一目标，还需要我们加倍努力。如果说在"振兴四川出版"战略实施第一阶段我们把能做的、好做的都做了，那我们现在就需要啃硬骨头、下深水、动真格了。我们现在面临的是"前有标兵、后有追兵"。2020年排在我们前面的地方出版集团有吉林、江苏、湖南和江西的出版集团，进入前三意味着，到2023年我们要赶超中文天地和中南出版。以地方出版集团排名第三位的中南出版为参照，考虑全国图书市场2016年以来每年13%的增速，新华文轩未来4年的复合增长率需要达到32%，出版规模要达到66亿元码洋，销售规模要达到62亿元码洋。2019年文轩出版规模只有29亿元码洋，销售规模27亿元码洋，要实现上述目标，就意味着我们的生产和销售都要翻番。此外，近年来广东出版、上海出版都在加速发展，浙江出版上市后成为又一支出版劲旅，我们面临的竞争十分激烈，稍有懈怠，不但不能升位，反而连现有名次都很难保住，要实现省委制定的发展目标就更加困难。

二、认识自身，直面挑战

"十三五"时期是四川新华出版发行集团和新华文轩产业发展较快的5年，在这5年里我们的收入、利润都实现了大幅度增长，有力地发挥了四川文化产业的龙头作用，同时也为"十四五"期间进一步发展打下了坚实的基础。但是，我们必须清醒地认识到，如果对标行业先进集团，我们在产业发展上还存在许多不足，也面临不少困难和挑战。

（一）主营业务和产业链的不足

集团主营业务主要在新华文轩，因此我们就以新华文轩为例来看我们与业内先进企业存在的差距。在营业收入、净利润等主要经营指标上，新华文轩与领先企业还有着很大差距。2020年，凤凰传媒、中文传媒、中南传媒这三家行业领先者的平均营业收入、净利润分别为113.68亿元和15.38亿元，新华文轩这两项指标仅为行业前三平均水平的82%和77%。

此外，和全国先进同行相比，集团公司主营业务在产业链上各个环节和各个业务板块，也有较大差距。

在出版业务板块，2020年，行业排名前三的企业，其大众出版业务平均收入为17.12亿元，同比增长15%，而新华文轩2020年出版收入为6.78亿元，不到行业前三平均收入的40%，且同比下降24%。2020年新华文轩销售码洋位居地方出版集团第五位，实洋排名却只排在第八位。从数据对比可以看出，新华文轩的出版业务还没有完全实现从规模取胜到质量取胜的转变，我们的高品质出版物，特别是社科、文艺等主流市场的高质量作品数量还不多。

在实体书店渠道方面，最近几年新华文轩实体书店的品牌形象有了很大的改观，但与浙江、江苏等省相比，我们在营业面积、市场占有率等方面还有较大差距。在网络渠道的冲击下，除了成都等地的中心门店以外，全省大多数门店的转型还比较缓慢，大多数基层实体书店长期处于亏损状态。

电子商务一直是新华文轩的明星业务，近年来也面临更加激烈的竞争。在各大出版传媒集团全面触"网"的背景下，一些曾经后进的集团奋起直追，大有赶超新华文轩电商之势。2020年，中文传媒、浙版传媒等销售码洋均超过15亿元，中原传媒的线上销售总收入更是超过新华文轩达到21.85亿元。文轩网全国前三、新华系统第一的行业地位受到挑战。浙版传媒旗下博库集团2019年净利润达2900万元，远远超过新华文轩的电商业务。

教育服务方面,新华文轩教育出版原创能力亟待加强。凤凰传媒、中南传媒、山东出版、南方传媒等四家上市公司是教育出版的行业领先者,2020年四家公司教材教辅出版平均收入为22.35亿元,其中自编型出版15.89亿元,占比超过70%。然而新华文轩教材教辅出版整体收入为14.41亿元,自编型出版则仅为6.61亿元,占比仅为45.87%,仅为头部上市公司的40%左右。

在物流与物资贸易方面,新华文轩的收入水平与行业领先企业相比,差距就更大了。皖新传媒的物流业务收入已经超过了20亿元,大多数集团的物资贸易规模都在5亿元以上,虽然我们不能以规模论英雄,但我们的收入偏低,在行业中话语权也较低。

此外,新华文轩资本经营板块的盈利能力和为主业发展提供支撑的能力也有待进一步提升。中南传媒2020年金融服务业务净利润达到3.87亿元,对整体利润贡献率高达30%,我们与之相比还有较大差距。

最后,在延伸业务和数字化转型方面,新华文轩与先进集团相比也有不小差距。拓展延伸业务并不代表主业必然荒废,反而延伸业务和主业会有相辅相成相互促进的作用。实际上主业强的前几家公司延伸业务也很强。新华文轩出版业务和发行业务收入与行业前五相比,差距并不大。然而,在出版和发行业务之外的其他延伸收入上面,新华文轩均低于行业前五,2020年仅为行业先进企业平均水平的16.25%。这反映出新华文轩在延伸业务拓展方面办法还不多,效果还不明显。

同时,新华文轩数字化转型发展的效果也不突出,更多地还在产品层面进行探索,经营层面的拓展还没有找到好路子。以行业领先的凤凰传媒为例,2017年其数字出版总收入就达到了9.06亿元,其中数字出版单位收入7.77亿元,传统出版单位收入1.29亿元,旗下凤凰数据发展态势良好,并在传统机房租赁、存储托管业务的基础上,中标4000万地方政务云项目,在向云计算服务方向转型上迈出了实质性步伐。新华文轩与之相比，存在着较大差距。

（二）多元化发展和管理机制的困局

四川新华出版发行集团是以出版、发行、教育服务为主业，集文化旅游、文化金融、影视传媒、文化地产开发为一体的国有大型文化产业集团，是中央确定的全国首批文化体制改革试点单位和四川省委、省政府着力培育的79家大企业大集团之一。"十三五"之前，集团公司除了出版发行业务以外，还有酒店经营业务和房地产开发业务，但这些业务与主业相关度低，发展成效一般，后来又陆续进入影视制作、海外教育等业务领域。2016年以来，集团贯彻落实"振兴四川出版""振兴实体书店""振兴四川影视"战略，着力构建"一干多支"产业布局，在新华文轩从事的出版、发行、教育服务等主营业务"一干"之外，集团选择了文化旅游、文化金融、影视传媒、文化地产等"多支"发展之路。

为了进一步加强多元化业务的拓展，集团不断寻找出版产业链上下游发展机会，共对外投资了10家公司，其中有8家是战略性投资，分别为四川文投文化产业私募基金管理有限公司、四川新华荷马教育科技有限公司、四川新华乐知教育科技有限公司（简称"新华乐知"）、四川新华泛悦文化传媒有限公司（简称"新华泛悦"）、四川新华博维教育管理有限公司（简称"新华博维"）、四川新华瑞恒股权投资基金管理有限公司（简称"新华瑞恒"）、四川新华万云科技有限公司（简称"新华万云"）、四川新华文化置地集团有限公司。这段时间，集团公司在多元化拓展方面取得了一些成绩。在"文化＋金融"方面，新华瑞恒在K12教育、教育培训、教育信息化等行业细分赛道里开展股权投资与并购，仅2018年就储备了95个文化教育行业项目。在"文化＋娱乐"方面，新华泛悦构建"文娱体一体化"的发展模式，取得四川省唯一一个国家级精品旅游赛事——"中国·甘孜环贡嘎山百公里国际山地户外运动挑战赛"6年的独家运营权。在"文化＋科技"方面，新华万云拥有裸眼3D、VR、AR等立体显示核心技术，以及立体内容制作与转制等相关配套产业，在成都环球中心建设新华X-space沉浸式儿童新空间项目示范点。在"科技＋教育"方面，新华乐知开展国际汉语文化教育服务，成为"孔子学院合作伙伴计划"中唯一地方出版传媒集团。在"文化＋教育"方面，新华博维打造以优质化升学和个性化成长为核心的全新教育品牌——"新华学堂"。

但是，多元化经营机遇与风险并存，盲目扩张也带来了很多问题。一方面，各子公司在持续经营上面临挑战。多元化意味着企业进入陌生领域，在带来新的发展契机的同时，也会因为缺乏相应专业知识及信息掌握不全面而面临经营风险。如四川新华荷马教育科技有限公司，成立于2018年，注册资金1200万元，是集团公司和重庆艾艺荷马教育科技股份有限公司合资注册成立的，集团公司占股49%，主要从事艺术类高考咨询服务、文化艺术交流活动承办、艺术类教育项目的开发与策划、配套教育软件的开发、招生招考信息咨询等。一开始，大家想着可以结合股东双方的优势，在艺术和教育领域做出一定探索。但成立后至今，发展不尽如人意，这一方面与国家"双减"政策有关，另一方面也与自身对行业的判断有关系。

另一方面，最初设想多元化业务发展的主要目的是"反哺、支持主业发展"，但在实际操作过程中，这一目标因为业务布局太过分散而无法实现。目前集团旗下有13家控股二级子公司、6家参股子公司，除出版发行外，还涉足酒店餐饮、房地产开发与经营、物业管理、私募基金管理与投资、股权投资、小贷业务、文体娱乐、影视制作、海外教育、教育咨询、软件开发等领域。业务布局非常广，但每块业务均浅尝辄止，自身经营都困难，根本无法实现培育新的增长极、反哺主业这一目标。

除了产业发展方面存在的不足外，集团在管理机制上，尤其是对于重要子公司新华文轩的管理上，也出现了机制不畅的情况。

在筹备新华文轩股份公司之时，集团将发行、印刷、物流等产业链环节的优质资产整体注入了股份公司，而将非经营性资产、多元化业务留在了集团公司。为了推动新华文轩尽快上市，集团严格落实"两分开"，全力支持新华文轩的发展，把主要精力放在了集团二次创业上，客观上形成了集团与新华文轩相对独立的管理格局。2015年，随着集团主要负责人的变动，这个管理格局发生了重大变化。集团在进行大规模产业布局的同时，着力强化对新华文轩公司的管控，通过调整管理职能、增设管理部门、加强制度建设等方式，构建了对新华文轩的全面管控体系。集团除了关注新华文轩盈利情况和自身投资回报之外，还通过党建管理、战略管理、内容导向管理、财务资金管理、投资决策管理、重要人事任免、重大事项管理等七条管理线对新华文轩进行管控。

按理来说，这种管理方式并无什么不妥，但是在现实操作过程中出现了两个问题。一是新华文轩的适应性问题。原来集团对新华文轩的管理主要以授权式管理为主，新华文轩具有很强的经营自主权，现在很多事项除了新华文轩总部决策之外，还需要上报集团进行管理审批，而新华文轩上下很难在短期内便适应全新的管理模式。二是集团的决策效率问题。对于集团而言，在短时间内突然增加了很多以前没有的管理决策事项，虽然集团相关部门也在不断完善、加强自身相关职能职责和人力组织建设，但这些并不是一朝一夕便能完成的，所以集团在对新华文轩管理的过程中，出现了协调衔接不顺、决策效率不高等系列问题。

此外，管理机制不顺还有一个重要原因，就是人事安排。2015年之前，时任四川新华发行集团董事长龚次敏同志还兼任了新华文轩董事长和四川出版集团董事长。2015年，龚次敏同志到龄退休，同时辞任新华文轩董事长一职。此后，在省委、省政府安排下，新华发行集团与新华文轩的董事长就不再由一人兼任了。以前两家企业领导由一人兼任，很多事情沟通起来非常方便，对新华文轩来说，公司领导的决策跟集团领导的决策是一致的，只要一把手最终拍板了，大家就一心一意朝着一个方向发展。但两家企业领导职务由两人分任后，沟通上就先多了一层，新华文轩公司的决定要上报集团，集团还要继续讨论集体决策，这么一来二去，时间进度落下不说，沟通成本也很高，特别是如果遇到两位董事长意见不一致的时候，很多事情就耽搁了。

三、奋力开创新局面

面对新的形势，如何加快集团和新华文轩的产业发展，是我走上新的工作岗位后思考最多的问题。我提出要坚持三个导向，并经过多次调研，认真思考，权衡筹划，在2021年正式提出了"三链"战略思路，并带着全集团干部职工沿着这个思路推进各项工作，走上了一条持续发展之路。

（一）方向对，事半功倍

对国有文化企业来说，产业发展问题，首先要解决方向问题，方向对，事半功倍，方向不对，努力白费。面对"十四五"时期的新形势，要确保集团和新华文轩产业发展走在一条正确的路上，就必须坚持三个导向。

1. 坚持正确的政治方向，加强党的领导

国有企业成败，核心在党，关键在人。在国有企业中加强党的领导，关系到社会主义基本经济制度和党的执政基础的巩固，是一个重大的原则性问题。我在各个场合多次强调，我们一定要深入学习贯彻习近平总书记关于国有企业改革发展和党的建设的重要论述，毫不动摇坚持党委对集团和新华文轩的全面领导，进一步处理好党委和其他治理主体的关系，明确党委、董事会与经营管理层的职能界限；完善党委的领导体制，明确党委在决策、执行、监督各环节的权责和工作方式，真正把党委的政治统领放在首位，使党委发挥作用更加组织化、制度化、具体化，确保党的路线方针政策和上级决策部署在集团和新华文轩落地生根。

如何发挥上市公司党委的作用，是集团关注的关键问题。2020年以来，我们有序推进党委换届工作，严守换届纪律，顺利完成了集团党委和新华文轩党委换届，不断加强党务干部队伍建设，进一步强化党组织战斗堡垒作用。新华文轩是"A+H"两地上市公司，"四会一层"的治理结构是公司有效运行的重要保障。根据《公司法》《证券法》等相关法律、法规和规范性文件的要求，新华文轩建立和完善了符合国有控股和两地上市公司监管要求的由党委会、股东大会、董事会、监事会和高级管理层组成的"四会一层"治理结构，形成了权力机构、决策机构、监督机构和管理层之间各司其职、各负其责、协调运转、有效制衡的公司治理机制，解决了党委领导与公司法人治理机制相互融合的问题。2020年5月，新华文轩完成党建入章工作，在公司章程中正式写入"企业的党组织"章节，明确了公司党委在公司法人治理结构中的法定地位。2021年6月，顺利召开了新华文轩第三次党代会，完成了公司党委换届工作，选举产生了新华文轩第三届党委和纪委。为了切实发挥党委把方向、管大局、保落实的领导作用，进一步落实党建入章要求，将党组织内嵌到公司整体治理结构中，新华文轩党委于2021年8月印发了《新华文轩出版传媒股份有限公司党委会议事规则（试行）》和《新华文轩出版传媒股份有限公司党委会前置研究、研究决定事项清单（试行）》，厘清了各治理主体之间的权责关系，明确了党委前置研究讨论重大事项制度及"三重一大"事项的决策程序和决策范围。新华文轩还在集团党委办公室的具体指导下，指导符合条件的22家二级子公司先后完成党建入章工作。

此外，集团党委也不断加强决策能力建设，按照集体领导、民主集中、

2009年9月7日，罗勇（左三）代表四川民族出版社向西南民族大学赠送获奖图书

2011年12月20日,罗勇(前排右五)参加国家出版基金重点资助项目《藏族美术集成》专家论证会

2013年5月19日,罗勇(右三)与电视剧《历史转折中的邓小平》剧组合影

2003年11月，四川民族出版社建社50周年合影

2015年9月21日，罗勇（左一）参加四川出版集团干部大会

2016年8月8日，罗勇（右五）参加庆祝新华文轩回归A股仪式

2021年1月7日,罗勇(右一)参加四川新华出版发行集团、四川文投集团干部大会

2021年4月21日,罗勇(主席台右三)参加新华文轩干部大会

个别酝酿、会议决定的原则进行集体研究决策，按"少数服从多数"的原则做出决定，科学民主决策水平不断提高。仅2021年，集团就召开党委会40次，对集团"三重一大"、党的建设和意识形态事项，按程序进行前置研究把关，认真履行"把方向、管大局、保落实"职责。我作为"班长"，得到了刘龙章同志、罗军同志、柯继铭同志以及赖明同志的充分信任和大力支持。大家心往一处想，劲往一处使，营造了集团风清气正的政治生态和良好的工作氛围。在集团党委的领导下，我们进一步理顺集团对新华文轩的管理关系，大大提高了集团与新华文轩的工作效率。

2. 坚持正确的文化方向，唱响主旋律，守好主阵地

党的百年光辉历史告诉我们，我们党坚持先进文化的前进方向，在千帆竞发中显主导，在百舸争流中成主流，不仅书写了经济发展的"中国震撼"，更孕育出文化层面的"中国精神"，成为社会主义事业不断发展壮大的坚强保障。当今世界，思想文化价值观的碰撞日趋激烈，各种文化思潮都在争夺对世界各地人民的影响力、吸引力和控制力，如果我们失去了社会主义文化的思想导航和价值引领，那就会缺"心"少"魂"，最终迷失方向。作为出版传媒企业，集团和新华文轩都是党领导下的宣传思想文化战线的重要组成部分，将党和政府的声音传递到千家万户，让社会主义核心价值观深入广大人民群众中，是我们义不容辞的责任。

近年来，我们一方面唱响主旋律，充分发挥图书出版社和报刊单位的内容生产优势，坚持以人民为中心的出版导向，壮大主流宣传舆论，不断聚焦开发优质出版资源，打造一批艺术性高、科学性强、思想性好且具有重大文化价值的精品项目、重点图书、拳头产品和优秀报刊，引领时代文化风尚，提升主流出版市场影响力。2020年，新华文轩出版旗下《藏族美术通史》等5种图书入选国家出版基金项目；《古路之路》入选中宣部主题出版重点选题；《植物先生》被评为中国年度"最美的书"；"米小圈"系列长期

霸榜全国少儿类畅销图书,并荣获"中国版权最佳版权实践奖";《悬崖村》被评为全国少数民族文学创作"骏马奖"和年度"中国好书"。2021年,在第五届中国出版政府奖的评选中,新华文轩斩获五项大奖,其中四川民族出版社与四川美术出版社联合出版的《〈格萨尔王传〉大全》(1—300卷)荣获图书奖,四川文轩在线电子商务有限公司荣获先进出版单位奖,新华文轩出版传媒股份有限公司党委副书记、总经理李强荣获优秀出版人物奖,四川人民出版社出版的《不断裂的文明史:对中国国家认同的五千年考古学解读》荣获图书奖提名奖,四川美术出版社出版的《藏族金工艺术》荣获印刷复制奖提名奖。

另一方面守好三个主阵地。一是实体书店主阵地,充分发挥遍布全川的网络优势,将时政读物和饱含精神力量的优秀作品及时发送到全川党政机关、企事业单位和广大人民群众手中,确保政令畅通,党和人民群众心灵相通。2021年,新华文轩以建党百年为契机,坚定不移地把时政读物征订发行工作作为第一要务,全年时政读物发行超1100万册,排名位居全国前列;销售额2.64亿元,创历史最高水平。二是网络渠道主阵地。2021年,新华文轩旗下电商平台文轩网作为中宣部指定的16家网络传播平台之一,在线上开设"新时代新经典——学习习近平新时代中国特色社会主义思想重点数字图书专栏",同时还入选并参与国家新闻出版总署组织的"读掌上精品 庆百年华诞——百佳数字出版精品项目献礼建党百年专栏"建设和宣传,充分发挥出文轩网作为全国三大图书电商品牌之一的优势,通过丰富多彩的网络营销方式,扩大优秀作品的网络市场占有率,向千千万万的网民传递社会主义核心价值观、传播文化正能量。三是教育服务主阵地。2021年,集团公司和新华文轩上下各环节紧密协助配合,克服疫情防控工作困难,以高度的政治责任感和饱满的工作激情,连续43年完成教材"课前到书"政治任务和《习近平新时代中国特色社会主义思想学生读本》的服务保障工作,再次坚守了"课前到书，人手一册"的庄重承诺。同时，发扬新华书店服务党和国家教育事业的光荣传统，紧紧围绕教育事业立德树人的根本任务，发挥全川教育服务机构的落地优势，为全省中小学教学、教研、教育提供高质量服务，为四川教育强省建设做出新贡献。

3. 坚持正确的产业方向，发展主业不动摇

主业强，则企业强。纵观国内外优秀企业，特别是世界500强企业，都有一个甚至多个很强的主业作支撑。2020年6月，中央全面深化改革委员会审议通过的《国企改革三年行动方案（2020—2022年）》提出，国有企业要围绕服务国家战略，聚焦主业主责发展实体经济，加快剥离非主营业务和低效无效资产，提升国有资本配置效率，为国有企业的产业发展指明了前进的方向。省委、省政府也高度重视文化产业集团的主业发展，在"十四五"期间出版发行主业挺进全国前列，是我们在"十四五"时期最大的政治任务和职责使命。围绕这一目标，我们要做的就是深化对发展主业的认识，对标国内先进文化产业集团，拉长长板、补齐短板、做优中板，继续保持主业收入较快增长，促进主业经济效益再上新台阶，早日成为四川第一家百亿营收的文化产业集团，继续发挥四川文化产业排头兵的作用。

2021年9月，经集团党委研究、董事会审定，正式印发《四川新华出版发行集团改革三年行动实施方案（2020—2022）》(简称《实施方案》)，梳理5个方面共44项重点改革任务，并建立重点改革任务台账，对照台账跟踪进度，验收任务落实情况。该《实施方案》的主要目标是：通过全面落实各项改革任务，进一步推动集团产业布局优化和结构调整，抓重点、补短板、强弱项，增强集团整体产业竞争力、创新力、控制力、影响力和抗风险能力。到2022年，实现企业治理能力明显提升，业务布局更加优化，集团发展活力得到激发，运营效率充分提高，产业综合实力持续增强，社会效益取得更大突破，形成更加成熟定型的中国特色现代企业制度，成为四川省内首家总

资产、净资产、营业收入均超过百亿元的"三个百亿"文化产业集团,为四川文化强省建设做出新的贡献。

(二)推进"三链"战略,重构产业优势

解决了方向问题,接着就要面对产业发展问题。要突破我们遇到的产业发展天花板,仅仅在产品市场做文章是不够的。不是说做产品对集团公司和新华文轩不重要,而是说做产品是操作层面和战术层面的思维,是各家出版社本就应该关注的事情,但集团公司和新华文轩不能把"宝"押在多出几个"米小圈",就能拉动新华文轩整体收入的上涨上。因此,要谋求新的发展,就必须从产品思维上升到产业思维,从产业链层面、战略层面的高度来思考,通过系统谋划和布局,加快产业链转型升级和提质增效步伐。

在我看来,要从"强链、升链、延链"三个方面着手。"强链"就是要做强大众出版发行产业链和教育出版发行产业链;"升链"就是推动新华文轩传统产业链向智慧产业链转型升级;"延链"就是推动新华文轩产业链优势向外部延伸,打造新的产业发展增长极。

需要强调的是,"三链"战略并不是孤立推进,而是环环相扣、相辅相成的:"强链"是构建优势,"升链"是巩固优势,"延链"是放大优势。如果把新华文轩比作一列火车,"强链"就是打造新华文轩产业发展的火车头,增强产业发展的动力,这也是新华文轩产业发展的核心和基础;"升链"顾名思义就是产业链的改造升级,其目的在于让新华文轩这列火车跑得更加顺畅、更能适应不同的运行环境;"延链"则是为了增加新华文轩的车厢数、载货量,放大产业链价值,将产业链竞争优势不断外溢变现。

1. 坚持"强链"战略,做强出版发行产业链

(1)提升大众出版产业链发展水平,推动"振兴四川出版"再上新台阶

一是四川民族出版社回归,四川新华出版再添生力军。

出版作为内容产业的源头，在大文化产业中具有独特的地位，做强大众出版发行产业链，首先要做强出版。自2016年实施"振兴四川出版"战略以来，新华文轩旗下9家出版社取得了很大的进步，但经过一段时期的强劲增长后也面临着后继乏力的问题，如何寻求新的出版发展动力成为摆在我们面前的重要课题。值得高兴的是，2021年底，经过四川新华发行集团的努力，在四川省委宣传部的安排部署下，四川民族出版社整体划转到四川新华出版发行集团，为集团增添了出版发展的生力军。

近十年，四川的文化产业发展取得了长足的进步，四川成为名副其实的文化大省。文化大省与文化强省，虽然只有一字之差，其内涵和意义却截然不同。四川的文化产业发展虽然取得了显著的成绩，但是整体产业竞争力和发展质量与先进地区相比，还有着较大的差距。因此，2019年，中共四川省委办公厅和四川省政府办公厅印发《建设文化强省中长期规划纲要（2019—2025年）》（简称《纲要》），要求全面提升四川文化软实力，奋力创造巴蜀文化新辉煌，以文化强省建设助推治蜀兴川再上新台阶。《纲要》提出了发展目标：实现文化建设由"大"到"强"的根本转变，到2025年基本建成文化强省，并明确提出了"文化产业竞争力显著增强"的发展目标和"文化产业高质量发展工程"。2020年3月，四川省文化体制改革和发展领导小组发布《深化省属国有文化企业（单位）改革方案》（简称《方案》），提出了"资源配置和供给效能进一步增强"的目标，使省属国有文化企业（单位）布局更加合理，文化资源要素向优势行业和优质企业集聚，产业集约化发展水平得到提高，形成主业突出、产业链完整、核心竞争力强的现代文化产业集团，将文化产业集团的发展壮大作为文化强省的一个重要抓手。

为了实现这一目标，省文化体制改革和发展领导小组开始谋划加快推进省属国有文化资产重组和资源整合。首先便是推动党报党刊资源整合，要求整合四川日报报业集团和四川党建期刊集团的党报党刊资源，以党报党刊所属非时政类和行业性报刊社为龙头整合相关报刊资源，组建新型党报党刊传媒集团，管理原四川日报报业集团、四川党建期刊集团所属事业单位。也正是在《方案》中，省委、省政府提出了要推动出版发行资源整合，将四川新华发行集团更名为四川新华出版发行集团，并以四川出版集团为基础，整合相关文化资源，组建四川文化产业投资集团。

《方案》印发后，省内几大文化产业集团都非常关注。当时我已经按照组织安排离开了出版集团，再次来到发行集团，看到这个文件之后感触颇多。以出版集团为基础组建文投集团，也算是对出版集团"二次创业"的一个巨大鼓励；新华发行集团的更名一方面是对于四川出版和发行整合结果的肯定，也为我们接下来进一步整合出版发行资源奠定了基础。为了促进传媒行业的发展，省委将四川党建期刊集团整体划转到四川日报报业集团。这一举动牵动了四川出版界所有人的神经，因为这里面涉及一个极其敏感的话题，那就是四川党建期刊集团内的四川民族出版社的归属问题。由于我和四川民族出版社的深厚渊源，我本人也格外关注这个问题。

四川民族出版社对于参与整合的各方而言，都是一块极其优良的资产，不论是经济效益还是社会效益都是极其显著的。截至2020年12月31日，四川民族出版社经审计的总资产为人民币2.89亿元，所有者权益合计为人民币1.70亿元，营业收入为人民币1.06亿元，净利润为人民币1236.77万元。而2018年四川党建期刊集团总资产为6.13亿元，净资产为3.95亿元，营业收入为2.23亿元，净利润为5146.5万元。四川民族出版社各项产业经济指标几乎占到了四川党建期刊集团的一半左右，即使放在新华文轩来看，其产业经济指标也是位居新华文轩旗下各家出版社的前列。在社会效益方面，四川民族出版社更是成绩显著，在历届国家级大奖的评选中几乎从未落空。在2021年公布的第五届中国出版政府奖获奖名单中，四川民族出版社更是一举摘得了图书奖、先进出版单位奖和优秀编辑奖三项大奖。

从这次改革的目的来看，就是为了让同类别的资源聚合起来，从而促进国有文化企业的合理布局。如果四川民族出版社跟着四川党建期刊集团划转到四川日报报业集团，那就与这一目的有些背道而驰了。从现实发展来看，四川民族出版社在四川党建期刊集团的8年，虽然在社会效益和经济效益方面都取得了较好的成绩，但是也遇到了很多问题，其中最重要的一点就是四川民族出版社和党建期刊集团其他业务单元的协同效益很弱，无论在宣传上、渠道上还是在资金上，四川党建期刊集团给四川民族出版社的助力远不如四川新华出版发行集团和新华文轩对各个出版社的支持力度大。同时，四川民族出版社与省内其他出版社的交流交往也越来越少，长此以往对于四川民族出版社的发展也非常不利。

所以，当时大家都觉得四川民族出版社大概率会划转到新华出版发行集团，但是不怕一万就怕万一，在最终方案没有出来之前，大家的心都是悬着的。直到2021年末，靴子才最终落地。省委、省政府决定将四川民族出版社无偿划转至四川新华出版发行集团，并开展全民所有制企业改制工作。

2021年12月14日，四川新华出版发行集团有限公司与四川党建期刊集团签署了《四川民族出版社整体无偿划转协议》，并于当日完成了四川民族出版社主管单位由四川党建期刊集团变更为四川新华出版发行集团的工商登记。

在四川民族出版社重回"四川出版"大家庭的当月，我来到四川民族出版社考察调研。这是时隔十余年后，我再次回到四川民族出版社。前文提到过的那个"新编辑"泽仁扎西已经成长为四川民族出版社社长、总编辑，他将"振兴四川出版"战略实施以来四川民族出版社的改革发展情况和取得的成绩向大家做了汇报。听完泽仁扎西的汇报，我感慨万千，对四川民族出版社近年来所取得的成绩，尤其是对2021年荣获全国新闻出版广播影视系统先进集体、第五届中国出版政府奖先进出版单位奖等国家级荣誉，多种图书入选中国出版政府奖等国家级奖项感到由衷的高兴,四川民族出版社还是那个"勇立潮头、敢为人先"的出版社。眼前这些稳重而熟悉的面孔,与脑海中曾经充满青春活力的他们一一重合。在这次考察的最后,大家问我对于四川民族出版社回归之后有没有什么要求,我从一个四川民族出版人的角度,提了几个建议,那就是:"光荣传统不能丢、品牌影响不能弱、重点项目不能少,一定要切实做到不忘初心、不负使命;持续加强民族类主题出版物,民族类重大出版工程、重点出版项目,以及民族学术、民族文化等重大选题的策划出版,继续打造民族出版的高地。"

二是三年"三大奖",文轩精品出版和重大出版奖项项目工作成效显著。

自从2016年实施"振兴四川出版"战略以来,文轩出版快速发展。从经营业绩来看,文轩出版从2015年亏损2880万元到2019年实现盈利1.72亿元,利润总增长额达2亿元;2020年文轩出版虽然受到新冠肺炎疫情的巨大冲击,但是仍然贡献了近8000万元的净利润,出版板块真正成为新华文轩利润贡献的"大户"、产业发展的新引擎。从市场排名来看,新华文轩从2015年的第26位提升到2020年的第9位,在地方出版集团排名中位列第5,四川出版在全国出版界的地位得到了大幅提升。

但是在这一系列闪耀的数据背后,文轩出版却存在着一个突出的问题——发展基础不牢固,所以我们一遇到大风大浪便会上下摇晃。导致这一问题的根本原因便是精品出版能力不足,特别是我们已经很多年没有获得过国家级大奖了,"有高原无高峰"情况在新华文轩表现得格外突出。在这种情况下,在"振兴四川出版"战略实施的新阶段,我们的首要任务便是推动精品出版和重大出版奖项项目工作,开创文轩出版新局面。

为此,新华文轩专门召开了一次精品出版和重大出版奖项项目推进工作会,讨论研究以"五个一工程"奖为代表的重大出版奖项项目推进工作,部署公司进一步强化"精品出版"的具体工作,助力文轩出版高质量发展。新华文轩旗下各出版单位负责人,以及来自文轩在线、零售、中盘等各渠道负责人,还有各个业务线上的文轩领导分别对这一重大事项提出了自己的想法和建议,真正做到了群策群力。

实际上,推进精品出版和重大出版奖项项目工作,责任重大,意义深远。特别是在全面开启第二个百年奋斗目标的新的历史时期,我们文化企业就应该牢记使命、强化担当,策划出版更多的体现中国精神、彰显时代价值、展现四川特点的精品力作,不断开创文轩出版新局面,不断取得振兴出版新成果,不断推动文化产业新突破。

当前社会可讴歌、可赞颂、可反映的时代主题和典型人物层出不穷,出版工作者责任重大、使命光荣,推动精品出版和重大出版奖项项目工作,对深入实施"振兴四川出版"战略和深入推动文化强省建设具有重要意义。加之四川既有丰富独特的历史文化资源、红色文化资源和民族文化资源,又有扶贫攻坚、乡村振兴、创新发展的生动实践,只要善于挖掘、精心培植,完全可以打造出地域性题材和民族题材的精品力作。

近年来,四川省委、省政府以及省委宣传部对于推进以"五个一工程"奖为代表的重大出版奖项项目同样高度重视,为文轩出版的发展提供了巨大支持。新任省委常委、宣传部部长郑莉同志多次指示集团和文轩要高度重视重大奖项的申报和评选工作。这一时期四川省委宣传部分管新闻出版工作的是四川省委宣传部副部长、省新闻出版局局长周青同志,他长期在四川出版的主管部门任职,对于四川出版的发展历史和发展脉络极为熟悉。他非常重视、关心和支持四川出版重大项目、重点选题工作,指示文轩要积极主动对标党中央重大决策部署,做好重点项目、重要工程选题规划,推动精品力作不断涌现。

功夫不负有心人。正是在省委宣传部的坚强领导下,在"振兴四川出版"战略实施第一阶段奠定的良好发展基础之上，文轩出版可谓厚积薄发，短短三年就将中国出版界"三大奖"一一收入囊中，圆了四川出版多年来的梦想。

2021年7月29日，中宣部在北京召开第五届中国出版政府奖表彰会。本届中国出版政府奖是在庆祝建党100周年、迈上全面建设社会主义现代化国家新征程之际，对出版界的一次巡礼和检阅。在这次表彰会上，新华文轩获得了包括3项大奖、2项提名奖在内的多项荣誉。四川民族出版社与四川美术出版社联合出版的《〈格萨尔王传〉大全》（1—300卷）荣获图书奖；文轩在线荣获先进出版单位奖；新华文轩党委副书记、总经理李强荣获优秀出版人物奖；四川人民出版社出版的《不断裂的文明史：对中国国家认同的五千年考古学解读》荣获图书奖提名奖；四川美术出版社出版的《藏族金工艺术》荣获印刷复制奖提名奖。梳理新华文轩在历届中国出版政府奖中的获奖情况，不难发现，我们在第五届中国出版政府奖中的获奖数量较多，尤其是在时隔6年之后，再度获得图书奖殊荣。

第五届中国出版政府奖给新华文轩带来的喜悦刚过不久，好消息再次传来。2022年10月29日，中央宣传部精神文明建设"五个一工程"评选工作办公室发布《关于第十六届精神文明建设"五个一工程"入选作品公示的公告》，新华文轩旗下天地出版社出版的《我用一生爱中国：伊莎白·柯鲁克的故事》入选优秀作品奖。这是天地出版社图书时隔8年再次入选，也是四川出版8年来再次获此荣誉，为"振兴四川出版"交上了又一份亮眼的答卷。

在新华文轩连续两年获得中国出版政府奖、"五个一工程"奖之后，第八届中华优秀出版物奖评选也开始了。包括我在内的所有文轩出版人都期望着文轩出版能够在2023年再次有所斩获，实现三年内连续荣获出版界"三大奖"的壮举，将四川出版的新风貌彻底展示出来。最终，在2023年3月出炉的第八届中华优秀出版物奖获奖名单上，四川人民出版社《武则天研究》

以及天地出版社《青藏高原考古》(全十册)、《重返狼群背后的故事》获图书奖,巴蜀书社《辑补旧五代史》获图书提名奖,新华文轩旗下四川少年儿童出版社社长常青以《心中有孩子 手下方能出精品——童书出版中"儿童性"的认识和体验》获得优秀出版物(出版科研论文)奖。

经过数年耕耘,文轩出版已经呈现出一种喷薄而发之势,精品力作和出版人才源源不断地涌现出来。在出版界"三大奖"之外,2021年,四川人民出版社出版的《不断裂的文明史:对中国国家认同的五千年考古学解读》入选2020年度"中国好书";2023年,四川少年儿童出版社《走近三星堆》入选2022年度"中国好书",四川少年儿童出版社社长常青荣获第十四届韬奋出版奖。

这几次获奖绝非偶然,而是我们用了数年时间乘风破浪、振兴出版的成果。"十四五"以来,"振兴四川出版"战略进入第二阶段的攻坚期和深水期,文轩出版将进一步履行自己的使命担当,不断发扬四川人敢为天下先的精神,从而让更多精品图书和优秀出版人才脱颖而出。

(2)并购凉山新华书店,补全我省实体书店网络拼图

2003年,四川新华发行集团作为全国文化体制改革试点单位,按照党中央和四川省委要求,在全省范围内对112家市县新华书店进行"事转企"改革。在这次改革中,三州地区的新华书店并没有纳入其中,这是当时特殊的历史背景造成的。本身"事转企"改革的难度就很大,面临的阻力比较多,新华书店广大干部职工对于行政事业单位的"编制"身份看得很重,加之三州地区又夹杂着较为复杂的民族问题,转企改制不仅仅是文化体制改革问题,更与当地社会经济的稳定发展息息相关。而且,从当时来说,当地的市场化思维较为落后,"事转企"对他们而言就是把自己从"吃国家饭的干部"改成了"吃打工饭的工人",从思想上是难以接受的。因此,为了减少改革的阻力,维护民族地区的稳定,三州地区的新华书店就没有参与当时的

改制，仍然保留了独立的事业单位身份。在业务上，这些书店则是根据与新华文轩签署的《业务合作协议》，向唯一供应商新华文轩采购所销售的所有商品（包括政府资助教材、非政府资助教材、助学类读物、一般图书和音像制品、少数民族特色图书等）；同时，这些书店也会根据实际情况向新华文轩以外的供应商采购少量传统及电子学习用品等。这样一来，就导致三州地区的新华书店成了四川新华系统改革的一个"遗留问题"。

新华文轩始终把服务三州文化教育事业作为重大的政治任务来抓，新华文轩和三州地区的新华书店多年来的合作也富有成效。但是，新华文轩与三州地区的新华书店毕竟是不同的责任主体，前者为后者提供产品和服务时，与川内其他书店相比，难免存在沟通、协调不畅等问题，长此以往不利于三州地区文化教育事业的发展。

随着社会经济的发展，特别是三州地区市场化水平和产业发展思维的不断提高，解决这一"遗留问题"的条件渐渐成熟。2013年7月，凉山州委宣传部根据四川省委宣传部的要求，成立了全州新华书店深化体制改革工作领导小组，开始谋划对凉山州新华书店进行改制。

2020年6月23日，凉山州新华书店有限责任公司正式成立，下辖17家分公司和1家控股子公司，至此三州地区最为重要的凉山州新华书店正式完成了转制改企。长期以来，新华文轩和凉山州新华书店有着良好的合作关系，双方除了在产品采购上的合作之外，还积极在股权投资方面开展合作。早在2017年5月22日，新华文轩和凉山州新华书店就合资成立了凉山新华文轩教育科技有限公司，一起开拓凉山州的教育装备和教育信息化市场。所以，在凉山州新华书店改制之后，新华文轩便开始积极谋求对凉山州新华书店的控股工作。控股凉山州新华书店对于新华文轩而言有着极其重大的意义，除了解决历史遗留问题，还补上了一块重要的省内市场拼图，对增强新华文轩出版发行产业链整体实力具有重要意义。

随着凉山州新华书店改制工作的推进，新华文轩同期成立了相关资本并购工作机构，开展前期基础工作。2022年1月15日，我和四川新华出版发行集团总经理刘龙章带领四川新华出版发行集团和新华文轩的相关班子成员，与凉山州委书记、凉山州州长等凉山方面代表，在成都就新华文轩收购凉山州新华书店股权事宜进行了第一次高层商谈，达成了初步意向。2022年3月31日，我们收到凉山州人民政府办公室出具的同意以非公开协议转让凉山州新华书店51%股权立项批准文件，由此正式进入新华文轩的资本并购程序。

2022年5月18日，我和四川新华出版发行集团总经理刘龙章、副总经理柯继铭，以及新华文轩相关经营管理团队成员在西昌与凉山方面代表又进行了第二次高层商谈。在这次会谈中，我们在收购资产范围上达成了一致，决定只收购主业资产，剥离非主业股权资产、金融资产与产权不明晰的土地及房产，在交易方式、治理结构等其他方面也达成了共识。2022年12月14日，新华文轩与凉山州发展集团签署了股权转让协议，正式收购了凉山新华书店51%股权。可以说，对于凉山州新华书店的并购，将直接使新华文轩的产业体量得到较大的增加，更为重要的是将使新华文轩在现有基础上增加近10%的潜在消费市场，同时也为新华文轩更好地服务三州地区的文化教育事业开启了新的篇章。

（3）深度参与海南出版发行资源整合及股改上市，实现出版发行产业跨区域发展

说到海南出版业的发展，有一个离不开的话题，那就是出版业的跨区域兼并重组，而这一领域的实践离不开江苏的凤凰传媒和四川的新华文轩这两个重要战略投资者。我非常有幸分别以新华文轩总经理和董事长的身份参与了新华文轩与海南出版、海南发行的两次重要合作，并参与推动了海南省出版发行资源的整合，为川琼出版深度合作、实现出版发行产业跨区域发展

贡献了一份力量。

海南出版业的发展之路在我国出版业之中非常独特。20世纪90年代，海南出版社引风气之先，出版《数字化生存》《光荣与梦想》等一批引进版精品图书，以"时效快、品种新、成系列"三大特色，在全国刮起了一股强劲的"琼版旋风"。然而本世纪初，在其他地方出版纷纷改制组建出版发行集团之时，海南出版业却迫于自身人才、资源、财政投入等各方面的现实情况，不得已由海南出版和海南发行分别引进了来自省外的战略投资者。

2008年，海南挂牌成立了全国首家跨地区战略重组发行企业海南凤凰新华发行有限责任公司（简称"海南凤凰"），新公司由江苏、海南两省新华书店集团有限公司合资组建，其中江苏新华发行集团公司投资2.3亿元，拥有51%股权。琼苏两省出版发行行业实现第一次跨省合作。2012年5月，凤凰传媒宣布对海南凤凰增资1.1亿元，扩大其规模和经营范围；海南省教材出版有限公司也参与此次增资，并以其全部净资产出资，金额为0.9647亿元，"海南凤凰新华发行有限责任公司"更名为"海南凤凰新华出版发行有限责任公司"。琼苏两省出版发行行业实现第二次跨省合作。

海南发行选择了江苏作为合作者，而海南出版则选择了四川作为共同发展伙伴。前面提到，我2008年来到新华文轩，非常重要的工作便是实现四川出版和发行的整合。然而实际上，我亲历的第一次出版和发行的整合其实是新华文轩和海南出版社的合作。当时新华文轩为了获取上游出版资源，除了自身投资设立出版公司之外，还积极开展省外出版资源的整合，海南出版社正是我们的重要目标。2009年新华文轩作为战略投资者，与海南出版社的出资人海南省财政厅一起重组海南出版社，双方合作成立海南出版社有限公司，其中新华文轩出资9800万元，占股50%。海南出版社有限公司的成立使得新华文轩进一步实现跨区域合作，能够帮助新华文轩在全国获取更大市场份额。同时，新华文轩通过此次资本市场试水，为新华文轩后来收购四川出版积累了相应经验。自此以后,川琼出版发行并肩携手,在文化传承、精品出版等领域一直保持密切合作,双方更是多次组团参与北京图书订货会等重大展会。2021年,由海南出版社和新华文轩旗下天地出版社共同打造的图书《重返狼群背后的故事》获第八届中华优秀出版物奖,川琼出版合作取得了良好成效。

与凤凰传媒相比,新华文轩和海南出版的首次合作有个非常大的特点,那就是新华文轩没有选择将新公司并表,放弃了对于海南出版社的控制权。当时江苏方面"做大做强"的战略和海南方面"不求控股,只求发展"的思路成功对接,使得凤凰传媒实现了对海南发行的股权控制,海南凤凰成为凤凰传媒的重要子公司。新华文轩当时没有选择并表控制海南出版社的原因主要有两个:一是新华文轩当时基本已经确定要收购四川出版集团,在省内实现了出版资源的获取,控制海南出版社意义不大;二是当时我们考虑到出版行业特殊的体制机制,由一个省的出版发行单位去控制另一个省的重要出版单位,可能不利于双方的长远合作发展,一旦对方主管部门想要实现省内出版发行企业上市,这一问题可能会更加突出。

果不其然,后来凤凰传媒和海南发行的合作便遇到了这种情况。实际上,在2012年凤凰传媒再次和海南发行合作的时候,海南省委、省政府已经有了推动海南出版发行资源整合,逐步实现海南出版业上市发展的计划。然而由于股权关系、内部控制等一系列问题,海南省委、省政府的这一设想迟迟得不到兑现。2020年10月,凤凰传媒发布公告公开转让海南凤凰51%的股权;2020年12月30日,海南省新华书店受让了凤凰传媒持有的51%股权,苏琼出版合作正式结束。

考虑到新华文轩在出版发行资源整合方面的丰富经验,以及海南方面和新华文轩的战略股权关系及长期良好合作,因此结束和凤凰传媒的合作之时,海南方面便主动邀请新华文轩再次作为战略投资者,入股海南凤凰新华出版发行有限责任公司，并参与海南出版发行资源的整合和后续的股改上市工作。当时我担任的是四川新华出版发行集团董事长，而新华文轩董事长一职则由何志勇同志担任。何志勇同志既是我工作多年的搭档，又是我的好朋友，他的很多经营管理理念和工作思路在四川出版界都很有影响。共事的这段时间里，我们合作非常愉快，很多想法经常不谋而合。收到这份邀请之后，我们都感到非常高兴，觉得这是我们和海南出版10余年精诚协作、荣辱与共得来的宝贵结果，同时也认为新华文轩一定要延续这份情谊，支持海南出版进一步发展，推动川琼出版合作进一步深化。

在长期合作、相互信赖的良好基础上，川琼出版发行旧友时隔11年再度携手，全力克服新冠肺炎疫情影响，充分发挥自身优势、精诚合作，仅用一个多月的时间，便高效完成了此次股权转让的准备工作。2020年12月30日，海南新华书店集团有限公司通过协议转让的方式向新华文轩转让所持海南凤凰25%的股权，转让对价为人民币3.17亿元。当时海南省委宣传部在邀请四川省委宣传部出席海南新华书店集团与新华文轩合作签约仪式的邀请函上，特别提道："新华文轩出版传媒股份有限公司务实、专业、高效参与并推动海南凤凰新华出版发行有限责任公司股改工作，为下一步海南出版发行资源整合及股改上市奠定了坚实基础。"

在完成对海南凤凰股权的收购之后，新华文轩便马不停蹄地参与海南出版发行资源的整合和股改上市工作。海南出版、发行由于长期以来分散经营，因此对于怎么整合、怎么上市可谓毫无经验和头绪，甚至对于股改上市的前置性条件都不太清楚。针对这种情况，海南方面便提出希望由新华文轩来帮忙制订方案、协助完成整合上市。这可以说是对新华文轩资本经营能力的最大肯定，也是对新华文轩作为合作伙伴的最大信任。可以说，新华文轩在这一过程中，既是战略投资者，又是"免费咨询顾问"。从2021年2月新华文轩董办、投资、运营等相关部门组织发起第一轮尽调开始，大家几乎每个月都要前往海南，通过多种形式调研、各方多次沟通、内部多轮讨论，协助梳理人员安置、管理机制、业务划分等问题，并协助海南方面完成海南出版发行资源整合及股改上市总体方案，以及上报海南省委、省政府和中宣部的相关请示文件。

功夫不负有心人，2022年12月，海南省委宣传部正式发布海南出版发行资源整合及股改上市决策事项社会稳定风险评估公示，明确了资源整合单位包括海南出版社有限公司、南方出版社有限公司、海南省新华书店集团有限公司、海南凤凰新华出版发行有限责任公司、海南省教材出版有限公司及其下属子公司，并提出了详细的时间计划表。至此，海南省出版发行资源整合及股改上市工作取得了阶段性胜利。

关于新华文轩和海南出版的合作，海南省委宣传部副部长、省文资办主任蒋建民于2023年2月到新华文轩交流座谈时表示，海南出版是非常有凝聚力和战斗力的团队，而新华文轩敢为人先、追求卓越，是全国文化的先锋，双方携手前行，必然会在全国树立起旗帜，彰显出最先进的经营理念。

在我看来，实际上海南出版同样有很多值得新华文轩学习和借鉴的经验。海南靠海、四川靠山，不同地理环境造就了不同的资源背景，双方除了要在出版发行主营业务上多沟通交流外，还要在资本运作、资源整合等方面互利互惠，加强合作。我们一定要通过双方的再次深化合作实现共享资源、共建未来，实现川琼出版发行产业跨区域发展。

（4）"内容＋渠道"协同发展，做强教育出版产业链

一是深入推进振兴教育出版。

从全国零售市场来看，教育出版市场空间广阔，市场占比高、增幅快，是少儿类、社科类之后，排名第三大类的图书。自2016年以来，新华文轩深入贯彻落实"振兴四川出版"战略，旗下绝大部分出版社成效显著，但教育出版方面一直不尽如人意。经过多年的精耕细作，四川教材教辅市场的既

有潜力已经见底，如何进一步做强教育出版发行产业链，成为必须回答的课题。从出版、租型、印制、物流、销售等教育出版发行产业链全环节来看，新华文轩的优势和经营重心在中后端，也就是除出版之外的所有环节都掌控在自己手中。但是，出版是最有潜力也是最有价值的环节。从整个行业和我们自身发展情况来看，在教材教辅出版方面，自编型教材教辅的利润水平远高于租赁型教材教辅，前者毛利率高出约10个百分点，然而我们与头部上市公司在教育出版领域产生差距的主要原因，就是在自编型教材教辅出版方面。教育出版市场空间广阔，对文轩出版的拉动性较强；教育出版既是短板，恰恰也是文轩出版发展的空间，补短板能让新华文轩整体上有更大发展。

所以，我们提出，要进一步深入推进振兴教育出版，以市场为导向丰富教育出版产品体系，精耕教材教辅市场，积极拓展幼教职教等新兴市场，在总结分社制的经验基础上进一步推进机制创新，提升原创教育出版能力，为教育出版发行产业链增添新动能。

新华文轩的教育出版业务主要在四川教育出版社。该社近年来充分把握我国教育事业新的历史定位和历史使命对教育出版工作提出的新要求，顺应教育教学改革发展的新趋势，关注教育治理与变革背景下广大教师、学生及家长对教育服务的新需求，创新产品研发模式，持续推进教育出版振兴。

首先，新开发、优化升级被列入教育行政部门指定的学生用书目录的产品，持续高位发展。四川教育出版社新研发《劳动教育指南》《小学生劳动实践指导手册》等33个品种，重点修订《点金训练》《成都地理》等124个品种；此外，《国学启蒙》《国学经典》等30个产品系列销售码洋实现较大幅度增长。

其次，优化大众出版理念，从丰富品种转向锻造品牌。四川教育出版社顺应教育变革，顺应市场、用户需求，对市场化图书产品线进行梳理、调整，继续扩充品种，形成良好的产品结构，头部产品开始进入超级畅销书阵营。逐步从丰富品种转向锻造品牌，从产品营销升级为品牌营销，打造图书品牌、出版社品牌，形成健康可持续发展的产品结构，总结起来就是：基础产品品种齐全，布局完整；腰部产品特色鲜明，市场表现良好；头部产品突出重围，挺进超级畅销书阵营。例如，"四川红色文化教育丛书"销售近100万册；此外，销量40万册以上图书1种，30万—40万册图书8种，20万—30万册图书8种，10万—20万册图书12种，5万—10万册的图书47种，2万—3万册图书148种。

最后，聚焦主题、主线，做强做亮重点出版。积极为国家基础教育改革、地方教育发展服务，紧跟教育理论和实践前沿，汇集名校、名家、名师资源，丰富教育学术图书品牌"大川书系"产品线及品种，形成优势特色板块。聚焦国家级大奖、重点项目，打造精品力作。"大川书系"新出版《走向新时代的全景德育》《高品质学校建设·实践之行》《高品质学校建设·理论之思》等图书，同时还围绕引导青少年做担当民族复兴大任的时代新人，策划出版《铸造中国·图说青铜文明》《四川历史名人读本》等培根铸魂、启智增慧的青少年读物。

二是进一步强化教育服务全渠道能力。

新华文轩在教育服务方面拥有很强的竞争能力，但是，无论是目前开展得较好的教材教辅出版发行业务、教育信息化与教育装备业务，还是新探索的研学和教师培训业务，都是基于传统的K12教育领域，而且主要是靠长久积累的人脉、关系、圈子形成的渠道竞争能力。这种渠道能力，在面对互联网时代的教育环境，以及幼教、职教、高教等非K12教育领域的时候，是存在明显不足的。

基于此，我们鼓励教育服务渠道往全年龄段拓展。一方面是往幼教领域拓展，成立学前教育服务拓展中心，充分挖掘供应商的产品和服务资源，完善产品体系，加强自主研发能力，积极与各地市州配合，完成了超50场园所、县域幼教培训服务，覆盖18个市，130多个地区，2021年实现服务收入1.33亿元。另一方面是往职教领域拓展，成立职业教育服务拓展中心，积极整合上游产品资源，把握不同中职学校的专业建设需求，增进客户黏合度，提升服务质量；同时，紧跟国家职业教育领域的政策变化，在中职教学用书领域发力，在宜宾、广安、资阳和巴中地区规范了中职教学用书发行渠道，2021年实现服务收入1.46亿元。

三是构建适应互联网消费的宣传营销发行体系。

四川教育出版社积极拓展"线上＋线下"渠道，高度重视线上渠道建设，加强与京东、当当、天猫、文轩在线、凤凰新华、博库网等电商平台的深度合作，搭建直接面向终端消费者的平台自营店矩阵，并积极拓展新渠道，探索公众号、社群营销，开展抖音、快手等流量平台宣传以及大V营销、流量达人直播带货等新型营销方式，初步实现全程营销、精准营销、立体营销。

教育服务事业部积极打造线上线下一体化的服务平台。完善升级了"优学优教"线上服务平台的功能，增加更多的服务项目和经营项目，和线下销售渠道进行紧密协同，精准匹配客户需求，为客户提供高效率、精细化服务，不断提升客户满意度。2021年，"优学优教"线上服务平台共覆盖学校6250所，服务学生427.39万人，同时上线"文轩优选"商城，实现教材教辅拾遗补缺的功能。2021年，全省劳动与实践教育服务实现总销售额4998万元，服务学生近12万人次；教师培训业务组织并落地项目539个，实现订单金额3557万元，培训教师10.2万余人次。

（5）从图书零售到阅读服务，拓展实体书店发展新空间

过去十多年里，在互联网的冲击下，全国出版发行体制、图书零售市场格局发生了巨大变化，传统的大规模生产、大规模分销、标准化零售的产

业链模式越来越不适应时代的发展。对实体书店来说，新技术的迅猛发展加速重构了读者的购买方式和阅读习惯，图书零售业遭遇了"寒冬"，经营难、盈利难，整个行业都在走下坡路。

但是，对集团公司和新华文轩来说，实体书店是我们事业发展的起点，是我们向社会各界提供阅读服务的主要载体，是核心战略业务，更是党和政府交给我们的宣传文化主阵地。因此，新华文轩从未懈怠，负重前行，在统筹好社会责任、文化情怀与商业运营的基础上，努力探索新时代实体书店的创新发展模式。自2006年设立零售连锁事业部以来，新华文轩坚持把社会效益放在首位，坚守"一县一店"底线不动摇，在此基础上，不断强化市场思维，牢固树立经营主体意识，在服务方式、品牌构建、内部运营等领域不断探索，走出了一条独具特色的实体书店创新发展之路。2012年，"轩客会"品牌诞生，开启了新华文轩对细分市场运营的探索与尝试，也开创了全国多品牌书店运营的先河。

2020年突然暴发的新冠肺炎疫情对实体书店又提出了新的挑战。疫情期间，实体书店到店客流显著减少，销售额持续下滑，但人工、租金等运营成本却并未降低，传统的书店发展模式，已不能从根本上扭转实体书店的经营困局。实体书店必须变革，寻求一条新的生存和发展之路。

2022年4月，新华文轩基于这一判断做出一个重要决策，将负责实体书店业务的零售连锁事业部更名为"阅读服务事业部"。在这一决策制定过程中，新华文轩总经理李强发挥了重要作用。李强毕业于武汉大学图书发行专业，是科班出身，多年来一直从事出版发行工作，具有很强的专业能力。面对当前实体书店发展的新形势，他多次提出了文轩实体书店要转变发展思路，通过线上线下融合、店内店外结合，从出版物线下零售商转型为阅读服务提供商。这一想法得到新华文轩经营管理层的一致赞同。

新华文轩实体书店业务定位变化的实质是从以产品为中心，到以用户为中心的经营转变。这一全新定位为实体书店业务的发展指明了方向，将注意力从店内空间、图书及非书产品上解放了出来，将目光投向了更广阔的店外市场、更丰富的非书产品、更高附加值的创意阅读服务，使实体书店的发展空间豁然开朗。

加快线上渠道建设。为了应对疫情对线下门店的冲击，新华文轩以线下实体书店为连接点，积极拓展直播带货、私域流量、社群营销等线上销售渠道，在线上服务好原来的线下读者。2020年2月14日，在全省实体书店全部暂停营业期间，新华文轩零售事业部通过小窗服务、线上订购、微信公众号、小程序等方式，面向社会提供图书购买服务，取得了良好的成效。2022年4月23日，新华文轩全省166家门店的"云店"正式上线。云店业务除了可以为读者提供更丰富的图书品种，还可以让他们及时了解书店里丰富多彩的阅读文化活动和促销信息，同时还能利用数字化、网络化的云店工具，满足读者的个性化需求。

向店外业务要效益。疫情对实体门店的影响，主要是人流量的下降，读者和客户不来书店了，销售自然受影响。为此，新华文轩主动走出门店，走近客户，成立专门的政企业务中心，用送书上门、定制推荐、阅读空间打造、文化活动承办等方式服务机构客户，深挖ToB（指企业客户）、ToG（指政府客户）业务，打造增量市场。2021年，新华文轩实体书店抓住"建党百年"契机，精心做好时政读物发行工作，发行量位居全国前列。此外，我们还开发了职工图书室、企事业单位书院等阅读空间和学习型组织建设、领导干部阅读书单等产品线，逐步构建了政企专业服务能力。

构建全民阅读服务体系。在疫情期间，更需要营造全民阅读的浓厚氛围，满足人们的阅读需求，同时为出版业的持续健康发展筑牢市场基础。自疫情发生以来，新华文轩推进全民阅读服务的脚步从未停止。一方面，在疫情期间继续加大实体书店网络体系建设的投入，不断完善从省、市到县

（区）的实体书店网络体系建设。2020年疫情期间，我们打造的全国最大的实体书店文轩BOOKS（招商店）正式开业了；2021年，我们又打造了目前全国面积最大、业态最全的亲子主题书店仁和新城店，得到了广大读者的高度肯定。另一方面，我们还组织开展丰富多彩的线下阅读活动，营造爱读书、读好书、善读书的良好氛围。此外，新华文轩自2019年以来还连续三年承办天府书展，书展的行业影响力和认同感持续提升，被列为全国四大书展之一。

从线下走到线上，从店内走向店外，不仅物理空间持续拓宽，思维的那堵"墙"也被打破，新华文轩阅读服务打破了实体书店发展的"天花板"，开拓了一片新"蓝海"，为未来经营创新提供了无限可能。

2. 坚持"升链"战略，向智慧产业链升级转型

近年来，新兴互联网企业在新技术的加持下，在内容生产方面与传统出版企业展开博弈，形成了基于内容服务的新的盈利体系，对传统出版产业链的商业模式构成巨大挑战。在此背景下，中版集团、凤凰传媒、中南传媒等行业内龙头企业纷纷将数字化转型作为未来战略重点，出版传媒行业在内容、渠道之外开启了新的竞争赛道。

"十三五"时期，新华文轩不断推动新兴技术在出版生产、渠道销售、物流运营、财务管理等领域的应用，公司技术支撑服务能力、业务运营效率不断提升，但是在产业技术转型升级中仍然面临着一系列亟待解决的问题。如公司出版、发行等产业链各环节的数字化发展较为滞后，出版单位数字内容开发能力、发行单位线上运营能力还需要进一步加强，以线下服务为核心的印制、物流支撑体系对出版、零售、教育、电商等线上业务的支撑服务还需要进一步加强。为此，我提出，"十四五"期间，新华文轩要在"强链"的同时开启"升链"战略，以出版传媒全产业链智慧化升级为核心，打造覆盖全环节、全流程、全场景的智慧产业链，逐步构建移动化、数字化和智能

化的业务经营体系和产品服务体系，为产业转型发展提供强大的技术支撑，构建公司在互联网时代的产业竞争新优势。

（1）推出技术变革子战略，从顶层设计支撑"升链"转型

转型升级，战略先行。"不谋全局者不足以谋一域，不谋万世者不足以谋一时"，新华文轩在"十四五"战略规划纲要的基础上，按照"三链"战略的指引，对标国内先进文化企业集团，制定了技术变革子战略，从顶层设计支撑"升链"转型。

《新华文轩出版传媒股份有限公司"十四五"技术变革战略》提出："十四五"期间，要推动新华文轩信息系统适应互联网时代的发展需要，进一步推动公司业务线上线下融合发展；要利用大数据、人工智能等新兴技术，打造公司智慧产业链体系，构建公司在互联网时代的产业竞争新优势。具体来说，新华文轩将以出版传媒全产业链智慧化升级为核心，建设数字化服务中台、大数据服务平台、互联网供应链协同平台和区块链服务平台等技术支撑平台，打造覆盖全环节、全流程、全场景的智慧产业链，构建移动化、数字化和智能化的业务经营体系和产品服务体系，为"十四五"时期产业转型发展提供强大的技术支撑。

在技术变革战略中，智慧产业链体系分为四个方面：一是智慧出版，即通过构建出版、印制、生产资料管理的一体化集成平台，实现出版物从选题到研发、从生产计划到成品发行的系统化、流程化再造，重构出版服务模式与业务流程。对出版内容数据资源进行统一管理，建设运营具有独特优势的内容数据库，加快内容资源从数字化到产品化、商品化转化。二是智慧发行，即利用科技手段为实体书店赋能，打造适应现代阅读服务需求的智能书店、智能书柜、智能书架等，提升实体书店科技含量。同时，打造互联网背景下的全渠道发行能力，围绕新技术和智能化催生的各类场景和用户端口，结合阅读服务内容，匹配相应的阅读人群，以互联网产品的思维和方式，为

各类用户提供全渠道的服务产品和解决方案。此外，还将采用大数据、云计算等新兴技术激活庞大的用户数据资源，建立大文化消费会员服务系统，全面提升文化消费服务效率。三是智慧教育服务，即完善教育服务云平台和"文轩优选"云课堂等，持续优化智慧教学、智慧校园等解决方案，打造智慧教育服务提供商。在内容上，聚焦全媒体教材、互动电子书等数字化教育教学资源的整体开发，加快数字化教育服务产品体系的构建和完善。在渠道上，强化"优学优教"等线上平台建设，用互联网、大数据赋能渠道经营，深挖传统渠道积累的用户数据的应用价值，为学校师生提供教育教学深度服务。四是智慧供应链服务，即搭建智慧物流平台，升级信息系统，利用大数据、云计算等技术，促进物流智能化、网络化发展，提高物流服务的智能化水平。利用大数据、云计算等手段强化供应链管理，监控不同品类产品的动销率、阅读量，从而预测区域、终端的产品需求量，为公司生产、供应提供数据支撑服务。

战略先行，赢得主动。有了技术变革战略，各条业务线的"升链"转型就有了指引。像新华文轩实体书店的"线上线下、店内店外"的转型发展思路，就是技术变革战略指引下的结果。"十四五"期间，我们将进一步强化数据驱动、集成创新、合作共赢等数字化转型理念，促进管理层和全体员工从传统经营观念向互联网经营观念的转变，构建适应数字化时代的企业运行管理机制，同时引进、培养、用好各类互联新兴技术专业人才，为"升链"转型提供智力支撑。

（2）推进行业供应链协同平台建设，推动行业转型发展

新华文轩具备较强的供应链服务能力。从成立之日起，新华文轩就注重供应链建设，具体表现在：一是实行中央采购制度，形成了全品类、全渠道服务的采购能力；二是建设了印制服务平台，通过与印刷厂建立紧密的业务联系，为出版机构提供一站式印制生产服务；三是在行业内首先推进全国

性物流网络建设，形成了以成都、天津、无锡为中心，覆盖全国主要市场的物流网络，大大提高了商品配送时效。此外，我们还不断投入资源推进信息化建设，从SAP、WMS系统到电子商务系统，有力地支撑了前台销售业务的高速发展。整体来看，新华文轩的综合性供应链已处于行业领先地位。

早在2010年，新华文轩就以服务全行业为目标，建立了覆盖广泛、集约高效、管控有力、安全有序的"出版物供应链协同平台"，为实体书店开设线上智慧书城，为图书馆构建线上线下全息服务场景，利用大数据为出版机构建设新媒体运营中心，为各类MCN机构、直播达人、社群营销的选品分析等提供大数据服务及供应链服务。截至目前，"出版物供应链协同平台"上游已连通1500余家出版单位，包含所有出版社及知名民营出版机构，下游覆盖全国28个省、自治区、直辖市的600多家新华书店、民营书店，覆盖馆配商、公共图书馆、高校图书馆300多家，覆盖淘宝、京东、当当、拼多多等平台上400多家大中小型网店，合作MCN机构及达人上百个。

2021天府书展充分利用"出版物供应链协同平台"的优势，让天府书展的书香从四川省内飘向了全国。这届天府书展的线下展场覆盖了全国28个省、自治区、直辖市的300余家书店。在内蒙古自治区赤峰市首家猫主题新华书店"喵屋书吧"，《古蜀之国》等讲述三星堆出土文物背后故事的图书深受读者追捧。通过"出版物供应链协同平台"，我们采取了线上线下相结合的方式，一方面在书店内做精品图书的专台陈列，另一方面通过新华书店"智慧书城"APP为读者提供线上购书抵用券、享受折上折等优惠服务，极大地调动了当地读者参与天府书展的热情。在青海省西宁市几何书店，我们在书展期间借助"出版物供应链协同平台"展现古蜀文明和巴蜀文化的成就，让西宁读者在阅读中近距离感受天府之国的魅力。遍布全国的书店能够参与到天府书展平行展场中来，就是因为新华文轩为它们提供了供应链协同服务。

面对未来，我们要将"出版物供应链协同平台"打造为行业互联网中盘：一方面为出版社和书店提供出版市场信息服务，为平台构建商业媒体功能，建设集产品数据、专业资讯、文化体验视频、互动营销为一体的平台型媒体，为上下游企业提供产品信息发布、采购和会展信息发布等服务；另一方面为出版社和书店提供交易服务，通过提供精准匹配的撮合交易、代销代购、物流配送、供应链金融等一站式综合交易服务，构建出版在线交易大平台，助推行业流通体系从线下向线上整体转型。

（3）打造区块链版权综合服务平台，为创作者权益保驾护航

在信息化时代，每天都有海量的数字内容在互联网上传播，这为传统版权的保护模式带来了巨大的挑战：传统版权登记烦琐、周期长，无法满足网络数字内容数量多、传播快的需求；图片、音乐、电影、文学、游戏动漫、音视频等原创内容抄袭事件层出不穷，维权手续复杂，法律诉讼成本高，原创者处于弱势地位，其权益得不到有效保护，创作生产积极性倍受打击。

面对数字版权保护的新问题，近年来不断成熟的区块链技术提供了比较可行的解决方案。一是区块链可以通过加密技术、时间戳、分布式共识机制和智能合约的方式，实现去中心化的协作，减少时间成本与资金的消耗。二是在版权使用上，区块链可在节点分布式账本中完整记录作品在内容产出者、供应商、用户之间交易的过程，实现交易高度透明，还可记录点击和交易数据，并可以追溯全过程。同时，区块链网络中的每一次交易都可以实时广播，进而提升数字版权作品交易中各方的信任度。三是区块链数据不可篡改，只要数据产生就会被添加且永久存储，数据即出即存且有时间戳，而更改信息需要更改整个系统超过一半多的节点，难度极大，这就便于快速定位盗版源。数据不可篡改可以确保数字版权内容在进行成果转化过程中利益各方的数据、资金、账本安全。四是在维权方面，区块链可以用可信度高、取

证成本低的司法取证手段获得侵权记录,为版权保护提供了技术支持与结论依据。五是交易信息中的用户身份具有匿名性,从而保证了每个交易者只能对自己的信息进行修改,为数字版权作品交易过程中的信息安全提供了保证。六是从区块链资产的角度切入数字版权,利用区块链技术中的不可篡改性,实现作者、时间、内容三位一体,使侵权违规的可能性进一步降低;此外,数据将变成真正有价值的资产,解决了供应商和内容创作者的收益来源问题。

新华文轩旗下四川数字出版传媒公司,很早就关注到区块链技术所呈现出的去中心化、开放性、透明性、可信任、数据不可篡改等特征,认为区块链技术非常适合用来做数字版权保护工作。他们抓住这个机遇,推出了"知信链"——区块链版权综合服务平台。"知信链"平台提供版权登记确权、分发交易、侵权监测维权、资产凭证化、资本证券化等全链服务,致力于建设共建、共享、开放和平等的版权新生态。

在四川乃至全国,"知信链"平台都走在行业前列。该平台通过了国家网信办备案审核,是四川省版权局四川数字出版传媒版权工作站的核心版权服务平台,是国家区块链服务基础设施"星火·链网"超级骨干节点和四川省区块链服务基础设施"蜀信链"的版权、知识产权领域核心牵头运营平台,是四川省经信厅《四川省区块链行业白皮书2019》《四川省区块链行业白皮书2020》版权篇、知识产权篇指定唯一编写单位,还是2020成都国际区块链产业博览会区块链版权应用政府场景展唯一策划、实施单位。

2021年,是"知信链"平台的丰收年,也是四川数字出版传媒公司的丰收年,公司获得了博鳌论坛2021年度区块链领军企业奖、第十一届中国数字出版博览会创新技术奖、四川省区块链优秀企业奖等奖项。

随着区块链技术在版权行业的应用日趋成熟,创作者、企业机构等版权拥有者在"知信链"平台的帮助下,通过掌握自己的用户数据从而掌握了自己版权的话语权,在版权保护中不再被动。未来"知信链"平台必将成为数字版权经济的新高地,为我国版权产业开辟一片崭新的天地。

3. 坚持"延链"战略,打造新的产业发展增长极

长期以来,出版业只擅长把内容做成图书销售,价值链太短,造成了出版资源的巨大浪费。有鉴于此,我认为要从根本上打开出版业的新路,就需从价值链入手,把我们的图书价值链向外延伸。一是向电子书、有声书、网书等多媒介延伸,实现图书价值最大化;二是向影视、动漫、文创等大文化产业延伸,使内容价值最大化,用优质的内容去敲开新的行业大门,去赢得更多的关注,去收获更多的回报。

(1)争抢数字内容运营新赛道,推进优质内容资源的价值链延伸

新技术正在颠覆一个又一个行业的商业模式,出版业受到的冲击尤其明显。从电子书、数据库、内容平台到各类公众号自媒体,从IP开发到知识付费,从传统阅读到碎片化阅读,从纸质阅读到文图声像交互体验式阅读,从数字出版到人工智能GPT,技术的力量、商业模式的力量、融合的力量快速向出版上游内容生产端渗透。面对新技术新商业模式的冲击,出版不再是内容生产开发的唯一方式和主流方式,好内容、好作者不断向互联网新平台聚集。网络文学、网络音视频、知识服务表面上和我们不在同一个赛道,但实际上,它们和我们面临的是同一批客户群体,它们对于客户注意力、购买力、消费力的争夺远比传统出版同行激烈。所以,我们不能被动应战,要主动迎战,要走出图书出版的小圈子,争抢数字内容新赛道。近年来,天地出版社的"天喜文化"、四川人民出版社的"盐道街3号书院"等项目发挥在传统产业积累的内容优势、渠道优势和品牌优势,与数字内容产业链上下游开展广泛合作,顺应数字化阅读趋势,引进数字出版先进技术,推进纸电声同步出版,不断延伸图书价值链,取得了较为明显的成效。

如新华文轩旗下四川人民出版社积极探索"破局"路径,制定了适应

于本社的转型升级计划，成立了融合出版部及数字出版部，组建了融合出版创新团队，积极探索"一个品牌＋多个平台"的融合出版模式。

2018年4月，四川人民出版社融合出版品牌"盐道街3号书院"诞生。目前，"盐道街3号书院"已聚合了该社融合发展矩阵下的数百个产品及项目，取得了较好的经济效益和社会效益。截至目前，喜马拉雅FM"盐道街3号书院"电台已上线4038集音频，其中历史类单品位列畅销总榜前20名，获得了稳定的市场收益。以《富爸爸穷爸爸》《小学生小古文100课》为代表的"现代纸书"不但在市场发行中有良好表现，也获得了知识付费收益，并在知识产权交易所、文化产权交易所等机构获得年均20万元的知识产权挂牌交易收入。此外，四川人民出版社利用党政主题出版资源与腾讯、小微云联等科技公司及30余所学校联合打造的"思政课""传统文化课"服务于教学课堂和党政用户，成为新的收益增长点。

"天喜文化"是新华文轩旗下天地出版社打造的融媒体出版子品牌。为了进一步推进纸质图书与有声读物的融合，形成兼顾应用场景、满足用户需求的新内容运营价值链，开创视听一体、相互赋能的出版新业态，天喜文化依托新华文轩在出版产业链方面的资源优势和喜马拉雅在有声产业的资源、技术、流量与机制优势，致力于发掘头部内容资源，从源头上构建纸质图书与有声产品的同步运营机制，放大作品的传播势能，实现内容价值的最大化以及作者、出版社和互联网平台三方的共享共赢。

天喜文化以"从声音到文字，传播人类智慧"为使命，积极探索融媒体出版之路。其策划出版的纸质图书，除了书脊、勒口、封底有自己的品牌标识外，还有个自成特色的"标配"：出品的几乎所有图书的内页最后都加了一页"声音墙"，推介与图书相关的有声产品。这些设计安排，意在传播天喜文化的品牌理念，为用户提供增值服务，让纸质图书与有声产品互为营销传播通道，形成相互赋能的融合发展新格局。

天喜文化的作者朋友圈既有王蒙、刘心武、张其成、马瑞芳、齐善鸿、流沙河这些老一辈名家大腕，也不乏张辰亮、郭建龙、张宏杰、侯杨方、郭继承、余世存、赵现海、李尚龙、石雷鹏等当红流量作家学者。自成立以来，天喜文化凭借优质的图书与有声产品，频频上榜各大行业榜单，赢得了业界普遍好评。在出版业受到疫情严重冲击、产业链快速嬗变的2021年，天喜文化仍实现了同比增长100%的高速发展，品牌快速崛起，让我们看到了新华文轩融合出版之路的光明前景和更多可能性。

（2）推动出版价值链向影视、动漫、文创等大文化产业延伸

出版作为内容产业的源头，在大文化产业中具有独特的地位。但长期以来，出版人习惯于在自己的圈子里深耕，打磨图书追求精益求精，服务作者总是不厌其烦，最终将出版上下游众多出版发行人付出无数心血的图书投放市场，结果大多数图书只有几个月到半年的在店销售时间，销售机会与投入成本严重错位，要实现盈利非常困难。造成这种情况的主要原因是：我们的出版价值链太短，时间、精力、资源等巨大投入能够变现的途径和机会太少。我们只擅长把内容做成图书进行销售，近年有些进步，开始开发电子书、有声书、数字产品，但也还是在出版业内找饭吃。未来出版业发展的新机遇，还是要从价值链入手，把我们的价值链向出版业外延伸，向影视、动漫、文创等大文化产业延伸，用优质的内容去敲开新的行业大门，去赢得更多的客户关注，去收获更多的回报。

近些年，我们在"书影互动"方面颇有斩获，动漫、文创也开始起步。天地出版社多部作品与影视联动，不仅叫座，收视率飘红，还特别叫好，拿到多项大奖。如庆祝改革开放40周年"第一剧"《黄土高天》，央视一套黄金时段播出的《大浦东》《面朝大海》等，均获得了很高的收视率和关注度，尤其是《黄土高天》还荣获了中宣部第十五届精神文明建设"五个一工程"奖。这些电视剧的同名小说均由天地出版社同步推出。再加上此前的《历史

转折中的邓小平》、纪念香港回归20周年的《我的1997》、庆祝建党100周年的《红船》等作品，它们都体现出文轩出版推进产业链延伸战略的坚定信心和显著成效。

在如今IP为王的时代，天地出版社把"书影联动"作为选题策划的立足点，以出版结合影视，互相借力，互为补充，形成全媒介的内容产品体系。他们积极推进"书影联动＋主题出版"，在图书内容方面，坚持往深处挖，把作品研究透，加上影视剧自有的影像化魅力的带动和优势畅通渠道的加持，增加了优秀图书和影视作品与人民群众见面的机会，使得这些作品延续了生命力，得到了最大范围的传播。很多剧播完以后，相关图书还有很长时间的销售期。如2014年与电视剧同期推出的《历史转折中的邓小平》一书，到现在还有非常不错的动销。

天地出版社借助影视作品的巨大影响力，配合影视宣传，使其成为图书销售的一大卖点。他们在全国一线城市的大书城做重点码堆陈列，做主题出版专区陈列等，在市场上与火热的影视作品共同造势，获得了"1＋1＞2"的效果。除了实体图书的销售渠道外，天地出版社还建构了立体多元的电子书、有声书、知识付费课程等渠道营销体系，积极推进"纸电联动"，立体经营，相互借势，为"书影互动"增添了新的渠道力量。

除天地出版社之外，新华文轩旗下四川美术出版社出版的动漫作品《斗罗大陆》、四川少年儿童出版社开发的"米小圈"文创产品等，都迈出了延伸出版价值链的第一步。未来我们还要鼓励更多的出版社走出出版的小圈子，走向大文化产业，用自己优秀的内容作品去敲开新的机遇之门。

草原(罗勇摄)

一、对《出版业"十四五"时期发展规划》的思考——以服务人民为中心,推进文轩出版高质量发展

《出版业"十四五"时期发展规划》指出,在"十四五"时期,出版业要以满足人民日益增长的学习阅读需求为根本目的,为人民群众提供更加充实、更为丰富、更高质量的出版产品和服务,推动出版业实现质量更好、效益更高、竞争力更强、影响力更大的发展,这充分体现了以习近平同志为核心的党中央深厚的人民情怀,充分体现了党和政府"坚持以人民为中心"的发展理念。就新华文轩如何贯彻落实出版业"十四五"规划、更好满足人民需求,我有以下几点思考。

(一)推动主题出版与时代共命运,更好地引导人民群众的文化需求

每个时代有每个时代的精神主题,主题出版就是对一个时代精神的书写。面对纷繁复杂的人生百态、多元多样的价值观念、波澜壮阔的社会实践,出版业以主题出版的方式参与伟大的社会变革,记录时代变迁,为时代进行思想创造,给历史长河留下时代的精神遗产。因此,做好主题出版工作

不仅是出版业的职责所在，更是出版业对于社会发展最根本的价值所在。主题出版的核心就是凝聚时代精神，书写时代精神，传播时代精神，用时代精神、主流价值观去引导人民群众的文化需求，引导人民群众自觉抵御不良文化，自觉践行社会主义核心价值观，在全社会形成积极健康向上的大众文化。

近年来，在党和政府的大力推动和出版界的共同努力下，主题出版获得了快速发展，从原来集中于党和国家政治类读物扩展至关注社会的核心问题和国家重大战略，涉及的"主题"已经涵盖政治、经济、社会和文化发展的方方面面。所以，主题出版不是传统意义上的专业出版，而更像是一种类别出版。原来的出版理论已经不能指导主题出版工作，需要我们创新关于主题出版的思维。在"十四五"时期，新华文轩的主题出版工作将着力从以下三个方面展开。

一是推动主题出版更加人格化的精神阐释。时代精神是抽象的，但其表现是具体的，最终都是通过人来呈现，是一个个鲜活的人物、一批批奉献的群体在创造时代精神、展示时代精神、传承时代精神。无论是党和国家领袖，还是平民百姓，无论是保家卫国的钢铁勇士，还是创造经济奇迹的劳动人民，都是表现时代精神的主角。所以，主题出版对时代精神的阐释，一定离不开鲜活的人物故事。近年来，新华文轩的优秀主题出版物《让兰辉告诉世界》《太空日记——景海鹏、陈冬太空全纪实》《惊天动地的"两弹"元勋》《清风永开》等注重将抽象的时代精神透过人格化的故事表达出来，得到了读者和市场的认同。未来，我们还要开发更多人格化表达的主题出版选题，用生动形象的人物群像去展现时代风采。

二是推动主题出版更加网络化的叙事方式。主题出版的主要读者对象是谁？这个问题需要我们清醒地回答。坚持以人民为中心的出版导向，这是主题出版的基本原则，我们绝不能动摇，但对具体的出版物来说，"人民"

这个概念就宽泛了。所以，我们要进一步聚焦主题出版的读者对象，那就是年轻一代，特别是伴随互联网成长起来的"Z世代"。

今天，我国意识形态领域最大的阵地、最重要的阵地就是网络。因为随着移动互联网的普及，网络世界成为一个低门槛的舆论空间，人人都可以参与。越是众声喧哗的时代，越需要意见领袖。但很多时候，正是由于一些意见领袖在网络上的不规范行为，加剧了网络环境和舆论生态的嘈杂。特别是对于年轻一代来说，他们人生阅历初浅，价值观念摇摆，反叛精神突出，面对极具影响力、号召力的大V等意见领袖，个人易盲从，或被群体意见所裹挟，容易丧失自己的基本立场和判断力。

面对这样的市场环境，未来新华文轩的主题出版工作，要采用更加符合网络表达要求的叙事方式，自然、简单、生动、新颖、贴近生活，易于传播，降低阅读难度与阅读时间的门槛，让年轻一代容易理解、易于接受。我们希望，主题出版不仅要在线下形成影响力，更要努力成为网络世界中的意见领袖。

三是推动主题出版更加中国化的国际表达。通过主题出版引导文化需求，不仅针对国内人民群众，也适用于国际市场。今天的世界，意识形态对立、民族认同强化、经济差距拉大、文化冲突加剧，我国文化"走出去"所面临的环境更加恶劣。但是，随着我国对外开放的大门越开越大，出版业"走出去"还需加快步伐，向世界讲好中国故事、传递中国声音、阐释中国精神需要发展面向国际市场的主题出版。

中国出版"走出去"，本质上是与世界不同民族文化的对话。要得到世界不同民族文化的认同，首先自己要有鲜明的身份与立场，而不是一味地模仿、迎合对方，模仿得不到认同，迎合不等于对话。所以，出版"走出去"需要的是更加中国化的国际表达，只有中华文化的特色才能吸引对方，只有中华文化之美才能征服对方。

为此，我们要在"十四五"时期，坚持更加中国化的主题出版方向，深入挖掘三星堆古蜀文明、长征路红色文化、藏羌彝民族文化等四川得天独厚的文化资源中的中国味道、中国气质、中国美学和中国精神，打造具有巴蜀气韵、中国品格的出版物和出版项目，将一地一景的国风画卷徐徐展现在世界人民面前。

（二）推动产业链与消费链精准对接，更好地满足人民群众需求

出版业的发展问题，核心是生产和消费问题。产业链主要解决的是生产与流通问题，消费链则解决消费问题。长期以来，我们把主要精力放在产业链建设上，推动产业链上下游的贯通、产业链的升级等，对产业发展起到了巨大的促进作用。但是，进入互联网时代以来，我们可能忽略了另一条重要的链——消费链的变化。原来图书的消费很简单，书店从出版社进货来卖书，读者到书店来买书看，读者的消费行为是与产业链紧密联系在一起的。但是今天，读者从哪里买书，在哪里看书，从哪里获取知识，早已多元化了。

实体书店、网络书店、电商平台、社交新媒体等都能买书；书店里能看书、车上能听书，智能手机、平板电脑、Kindle等电子设备都能读书。更有甚者，随着知识服务的兴起，获取知识也不一定要找一本书来看了，数据库、网文、五花八门的知识服务平台，给人们提供越来越多获取知识的途径和方法。所有这些消费元素，重组成了若干条或明或暗的消费链。

传统的出版产业链，越到消费终端越感到抓不住读者，不是读者减少或消失了，而是产业链与消费链的关系就好比"上面一根针，下面千条线"，对接不上了。为了重建产业链与消费链的紧密联系，"十四五"期间新华文轩将着力从三个方面寻求突破。

一是推动产业链精细化运营。长期以来，出版业擅长大规模生产、大

规模销售,用大卖场、海量品种的供应方式解决读者的个性化需求问题。这种"产消对接"模式,一方面造成出版生产的巨大浪费,库存成为出版经营的沉重压力,另一方面表面上读者有了产品选择权,但选择的成本过高。所以我们要把产业链进行细分,推动产业链的精细化运营。

新华文轩现在已经形成大众出版发行与教育出版发行两条产业链。未来我们在大众出版发行产业链中还要形成会员服务、政企服务、专业知识服务、文化消费服务等更加细分的产业链,教育出版发行也要形成义务教育服务、幼儿教育服务、高中教育服务、职业教育服务、实践教育服务等产业链。从图书生产、商品组织到市场营销都按照消费链的需求进行业务模式、业务流程的改造,让我们所有的产品与服务都能触达消费终端,形成产、供、消的良性循环。

二是推动产业链智慧化升级。对越来越个性化、多元化消费行为的精准把握需要借助现代科技的力量。传统产业链擅长生产与流通数据的运用,对"生产多少、发货多少、卖了多少"基本做到了心中有数,但对"谁买了、在什么地方买、为什么买"这些消费链上的问题,很难说了解多少。所以,要通过产业链的智慧化升级来深入把握消费链、精准对接消费链。

"十四五"期间,新华文轩推动产业链智慧化升级的核心举措就是建立文轩出版发行大数据中台。这个中台,要把新华文轩产业链内部的流转数据和消费链上的市场数据整合起来,监控新华文轩出版的产品在不同消费链上的需求量、动销率、退货率等市场表现,掌握各个消费链上的读者对不同类型产品的真实需求,为公司经营决策提供大数据支持。

三是充分发挥阅读服务在产业链与消费链之间的桥梁作用。在原来的出版生态体系中,阅读是个体的自发行为,除了在校学习期间需要老师的引导之外,人们并不需要借助外界的帮助来实现阅读目的。但是,随着内容生产的无限丰富,内容消费链的不断扩展和延伸,实现内容与用户之间的精准匹配并不容易，尤其在这个信息爆炸的时代，人们获取自己真正需要的知识变得更加困难，阅读成了一种专门的学问，阅读服务的价值更加凸显。

在"十四五"期间，新华文轩的阅读服务工作，重点是选择、培训、反馈三个基本方面的服务。

"选择"服务就是在每年数十万的出版品种中精选适合读者的图书，其主要措施就是在实体书店培养优秀的选品师，以及在网络书店针对读者的购买习惯进行智能推荐服务。

"培训"服务就是通过举办不同层面的阅读活动，来引导和培养读者的阅读习惯和阅读能力，把普通读者培养成专业读者，助力他们走上知识求索之路。

"反馈"服务就是通过收集读者意见，改进我们的出版工作和书店工作。我们要通过服务读者，深入了解大众对我们出版图书的意见，对我们书店经营的意见，并对出版市场做出分析判断等，从而改进我们的工作，更好地为读者、为大众服务。

（三）推动传统出版与数字出版相互融合，更好地适应人民群众的新消费需求

从人类社会发展的视角来看，互联网经济正在全面整合社会经济结构，渗透到几乎所有传统产业。在互联网力量的推动下，各个传统产业内部正在发生结构性变化，传统的生产组织模式被打破，新产品、新业态不断涌现。

前些年，为了应对互联网带来的冲击，出版企业纷纷试水数字出版，数字出版作为一种新业态得到全行业的追捧。今天，我们来回顾这轮数字出版浪潮时，对于数字出版是否拯救了出版业这个问题，答案也许并不乐观。从销售收入来看，2020年，数字出版产业整体收入11781.67亿元，其中与传统出版直接相关的互联网期刊收入24.53亿元、电子书收入62.00亿元、数字

报纸（不含手机报）收入7.50亿元，三者合计收入94.03亿元，占数字出版整体收入的比重仅为0.8%。2020年，传统出版业务（包括出版、印刷和发行）实现营业收入16776.30亿元，书、报、刊的数字出版收入与之相比更是可以忽略不计。

这充分说明，我们的数字出版产业取得了巨大发展，但大多与传统出版业不相干，传统出版业的数字出版还远不能适应人民群众的新需求。为此，"十四五"期间，新华文轩将继续采取措施深入推进传统出版与数字出版的相互融合发展。

一是推动数字出版从一种业态转变为一种行为。如果我们把数字出版和传统出版作为两个截然不同的概念，那可能是错误的。从传统出版的角度来说，这会导致传统出版认为数字出版"与己无关"，没有数字化的压力和动力，永远都游离在数字出版大门之外；从数字出版的角度来说，离开了传统出版的资源、品牌等优势，数字出版既没有内容，也没有技术，更没有人才，发展数字新业态没有任何竞争力。

所以，我们要把数字出版从一种业态转变为一种行为，不论是出版社还是书店，不论是印刷还是物流，不论是图书还是报刊，都要把数字化发展作为自觉的行动，让传统与数字相互交融，产品与业态相互交融，使传统出版与数字出版形成"你中有我、我中有你"的局面。

二是推动电子商务从一个平台转变为一种工具。从行业发展趋势来看，网络将是出版的主战场。所以，推动出版业的融合发展，我们不但要在内容端发力，也要在渠道端发力。新华文轩的电子商务业务起步较早，已经走在行业前列，文轩网作为网络销售平台实现了多年持续增长，要继续保持高速增长的压力越来越大。

未来我们要在继续做强文轩网的基础上，鼓励支持更多的业务机构加快融入互联网，出版社、实体书店、印刷物流经营等都要建立起自己的电子商务渠道，让开展网络经营成为新华文轩所有业务机构的自觉行动，从而形成以文轩网为龙头、各业务机构自建网络渠道为补充的新华文轩电商集群。

三是推动电子商务与社交媒体的融合发展。近年来，随着移动互联网的发展，社交媒体成为中国人日常生活的一部分，两微（微博和微信）、一抖（抖音）、一书（小红书）、一站（B站）已经占据了人们大部分业余时间，由此也诞生了围绕社交媒体的新消费需求。社交媒体具有流量和品牌优势，传播力极强，但销售功能偏弱。电子商务的销售功能强，但在网民中的传播力较弱。因此，我们要打通新华文轩电子商务与社交媒体的通路，将社交媒体的传播优势和电子商务的营销优势进行有效链接，将传播力转化为销售力，影响力转化为营销力。

随着出版业"十四五"大幕拉开，新华文轩将不辱使命，奋进在新征程上，展现新作为，用更优异的出版业绩向党和人民交上一份崭新的答卷。

（2022年2月）

二、大府书展举办随想——新时代书展的核心价值在于"跨圈链接"

岁末临近，盘点2021年的行业展会，很多书展延期或取消：北京图书订货会延期至2021年3月31日至4月2日举办，上海国际童书展延期至2022年3月20日至22日举行，第十八届上海书展延期至2022年8月举办……也有部分书展成功举办，给行业带来一抹亮色，金秋十月在四川成都举办的2021天府书展即为其中之一。

在疫情防控常态化背景下重回线下举办，这对2021天府书展来讲尤显特殊，也更具挑战。4460万人次线上线下参与、800余家出版单位和线上书店参展、1100余场活动、1.18亿元销售码洋……2021天府书展不负众望，交出了一张漂亮的答卷。

岁末年初之际，我们更需要对行业书展做一次理性的复盘和思考：对书展来说，其核心价值究竟是什么？一个优秀的书展应该如何更好地回应读者期待与需求？对书展的未来应该如何设计和规划？对此，我有以下一些思考。

（一）跨圈链接：天府书展彰显的核心价值

长期以来，书展一直是出版业最重要的行业活动，也被本地读者视为一个重要的盛会——不但能够看到平常不常见的新书、好书，还能见到自己喜爱的名家大家。但是，随着互联网的快速发展，网络书店和数字阅读渐成主流，特别自2020年新冠肺炎疫情暴发以来，线上渠道在整体图书零售市场占比已高达近7成。自然地，许多人也把疑惑的目光投向书展：如今还需要办书展吗？书展在当下到底有什么价值？

要回答这个问题，还需要从书展的历史说起。在不同的历史阶段，我国图书展览也有着不同的表现形式，从早期的书市到订货会再到今天的书展，其内涵和外延有了很大的变化。在改革开放之初，我国图书出版业相对滞后于打开国门后读者对新知识的渴求，催生了书市这种独特的图书展销模式，方便读者从大量的新书中买到便宜的好书是书市的核心价值所在。可以说，举办书市主要是解决图书短缺问题，读者是书市的主角，这是书展的1.0时代。

后来，随着我国市场经济的快速发展，图书出版生产高速增长，渠道不畅、市场流通梗阻成为出版行业的痛点，图书订货会应运而生，渠道商成了图书订货会主角，这是书展的2.0时代。

继之，随着图书电商的发展，书市和图书订货会的交易功能日益被各类电商平台所取代，开始不断弱化其图书展销和交易功能，不断凸显其在新产品发布、品牌展示、行业信息交流、资源整合等方面的作用，并最终演变形成了今天的书展形式，这可以说是书展的3.0时代。

如果说早期的书市搭建了一个出版商面向读者的ToC展销平台，图书订货会则是搭建了一个出版商面对渠道商的ToB交易平台，而今天的书展就应打造一个跨越ToB和ToC的出版业网络生态体系。

从这个角度看，今天的书展的核心价值既不是为读者买书服务，也不是为出版社打通渠道服务，而是为各类出版业的参与者搭建一个平台，其核心就在于"跨圈链接"。

作为内容生产行业，出版业的未来一方面在于"破圈"，走出自己的小圈子，打破各行业之间的封闭圈子，构建覆盖全社会的知识生产服务体系；另一方面在于与社会各行业的链接能力，通过链接，掌握各行业最新的资讯、鲜活的故事、精彩的历程，将这些原始的内容素材打磨成一部部优秀的作品。这既是为各行业提供知识积累和精神力量的服务，也是出版业安身立命之本。

今天我们办书展，就是要将其办成出版业"跨圈链接"的重要平台，让行业内外、出版发行、读者作者、网络通路以及产品、人才、信息、资源等各种要素在书展交汇、碰撞、互动、演化和延伸，从而为出版业的发展催生出新的生命力，增添出版发展新动能。

本届天府书展之所以受到全行业关注，很大一部分原因就在于我们在"跨圈链接"上所做的一系列文章。我们举办了上百场新书分享会，实现了作者与读者的链接；在四川各市州新华文轩实体书店、三州新华书店和民营品牌实体书店设立分展场，举办了丰富多样的文化惠民活动，实现了书店与读者的链接；通过将四川全省各级图书馆纳入书展分会场及2021天府书展馆配交易会的举办，实现了书店与图书馆的链接；以"文轩九月"网上阅读服务平台为主平台，设立"天府书展·云世界"主展场，联合京东、天猫、学习强国商城设立分展场,搭建线下体验空间,实现线上线下全息购买,实现了网络书店与网友的链接;通过举办文轩合作伙伴大会,积极探索与众多出版机构新的合作模式,不断拓宽合作范围,携手共建互利协作产业链,实现了出版与书店的链接;通过搭建建党100周年主题展区、举办"2021新时代乡村阅读盛典"、组织开展丰富多彩的主题活动等,实现了书店与党政部门的链接;通过举办课后延时服务与研学业务研讨会等活动,实现了出版与教育的链接;通过打造由光影馆、逐梦馆、潮样馆、探索馆四大展馆组成的新零售展区等方式,实现了出版与文创等关联行业的链接。未来,我们还将链接更多的元素到天府书展上来,把天府书展办成"跨圈链接"的精彩盛会。

(二)打造"三力":天府书展取得的初步经验

正常情况下,国际上每年举办的大型书展数以百计,一般来讲,中国每年组团参加的重要书展为10余场。在国内,随着各级党委、政府对全民阅读的重视,并纷纷把目光投向书展,国内的三大书业展会及若干新兴书展,综合起来有近20个场次。对于全国700多家出版社来说,这个频次是不低的,行业内也一直在不断总结各种书展的举办经验,为行业书展的发展建言献策。

天府书展至今只办了三届,所以还谈不上有什么经验,不过,可以谈几点我们办书展的体会。前面我讲到,书展是出版业和相关行业共同参与的一场全民阅读盛会,我们要回答的是:什么样的书展才是整个行业真正需要的书展?我觉得一个成功的书展要实现服务读者、传递价值、引领方向的目标,就需要打造读者吸引力、文化穿透力和品牌影响力这"三力",使之成为出版业发展的重要助推器。

首先,增强书展的读者吸引力,要让读者愿意来书展。今天我国电子商务市场高度发达，大大小小的网络书店和实体书店基本解决了读者的购书需求问题。在这样的环境下吸引读者来书展，核心要素有三个：精心挑选的图书、优惠的价格和新奇的体验。读者逛书展的目的之一是买书，但在每年数十万种书中选到自己中意的图书，还真不是一件容易的事，所以书展要针对不同阅读爱好的读者群体，提升参展图书的品质，绝不能把书展办成出版社推销库存书的地方。有好书，也要有好价。现在各类网络渠道高度发达，图书价格透明，如果书展不能提供打动人心的优惠，也很难吸引人流。除了买书，读者对书展总还有新的期待，希望能够看到、体验到新鲜的事物。

一开始，天府书展的目标很明确，就是要办一场"全民阅读嘉年华"，这个"嘉年华"的核心，就是上述三个要素。每年我们站在读者的角度，围绕这三个要素，想了很多办法。2021年我们引进中版集团、中信集团、浙版集团、新经典、磨铁等零售市场排名靠前的国有和民营出版商参展，就是为了给读者提供精心准备的图书。我们还加大优惠力度，2021天府书展共发放了总价值600万元的惠民购书券，还面向广大读者开展各类图书满减、满赠优惠促销活动，提供万余种精品电子书、优质有声书等免费阅读资源，用最实际的福利优惠吸引读者逛书展。每年我们都创新场馆设计，引入新鲜的业态、新趣的文创、新奇的场景，都是为了让读者"徜徉"其中。2021天府书展充分利用智慧科技，打造线上线下融合的阅读服务场景，让读者直接参与图书出版过程、印刷过程、销售过程和文化传播过程。读者可以模拟通勤、旅行、娱乐等多种生活情景，在不同情境下体验适应情景的读书、听书、VR阅读等不同阅读产品和服务。

其次，增强书展的文化穿透力，真正把书展办到大众中去。办书展，本质上是文化传播活动。由于文化传播相对于商品交易的特殊性，很难实现商品交易中"即买即得"的效果。在书展组织者与受众之间，似乎总有一道无形的墙，阻碍着文化产品的价值从生产端向消费端的传递。所以，办书展就是要打破这道无形的墙，真正把书展办到大众中去。

提高文化穿透力，一要拉近书展与读者的距离，也就是我们通常所说的接地气。如果我们出版人总以为自己掌握文化，高高在上，自娱自乐，读者就很难融入书展中来。为了达到这个目标，2021天府书展除主展场外，四川全省实体书店、公共图书馆、部分学校、博物馆等，都是书展的分展场和分会场，真正做到让四川的读者在家门口就能逛展，充分体现全省上下协同、全民阅读联动的办展形式。

此外，我们还精心策划了一系列接地气的活动。比如，为了让参加天府书展的读者体验图书出版的最新趋势，成为"图书创作者"，天府书展特别推出了"我来当编辑""出版许愿树"等活动，现场读者可以直接就一本书的书名、封面、内容发表自己的意见，并且还可以提出选题供出版社参考。在活动期间，大家还一起完成了一项前所未有的创举，近千名逛展读者参与了插画画风和封面设计投票，助力完成了《三国演义》的图书策划。

提高文化穿透力，二要充分发挥榜样的力量。文化影响表面上看无声无息，实际上有规律可循，人们的精神生活不但需要丰富，更需要引领，否则就容易迷失方向。我们办书展，也是影响人们精神生活的重要方式，所以要特别注重通过先进人物、优秀典型去影响、带动普通读者。今年迎接建党百年华诞的优秀电视剧《觉醒年代》，是一部在年轻人中有强大影响力的主旋律作品。作为天府书展的重要品牌活动之一，2021天府书展"城市读行者"活动联合《觉醒年代》剧组共同举办。活动邀请了多位著名演职人员加入"城市读行者"队伍，为他们定制单人海报，让他们为书展发声，通过线上自媒体、公众号等形式广泛传播，取得了显著的传播效果。此外，我们还邀请到黄亚洲、龙平平、阿来、祝勇、李洱、安意如、北猫、杨红樱等文化名家与读者近距离交流阅读感受，分享人生感悟，受到了广大读者的热烈欢迎。

提高文化穿透力，三要善于运用现代传播手段。我们有好的作品、好的内容，不等于读者自己就会迎上门来，还需要通过精准传播直达读者内心。传统出版业的文化穿透力不强，主要是我们的内容表现形式和传播手段都相对落后。我们用"图书"这种平面的、静止的、线性的、单向的形式去面对读者，哪里还满足得了他们被网络世界吊高了的口味？我们的图书内容传播主要靠书店、图书馆和传统展会等，新一代读者就会逐渐远离我们。如果说，以往我们把书摆着卖就是办书展，那么，今天办展的方式必须超越出版业本身。

正是基于这一认识，我们一开始就确立了立体化的办展思路。

2021天府书展设立了"天府书展·云世界"主展场，联合京东、天猫、学习强国商城设立分展场，集合数百家实体书店建立覆盖全国的线下协同展场，构建"1+3+N"线上线下展场格局，大大提升了天府书展的传播力。我们还与抖音合作，首次搭建天府书展直播平台，以"主展场直播间直播""参展商品牌直播""民间主播'边逛边播'"等多种维度开展直播展销。书展期间，入驻直播间主播访问总人次超过1200万。

最后，增强书展的品牌影响力，把书展办成行业的风向标。在商品供应极大丰富、销售渠道高度发达的今天，任何一个行业展会的购销功能都弱化了，从糖酒会到汽车展，从农博会到房交会，曾经火爆的场面都早已成为历史。所以，展会的功能也要随着时代的变化而调整。近年来，世界互联网大会、中国国际高新技术成果交易会等一大批新型展会之所以能够吸引人们的目光，就在于这些展会作为展示行业最新成就、引领行业发展的重要平台，已成为当之无愧的行业风向标。而书展作为出版业的专业展会，也应该成为行业发展的风向标，展示行业的新成就、新变化、新趋势，这也是书展品牌影响力的核心所在。

近三年来，我们连年举办天府书展，就是努力在展示行业新变化上做文章。2020年,在应对疫情的背景下,我们首次尝试开办"云书展",设立"天府书展·云世界",利用电商平台、出版社、网店和省内外实体书店多渠道办展,为省内省外、线上线下的广大读者提供全新升级的观展体验,把书展影响力拓展到全国,创造了线上线下融合办展的四川模式。2021年,我们又首次推出场景化的办展模式,在天府书展线下主展场打造了"线上线下全息购买""随时随地阅读""人人都是图书创作者""科技改变阅读"等多个智慧阅读服务场景,通过与读者之间的全链连接,为参展读者提供从购买、阅读到出版参与的科技化时尚化体验,得到了广大读者的热烈欢迎。通过近年来的努力,天府书展在行业中创新办展的品牌影响力逐渐显现。

(三)创新前行:天府书展未来的模样

从1980年6月举办的沈阳书市算起,中国书展已有40余年的历史。这40多年来,书展成为出版产业上下游沟通交易的重要平台,也成为引导阅读、推广阅读的重要平台,更成为推广城市文化的重要平台。未来我们所面临的市场环境、读者需求、技术支撑都将持续性地发生巨大变化,未来到底该如何办书展呢?经过三年的积淀,我们获得了一些办展经验,但离成功的书展还有很大差距。出版业变化太快,对于未来怎么办书展,我们也在思考,也有一些设想,虽然不一定都能实现,但我们会一直探索下去。

一是提升书展的文化味。办书展,图书当然是主角,但也不能局限于图书。未来的天府书展,不仅要把书的故事讲好,也要把更多的文化故事讲好。

首先,要坚持正确的出版导向。书展不仅是图书展览的场所,更担负着传播主流价值观、引领社会风尚的使命,要结合党和国家的中心工作,向广大读者推荐优秀的出版作品,传播社会主义先进文化。

其次,要进一步提高书展的文化品位。不论是展馆的设计,还是参展商的选择，不论是服务人员的知识素养，还是邀请嘉宾的层次水平，都要有更高的文化要求，特别在文化活动的策划等方面还要进一步提高质量。

再次，要推动书展主题化。与音乐、电影等娱乐行业注重人气、流量不同，书展这种文化活动更应展现文化沉淀的深度。书展本身是综合性的图书展示，而天府书展作为地方性书展，在综合性的基础上也要突出特色，突出"财经"还是"少儿"，关注"现实文学"还是"科幻"，等等，每年要有明确的主题，参展的书与人，皆为此主题而来。通过聚焦一个或几个主题，展会主办方可以开展更有深度的服务，这样也更能体现出书展在某些专业、细分领域的影响力和文化味。文化服务越聚焦越专一，文化味道越持久越浓郁。

最后，要打通出版与文博、文创、文旅的链接。文化的表现形式丰富多彩，文化的载体演变迭代，但文化的精神内涵是共通的。用图书的内容串联起相关的文化行业来进行展示，这应是未来的一个方向。比如，我们出版的有关三星堆主题的图书，就可以将三星堆的文博、文创、文旅连接起来，进一步提升三星堆的文化影响力，增强书展的文化味。

二是增强书展的科技味。从几千年出版发展史来看，出版业发展始终与科技革命相伴随，每一次重大的科技进步都会推动出版业的大发展。今天，虽然出版业受到了互联网科技的巨大冲击，但没有理由自我封闭，甚至与科技对立，我们要积极投入现代科技发展的潮流。从这个意义上说，办书展，更要增加科技味。

首先是办展方式的科技化。在做好线下展场的同时重点打造线上云书展，加强线下展场与线上云书展的融合。云书展可以配置五大服务功能：云发布，对书展重大新闻进行网络动态发布，包括书展通告、今日聚焦、寄语书展、书展攻略、活动日历、展场信息等；云优惠，为参加书展的读者提供优惠服务，包括优惠券发放、优惠券兑换、优惠券使用、书展各渠道优惠信息等；云活动，组织系列网络逛展活动，包括趣味荐书、邀请逛展、阅读赢礼、组队阅读等；云阅读，为参加书展的读者提供网络阅读服务，包括听书、看电子书、购纸书、读书交流等；云观展，为读者提供线下活动转播、荐书视频首发等服务，让读者不到线下书展现场也能感受到书展的精彩。

其次是展馆设置的场景化。图书内容给我们展示了五彩斑斓的社会生活和丰富多彩的精神世界，但传统书展重在展示书的形式，精彩的内容很难展示出来，所以对读者的吸引力并不强。未来，书展可以借助科技的力量，结合当年图书市场的热门话题，围绕图书内容进行场景化设计，在现场搭建不同的互动体验场景和沉浸式阅读空间。场景塑造不仅要满足读者看和听的需求，还要满足读者体验性、互动性的需求。这样，书展就能突破单一卖书的局限，迎来更广阔的发展空间。2021年天府书展大家点赞最多的就是我们通过线上线下相融合的方式打造的丰富多彩的场景模式，既有新意也有趣味。

三是提升书展的人情味。所谓人情味，就是要在暖心服务上下功夫，让读者感受到出版人的真诚和热情。在社会资讯高度发达、知识传播渠道异常丰富的今天，对出版业来说，读者虽从未远离，但再也不如从前那样紧密。因此，我们要借助书展这个平台，真诚、热情地为读者服务，拉近与读者的距离，让读者认识出版、理解出版、尊重出版、支持出版。

一方面，我们要在精细服务上下功夫。针对读者的反馈意见，提升书展的硬件设施，不断提高书展展前、展中、展后的全程运营能力，充分满足读者的购买需求、体验需求、交流需求、表达需求、合作需求，让读者体会到参加书展的方便和惬意。比如，在满足读者购买需求方面，要通过新媒体营销和线上线下多渠道无边界销售实现读者购买方式多样化；通过大数据分析读者偏好，向不同阅读群体推荐好书；让读者体验"想怎么买就怎么买"，在内容上可以买整本书或买部分内容，在载体上可以买纸质书或电子书、有声书，在形式上可以线上支付线下提货、线上支付邮寄或线下直接购买等等。

另一方面，我们要用文化拉近与读者的距离。国际上知名的法兰克福书展，给我们提供了提高书展文化服务水平的生动案例。每年，各国出版商带着知名作者一起出现在法兰克福书展的舞台上，其中不乏世界著名文学家，包括诺贝尔文学奖获得者。他们通过报告会、朗诵会、作者与现场观众之间的直接沟通与问答等方式，拉近作者与读者之间的距离，使之产生亲近感。这样的报告会、朗诵会、座谈会和研讨会，每届书展都有两三千场，给书展带来了浓浓的人情味，这样的办展方式值得我们学习借鉴。

（2021年12月）

三、对出版强国建设的几点思考——深入推进出版创新，加快出版强国建设

党的十八大以来，我国出版业发展取得了巨大的成就，无论是出版规模还是行业收入都稳居世界第一，已是名副其实的出版大国。但是，我们还不是出版强国，在出版物质量、出版市场繁荣、出版国际影响力等方面与欧美出版强国还存在较大的差距。推进出版强国建设，我们既要对标欧美出版强国，学习他们发展出版业的先进经验，也要立足中国实际，走出一条具有中国特色的出版发展之路。我认为，出版强国建设要思考以下五个方面的问题。

（一）推进出版强国建设，服务党和国家事业发展大局

前不久，习近平总书记在庆祝中国共产党成立一百周年大会上的重要讲话中指出，我们实现了第一个百年奋斗目标，在中华大地上全面建成了小

康社会，正意气风发地向着全面建成社会主义现代化强国的第二个百年奋斗目标迈进。出版强国，既是社会主义现代化强国的重要表现，也是科技强国、制造强国、教育强国、人才强国、体育强国等的重要支撑。建设出版强国不是出版业孤立地发展，而是与其他强国建设共同推进。从世界出版发展史来看，一个国家出版强的背后一定是经济强、科技强、教育强、文化强，出版其实就是一个国家政治、经济、科技、文化实力的综合反映。所以，推进出版强国建设，一定要树立出版业的国家战略观念，立足国家发展大局，面向世界科技前沿、面向经济主战场、面向国家重大需求、面向人民生命健康和精神文化需求等，在科教兴国战略、人才强国战略、创新驱动战略等方面发挥出版业的知识服务和精神支撑作用，生动体现当代中国价值观念，全面反映当代中国发展进步，大力传播中华文化精髓。

（二）推进出版市场创新，打通公共文化服务与市场体系的关节

出版强国，首先体现在国内市场的高度发达，那种"墙内开花墙外香"的情况是不大可能出现的。国内市场建设要两条腿走路，既要抓公共文化服务，也要抓市场服务。近年来，在各级政府的倡导下，我国公共文化服务取得了长足的进步，国民阅读风气有了很大改善，大型书展、读书节、书香工程、农家书屋等，对营造良好的阅读生态，起了很好的作用。但是从总体上看，我国国民的阅读率依然明显偏低。国民阅读率的提升不能只靠公共文化服务，主要还是要通过市场来实现，只有市场繁荣了，老百姓愿意文化消费了，把读书作为一种自发的、自觉的行为，而不是外界强加的行为，国民阅读率才可能有较大的提升。而如何把政府公共文化服务的效果转化到市场繁荣上来，还需要我们下功夫，让老百姓既愿意接受免费的图书，更愿意购买自己喜欢的图书，既愿意接受基本的文化知识，更愿意进一步提升自己的文化素养。目前，公共文化服务与市场经营一定程度上存在"两张皮"的现

象，我们要打通二者之间的关节，在产品供应、网点布局、服务链接、政策衔接等方面建立一套从公共服务到市场经营的转换机制，实现国民阅读率的不断提升。

（三）推进出版技术创新，提升出版人驾驭现代技术的能力

出版强国建设，需要处理好出版与技术的关系。人类出版发展史，就是一部出版技术变革史，不论是铅与火还是声光电，出版人利用最新的生产与传播技术，不断提升出版的效率，拓展出版的边界，一直走在时代的前列。新技术的出现，从来没有打垮出版业，反而给出版人提供了新的内容生产和传播工具，从而使出版业迎来一个又一个新的发展高潮。但是，进入互联网时代后，在日新月异的技术变革面前，我们反而丧失了驾驭技术的勇气。在新技术的冲击下，先是被动应对、处处设防，后又想方设法"搭便车"，被新技术和新技术公司牵着鼻子走，排队去赶一个又一个互联网风口，结果原来的市场逐渐丢失，新的市场又没有多大作为。因此，面对技术带来的挑战，我们出版人一定要增强出版自信，相信出版一定会驾驭技术，而不是技术挟持出版；一定要转变"搭便车"思维，化被动为主动，从适应技术到驾驭技术。其他行业的技术不一定适应出版业，其他行业的模式不一定适合出版业，我们要从出版内容本身的特点出发进行技术开发，打造适合出版业自身的技术体系，不跟风、不抄袭，让技术为我所用，让技术为出版赋能，从而创造更大的出版价值。

（四）推进出版商业模式创新，进一步延伸出版价值链

出版强国建设，需要高度关注出版价值链建设。出版业是内容产业的源头，通过出版活动创造的内容，如果仅仅在出版业内部创造价值，靠销售图书来补偿成本、实现盈利，那这个行业就失去了想象力，就难以创造自己

的历史地位。实际上,在国际出版界,出版业的边界从来都不是固定的,图书与影视、动漫等行业的互动更是家常便饭。全球票房排行榜前100名的电影中,漫威系列、DC系列、《指环王》系列、《哈利·波特》系列、《暮光之城》系列等数十部影片都是源自图书或者漫画出版物;历届奥斯卡获奖影片中,有一半以上都是根据小说改编而来;由《哈利·波特》延伸出的产业链价值已经高达1000亿美元。一直以来,欧美出版强国都以出版为核心,不断延伸放大其产业价值,形成了全方位文化软实力,源源不断地向全世界输出其价值观,扩大其文化影响力。未来,我们也要不断创新出版商业模式,跳出出版做出版,推进出版与影视、游戏、动漫等行业的融合发展,通过图书影视互动、图书与游戏动漫互动,不断延伸出版价值链,将出版业打造为文化创意产业之母,进一步提升出版业对国家创意经济产业的引领力和贡献度。

(五)推进出版"走出去"创新,打造国际化的出版传媒产业链

我国出版"走出去"工作取得了重要成果,但是从国际版权交易质量、出版话语权、文化影响力等方面来看,与欧美出版强国仍然存在较大差距。我国的版权引进输出比为1.08,在数量上逐渐接近平衡,在质量上还存在很大的差距。我国图书市场上的畅销书很多都是引进版权图书,但我国输出版权图书在当地的发行量普遍都较小,表面上看是中西图书产品之间的差距,背后反映的则是产业链实力的差距。我们与西方发达国家之间的文化竞争,已经不是一部作品与另一部作品的竞争,而是国内产业链与国际产业链的竞争。西方大型出版传媒集团都是跨国经营,在全球配置资源,开展多媒体经营和综合性文化服务,以集团为核心构建了国际出版传媒产业链,在版权贸易、出版话语权、文化影响力等方面处于强势地位。我国的出版产业链基本是按行政区划建立的,能够开展跨区域经营的很少,将产业链延伸到国外的

更是凤毛麟角。所以，未来中国出版"走出去"，不仅仅要在产品层面下功夫，更要在产业链层面下功夫，特别要发挥大型产业集团在产业链中的核心带动作用，打造国际化的出版传媒产业链。如果说我国外贸企业的"双循环"更多是从关注国际市场转移到关注国内市场，那么出版传媒集团的"双循环"则更多是从关注国内市场转移到关注国际市场，提升全球出版资源、全球出版市场的配置能力。

出版强国建设，既是国家战略，也是每一个出版企业的责任。四川新华出版发行集团和新华文轩，将深入贯彻落实党中央关于文化强国的决策部署和习近平总书记在庆祝中国共产党成立一百周年大会上的重要讲话精神，加快创新发展步伐，向着具有国际影响力的综合性文化服务集团迈进，为出版强国建设做出应有的贡献！

（2021年7月）

四、地方出版集团推进精品出版的思考——坚持精品出版理念，深入推进地方出版高质量发展

"十三五"以来，我国各地方出版集团认真贯彻落实党中央关于出版业高质量发展的决策部署，通过控制总量、做精增量、提高质量，不断优化出版结构，取得了较为明显的成效，出版物消费需求和出版供给之间的总量矛盾已经解决，图书出版质量不断提升，精品出版物不断涌现。出版业"十四五"规划对出版单位提出了"把提高质量作为出版工作的生命线，打造新时代出版精品"的要求，为地方出版集团指明了方向。下面，我就地方出版集团推动精品出版方面的实践与思考，向各位领导和业界同人做交流汇报。

(一)地方出版集团推动精品出版取得了较为明显的成效

1. 地方出版集团在我国出版业中始终居于重要地位,为我国出版业整体发展做出了重要贡献

从整体市场占比来看,2021年,开卷监测的28家地方出版集团在全国图书市场码洋占有率为37.08%。从细分领域来看,地方出版集团在少儿出版领域码洋占比为55.94%,在文艺出版领域码洋占比为48.72%,在教材教辅出版领域码洋占比为42.35%。同期9家中央出版集团在全国码洋市场占有率为14.76%,在少儿出版领域码洋占比为9.42%,在文艺出版领域码洋占比为14.42%,在教材教辅出版领域码洋占比为15.86%。

从头部集团来看,自"十三五"以来,我国前十大出版集团中,除了2020年以外,地方出版集团的数量均保持在7家以上,地方出版集团的图书市场码洋占有率、动销品种数、新书品种数和图书销售册数在前十大出版集团中占比均超过了60%。2021年,凤凰传媒、中文天地、中南出版、吉林出版集团、新华文轩、上海世纪出版集团、浙版传媒7家地方出版集团码洋占有率位列全国出版集团前十之中,其中凤凰传媒、中文天地、中南出版、吉林出版集团4家集团码洋占有率位列全国出版集团前五之中。

从出版社来看,2021年全国码洋排名前100名的出版社中,归属地方出版集团的有44家,码洋占比为27.59%;中央出版社37家,码洋占比为31.04%;高校出版社12家,码洋占比为6.26%;其他地方出版社7家,码洋占比为4.56%。

从以上三个方面来看,地方出版集团是我国出版业当之无愧的主力军。

2. 地方出版集团出版主业快速发展,大众出版成为地方出版集团发展的主要推动力

地方出版集团和中央出版集团在业务构成上有两个非常明显的区别,一是出版发行主业之中以发行为主,二是出版主业之中以教材教辅出版为

主，二者长期以来都是地方出版集团的根基所在。"十三五"以来，地方出版集团坚持聚焦主业战略，出版主业快速发展，占整体产业的比重也越来越高。根据上市公司年报数据，2015年凤凰传媒、中文传媒、中南传媒、新华文轩等10家地方出版上市公司出版业务收入合计154.16亿元，占总收入的比例为22.19%；到2021年，包括山东出版和浙版传媒在内的12家地方出版上市公司出版业务收入合计287.74亿元，占总收入的比例提升到28.16%。在出版业务之中，大众出版业务更是成为支撑地方出版集团出版发展的重要推动力。2015年，地方出版上市公司大众出版业务收入占出版主业收入的比例为29.52%，到2021年这一比例上升到了35.29%，大众出版对于地方出版集团整体出版业务的贡献越来越大。

在"十三五"以前，新华文轩出版板块严重依赖教材教辅，2015年教材教辅出版占新华文轩出版整体收入的80%以上，利润占比更是超过100%，旗下8家大众出版社几乎全面亏损，总亏损额高达2880万元。经过几年发展后，新华文轩大众出版业务收入占整体出版业务收入的比例从2015年的19.35%增长到2021年的34.20%。2021年大众出版业务为新华文轩贡献了9.17亿元收入，并实现1.02亿元净利润，成为新华文轩产业发展的新引擎。

3. 地方出版集团压规模、调结构取得较为明显的成效，高质量发展成为行业共识

自2015年以来，地方出版集团坚持精品出版，在压规模、调结构上取得明显成效。根据开卷数据，全国前十大出版集团之中，地方出版集团的新书品种数从2015年的3.10万种减少到2021年的2.74万种，下降了11.61%，其中吉林出版集团下降近20%，凤凰出版传媒集团下降超过30%。

"振兴四川出版"战略实施以来，新华文轩坚持"三精出版"理念，推动出版结构不断优化。文轩出版整体出版规模自2017年达到顶峰后便基本稳定在6000种左右，新书品种在2018年达到顶峰后快速下降，由3985种下

降到2021年的3451种，三年内下降了13.4%。从各个出版社来看，新华文轩旗下9家出版社，其中有6家出版社总体出版规模下降，7家出版社新书出版规模下降。此外，文轩出版生产结构不断优化，我们的新书和重印书品种的比值从2016年的3∶2下降到2021年的1∶1左右，图书重印率从39.18%快速上升到48.54%，其中四川少年儿童出版社和天地出版社的重印率更是分别提升到58.04%和66.99%。

4. 地方出版集团图书出版质量不断提升，畅销图书数量不断增加

地方出版集团在图书规模逐渐得到控制的同时，图书出版质量不断提升，大众图书销售数量快速增加，产生了大量叫好又叫座的精品力作。根据开卷和上市公司年报数据，凤凰传媒、中文传媒、中南传媒、新华文轩、长江传媒等5家大型地方出版上市公司动销品种总数从2015年的12.80万种增加到2021年的19.54万种，增长52.66%；大众图书销售总册数从3.12亿册增加到5.81亿册，增长86.22%，平均单品种销售册数从2441册增加到2971册，增长21.71%。在开卷监测的年度畅销图书前500名中，28家地方出版集团的品种数量从2016年的236种增加到2021年的241种，增长2.12%，单品销售册数从25.07万册增加到38.85万册，增长54.97%。

"十三五"以来，文轩出版质量也明显提升，畅销图书不断增多。根据开卷监测数据和文轩年报数据，文轩动销品种数量从2015年的12495种增加到2021年的23993种，增长92.02%，同期大众图书销售册数从2125.9万册增加到6870.62万册，增长223.19%，换算下来，文轩单品平均销售册数从1701册增加到2864册，增长了68.37%。2021年，文轩通过占比为1.07%的动销品种份额实现了占比为2.29%的码洋份额，以第17位的动销品种排名实现了第7位的码洋占有率排名。除了整体销量的快速增长，文轩出版的畅销图书也不断增多。在全国畅销书排行榜前500名中，入选品种从2015年的2种增长到2021年的51种，增长速度和绝对数量位居地方出

版集团第一；销售2万册以上的图书从2015年的21种增加到2021年的316种，销售10万册以上的图书从2015年的2种增加到2021年的87种。在这些畅销书中，"米小圈"系列累计销量达1.3亿册，成为名副其实的超级畅销书。

（二）地方出版集团在精品出版方面还存在的主要问题

1. 地方出版集团出版发展质量与中央出版集团还有一定差距

"十三五"以来，地方出版集团多措并举提质增效，但与中央级出版集团仍存在一定差距。从头部集团来看，根据开卷监测数据，我国前十大出版集团中，地方出版集团全国图书市场码洋占有率，由2015年的20.04%下降到2021年的17.91%，动销品种数量占比由2015年的14.94%下降到2021年的14.84%，图书销售册数占比从2015年的24.04%下降到2021年的19.98%，而同期中央出版集团全国图书市场码洋占有率稳定在12%左右，动销品种数量占比则由2015年的7.79%上升到2021年的9.07%，图书销售册数占比由2015年的9.41%上升到2021年的11.2%。从头部产品来看，市场销量前100名的图书中，地方出版集团的品种数量从2016年的48种下降到2021年的33种，销量前10名的图书从2016年的3种下降到2021年的0种；而市场销量前100名的图书中，中央出版集团从2016年的39种增加到2021年的56种，销量前10名的图书从2016年的6种增加到2021年的10种。这些数据表明，中央出版集团的整体发展质量高于地方出版集团，在提质增效上，地方出版集团需要有更大作为。

2. 地方出版集团的出版主业支撑板块相对单一

除了几家一流的地方出版集团之外，大多数地方出版集团出版主业支撑板块都相对比较单一，多数集中在少儿出版、教材教辅出版等领域。2021年，各地方出版上市公司教材教辅出版收入均占出版业务收入的60%以上，有的公司甚至超过80%。从畅销书来看，根据开卷监测数据，在2021年全国畅销书前500名中，地方出版占241种，其中少儿图书有101种，教材教辅有71种，这两类品种占比高达71.37%。然而，在其他板块上地方出版发展相对滞后。以市场规模较大的社科和科技板块为例，2021年，28家地方出版集团在社科板块的码洋占有率仅为18.47%，在科技板块的码洋占有率仅为12.31%。这在一定程度上反映了地方出版集团作为综合性出版集团的整体实力还需要提升。

这一情况在新华文轩也是如此。"振兴四川出版"战略实施以来，文轩少儿板块异军突起，出版的畅销书也主要集中在少儿领域，销量10万册以上的图书绝大部分都是少儿图书，社科、文艺等板块的畅销书数量相对较少，还需要更加均衡的出版发展。

3. 地方出版集团的高品质内容建设能力还不足

近年来，地方出版集团出版了一大批畅销书，每年都有大量作品登上图书销售排行榜，但出版的精品力作与中央级出版单位相比还较少，重大奖项获取能力还不强。以中国出版政府奖图书奖为例，根据《中国出版传媒商报》的统计，从出版社获得的历届中国出版政府奖图书奖总量来看，总共有21家出版社获奖图书数量居于前10位，共获得217项图书奖正式奖和提名奖，其中属于地方出版集团的出版社7家，获奖总数58项，获奖占比仅26.7%。获奖最多的中央级出版机构科学出版社获得19项，获奖最多的地方出版机构山东教育出版社获得10项，相差近1倍。而第五届中国出版政府奖图书奖也显示，地方出版集团获奖数量相比上一届减少了15项。这些数据在一定程度上反映出，在头部出版机构之中，中央级出版机构的获奖能力远超地方出版集团，这也反映出地方出版集团在高品质内容建设上还存在不足，高水平的出版作品还较少。

4. 地方出版集团的品牌影响力还不强

近年来，地方出版集团坚持精品出版，打造各具特色的出版品牌，比如凤凰传媒"经典译林""译林名著精选"等品牌，浙版传媒"中国少年儿童百科全书""好望角"等品牌，中文传媒"皮皮鲁""卡梅拉"等品牌，中南传媒"四维阅读""幻想家"等品牌，新华文轩"米小圈""天喜文化"等品牌在出版市场都具有较高的知名度，但是与人民文学、中华书局、商务印书馆、三联书店这些中央级的大社相比还有很大的差距。此外，为了尽快做出成绩，个别地方出版单位还与民营出版商进行合作，"为他人作嫁衣裳"，把民营出版品牌做大，自己原本的出版品牌得不到应有的建设，长此以往，将沦为别人的工具。地方出版集团由于缺乏强大的品牌支撑，往往在出版资源、名家名作、营销渠道等的激烈竞争中处于下风，虽然也能抓住几个好选题、好作者，但总体上难以形成"名家—名作—名编—名社"的精品出版良性循环，不利于出版社的持续发展。

（三）坚持精品出版理念，推动地方出版集团高质量发展

1. 以出版导向强化地方出版集团精品出版的定力

出版从业者对"精品出版"并不陌生，甚至可以说是人人皆知、老生常谈。但知易行难，出版单位在实际工作中很难把精品出版理念落到实处。为此，首先要从出版导向上抓起，要让出版单位不断强化精品出版的意识，增强精品出版的定力。在"振兴四川出版"战略的推进过程中，新华文轩就始终坚持导向管理，把出版社引导到正确的发展道路上来。一是政策导向。我们组织出版社认真学习、深入贯彻习近平总书记关于我国经济高质量发展的系列讲话精神，认真学习、深入贯彻出版业"十四五"规划关于高质量发展的精神，让文轩出版的方向与党中央的要求保持高度一致。二是经营导向，把出版社的发展模式从规模速度型转变到质量效益型上来，转变到精品

出版上来。我们每年年初召开文轩出版工作会，对全年的出版工作定调，对精品出版进行部署；年终盘点时也把单品效益、畅销书数量等作为检验出版成效的主要标准。三是选题导向。我们在规划年度选题过程中，鼓励出版社结合自身优势做文化厚重的选题，做长线选题，做精品选题，可出可不出的书坚决不出，大力减少重复出版和超范围选题，坚决遏制粗制滥造、跟风炒作、抄袭模仿和内容平庸的选题。

2. 以机制改革激发地方出版集团精品出版的活力

精品出版的背后，体现的是出版思维方式、发展模式的根本转变。这种转变，必须要有相适应的机制做保障。一方面，要构建适应精品出版的考核机制，把出版社的发展路子往精品出版的方向引导；另一方面，要构建有利于精品出版的管理机制，多方合力推动精品出版。"振兴四川出版"战略实施以来，新华文轩构建精品出版机制就在这两个方面做文章。为了发挥考核指挥棒的作用，我们专门制定了新华文轩图书出版单位社会效益单项考核方案，对销售数量达到一定量级、获得国家级奖项的图书、出版人和出版社给予重奖。此外，还实施"一社一策"，针对不同类型的出版社制定不同的管理办法，其目的也是鼓励出版社根据自身专业出版门类的特点加大精品出版的投入，解除出版社的后顾之忧，从而最大限度地调动出版社推进精品出版的积极性。

3. 以结构优化提升地方出版集团精品出版的实力

坚持精品出版，就是要优化出版结构，把原来散、杂、乱的出版结构聚焦到精品出版上来，把低效的粗放式出版转变到高效的精品出版上来。优化产品结构的核心要点有三个：一是坚持专业分工，每个出版社都有自己的特长，再优秀的出版社也不是所有的选题都能够去做。二是做好产品线规划，在一个时期内做什么、不做什么，出版社自己要有数，不能一味跟着市场跑。三是做好产品策划，出版精品不是市场自然产生的，一定是经过精心策划打磨出来的，所以，出版社对出版选题一定要提前介入，组织编辑、作者、市场人员等进行策划。"振兴四川出版"战略实施以来，新华文轩就按照以上三个方面的思路推进产品结构调整。我们进一步明确了出版专业分工，在教育、少儿、社科、文艺等主流出版市场，构建了以专业出版社为核心、其他出版社参与的出版分工模式，在科技、美术、古籍、辞书等专业领域，全部由专业出版社负责。为了引导出版社的出版方向，我们制定了文轩出版指引，规划了八大重点产品线，让各家出版社根据自身的优势参与公司重点出版项目。在重点产品策划方面，由出版社组织各方专家进行反复论证，必要时公司还给予协助。

4. 以品牌建设增添地方出版集团精品出版的魅力

对出版业而言，形成品牌的前提是产品必须是精品，反过来说精品也需要通过形成出版品牌来进一步延续生命力，所以出版社的品牌建设至关重要。出版品牌建设的路径可以各有不同，出版社可以根据自己的特色和优势打造出版品牌。新华文轩在出版品牌建设过程中，主要采取了以下几个举措。

一是抓原创。市场上成熟的品牌都是别人经过很多年积累下来的，与其临渊羡鱼，不如退而结网，所以我们鼓励出版社从基础工作做起，如果争取不到名家大咖的作品，就把目光转向新生代作家，从他们中间发掘"种子"选题，培育作家新秀，打造自有品牌。四川少年儿童出版社打造的"米小圈"品牌就是一个成功案例。当年北猫还是一个少儿作者新人的时候，四川少年儿童出版社就跟他开展合作，经过双方持续多年的努力，终于把"米小圈"打造成为少儿出版著名品牌。

二是抓本土。在出版市场高度同质化的今天，越是本土的就越有特色。我们鼓励出版社深入挖掘巴蜀文化资源，抢抓四川本土优质出版资源，形成具有四川特色的出版体系。例如，四川文艺出版社致力于川籍老作家作品集的出版工作，打造了《沙汀文集》《马识途文集》等一系列老作家作品集，形成了优质出版品牌；天地出版社聚焦四川阿坝、甘孜、凉山三州地区独特的资源，推出以《悬崖村》为代表的一大批主题出版物，获得多项大奖；巴蜀书社着力在巴蜀文化资源开发上做文章，深入实施"四川历史文化名人出版工程""巴蜀文化传承创新出版工程"等，取得了良好的社会效益。

三是抓融合。出版品牌不能仅仅局限在传统出版方面，随着消费者对内容需求的多元化，我们需要更多融合出版的品牌去拓展出版的边界、占领更广阔的市场，满足消费者的多元化内容消费需求。天地出版社与喜马拉雅合作，打造融合出版品牌"天喜文化"，抢占优质有声内容资源制高点，推出的多种形式有声出版物荣获业界多个奖项。四川人民出版社打造的融合出版品牌"盐道街3号书院"专注中国优秀传统文化、青少年爱国主义教育、文旅文博与大数据的融合出版，在业内已初具影响力。

出版业是党的宣传思想文化工作的重要组成部分，是促进文化繁荣兴盛、建设社会主义文化强国的重要力量。地方出版集团作为我国出版业的骨干力量，重任在肩，唯有奋斗。我们要以出版业"十四五"规划为指引，努力多出精品力作，推动出版业高质量发展，努力加快产业发展，为出版强国建设贡献自己的力量。

（2022年5月）

五、坚持"三化"出版，推动出版业现代化发展

习近平总书记在党的第二十次全国代表大会上所作的报告格局宏大，意蕴深远，催人奋进。报告提出，中国共产党的中心任务就是团结带领全国各族人民全面建成社会主义现代化强国、实现第二个百年奋斗目标，以中国式现代化全面推进中华民族伟大复兴。全面建设社会主义现代化国家，必须坚持中国特色社会主义文化发展道路，激发全民族文化创新创造活力，增强

实现中华民族伟大复兴的精神力量。报告明确提出中国式现代化的发展思想，必将深刻影响中国特色社会主义发展进程，也为出版业的未来发展指明了方向。

（一）中国式现代化对我国出版业发展提出了全新要求

党的十八大以来，在习近平新时代中国特色社会主义思想指导下，一举打破了"现代化=西方化"的错误思维定式，拓展了发展中国家走向现代化的新路径。在此基础上，党的二十大提出，中国共产党的中心任务是团结带领全国各族人民以中国式现代化全面推进中华民族的伟大复兴；中国式现代化是物质文明和精神文明相协调的现代化，既要实现物质富有，也要实现精神富有，要丰富人民的精神世界。中国式现代化的全新发展思想，更加注重精神文明与物质文明的协调发展，更加注重文化建设的中国特色，更加注重社会主义文化建设在民族复兴大业中的作用，对我国出版业的未来发展提出了新的要求。

一是内容创作要更加切合中国实际。中国式现代化必然体现中国特色，文化建设必然反映中国精神，出版作品必然扎根中国大地。当今出版市场上，很多畅销图书还是来自西方的作品以及各种公版书，反映新中国、新时代伟大变革的优秀作品还不多，反映中国社会经济文化现实生活的优秀作品还不多，还需要出版人扎根中国大地，演绎中国故事，书写中国篇章，传播中国精神，凝聚中国力量，用中国特色的出版创作为社会主义现代化国家建设鼓与呼，为民族复兴大业提供更加坚实的共同思想基础。

二是出版产品要更好满足人民需求。随着中国进入全面小康社会，人民群众的物质生活质量得到了全面提升，但精神生活还没有得到很好的满足。反映在出版物市场上，大量的低效图书、同质化图书充斥市场，真正能够打动人心、催人奋进的作品还不多。中国式现代化思想提出要丰富人民的精神世界。丰富人民的精神世界就需要出版业加快供给侧结构性改革，改变原来重规模、重速度的发展模式，减少低效出版、重复出版，更加突出出版特色与个性，不断满足人民群众个性化、多元化的消费需求，为人民群众提供更接地气、更加暖心的精神食粮。

三是行业发展要更好把握时代潮流。近年来，互联网、大数据、云计算、人工智能、区块链等技术加速创新，日益融入经济社会发展各领域全过程。为应对科技革命和产业变革给文化建设带来的机遇和挑战，党的二十大首次把实施国家文化数字化战略写进了二十大报告，标志着实施国家文化数字化战略已成为全党共识、全党任务。实施国家文化数字化战略，要求出版业加快推进融合创新的步伐，顺应和把握内容生产传播方式变革的历史潮流，变革产品形态、出版业态和发展状态，推动传统出版产业的转型升级，在更好地满足人民群众文化消费需求中实现行业的持续健康发展。

（二）坚持"三化"出版理念，践行出版业的中国式现代化发展之路

党的二十大提出，要通过走中国式现代化发展道路，建设社会主义文化强国，激发全民族文化创新创造活力，增强实现中华民族伟大复兴的精神力量。出版业作为文化强国建设的主力军之一，要坚持走原创化、特色化、融合化的"三化"发展之路，与时代同频共振，与人民携手同行，不断推进出版业现代化发展，为实现中华民族伟大复兴贡献精神力量。

1. 原创化是内容创作的根本立场

党的二十大报告明确指出，"坚持以人民为中心的创作导向，推出更多增强人民精神力量的优秀作品"，这为我们做好出版工作提供了根本遵循。以人民为中心，一方面要想人民所想，答人民所问，供人民所需，为人民提供精神食粮，另一方面要站在人民是历史创造者和社会生活主角的立场，为

人民放歌，为人民立传，书写中华民族生生不息的奋斗精神。这要求我国出版业要坚定地走原创化的道路，借鉴、引进西方的出版成果不是我国出版业的根本方向，只有原创作品，才能更好地贴近中国人的文化需求，才能更生动地展现中国人的精神风貌，也才能生产出打动人心、凝聚力量的伟大作品。

从现实来看，当前我国已成为名副其实的出版大国，但作为出版业核心竞争力的原创能力却相对弱小。每年我们出版新书数十万种，可是好书不多，尤其能够畅销和传世的精品力作少之又少。根据开卷监测数据，在2021年全国畅销书前500名中，国外版权图书共97本，占比高达19.4%。如果抛开全国畅销书中大量的公版图书、教材教辅图书等，国外版权图书占比将会更高，这从现实层面反映出我国出版业提升原创能力的紧迫性。因此，我们要站稳原创化出版这一内容创作的根本立场，激发全民族文化创新创造活力，策划出版更多扎根中国大地、关注中国人民的优秀作品，为人民奉献更丰富的精神食粮，生动呈现新时代的精神气象，不断彰显中华文化的魅力。

2. 特色化是满足人民需求的主要方向

党的二十大报告指出，十年来，我们"明确我国社会主要矛盾是人民日益增长的美好生活需要和不平衡不充分的发展之间的矛盾，并紧紧围绕这个社会主要矛盾推进各项工作"。对出版业来说，我们需要解决的主要矛盾是人民日益增长的向往美好生活的精神文化需求和不平衡不充分的出版生产之间的矛盾。这个不平衡，就体现在对共性需求与个性需求满足的不平衡，出版业更多地满足了共性化需求，还有很多个性化需求没有得到满足。这个不充分，就体现在对人民群众的多元化、个性化文化需求满足不充分，满足个性化需求的出版生产和发行质量还不高，还需要我们进一步提高出版生产和发行的针对性、精准性。解决不平衡不充分的问题，核心是解决出版业的供给质量问题，需要出版业不断深化供给侧结构性改革，用不同的产品满足不同的人群需要，走专业化、特色化出版之路。

从行业特征来看，出版业也需要坚持特色化发展。出版业虽然产业规模不大，但产品种类十分庞大，从理论上说，市场上的每一种图书产品都不重复，都具有自身特点，有着属于自己的特定读者。同时，出版产业专业分类庞杂，教育出版、专业出版、大众出版等不同的出版门类都具有鲜明的特性。此外，随着互联网的发展，我国出版市场发生了重大变化，传统意义上的大众读者群体逐渐消失，年龄、审美、爱好等相同或相近的人群组成不同的读者圈层，统一的出版市场已不复存在。而且这个市场还在进行更彻底的细分，小众出版、个性化出版将成为常态。因此，满足人民的文化需求，要把握出版业的行业特征和小众化的发展趋势，在出版特色化上做文章，用特色化的产品去构建专业优势，服务大众阅读，实现精准供给。

3. 融合化是汇入时代主流的必由之路

党的二十大报告提出要实施国家文化数字化战略，加快发展数字经济，促进数字经济和实体经济深度融合，打造具有国际竞争力的数字产业集群。在数字中国建设中，出版业具有重要的使命和责任。一方面，出版作为内容生产的源头，要给数字产业提供源源不断的内容。这个内容，不同于传统的内容，是数字化的内容，是出版大数据，只有数据化的内容才能搭上数字化的快车，才能跑出数字中国的加速度。另一方面，出版业要实现从传统内容供给向数据供给的转变，自身的生产流程还需要数字化的改造，只有数字化的生产模式才能实现与更广泛的行业对接，创造更大的产业价值。因此，出版业要加快推进融合发展的步伐，通过生产流程的数字化改造、传统内容的数字化生产和传播，实现从出版数字化向数字化出版的产业升级。

在融合发展的道路上，我国出版业还面临着现实的生存和发展的挑战。在互联网技术的推动下，人们的阅读活动逐渐从纸质阅读向电子阅读迁移，呈现出越来越明显的数字化特征。阅读对象的数字化、阅读主体的数字化、阅读行为的数字化和阅读环境的数字化，使年轻一代的读者逐渐远离传统阅读，直接动摇了传统出版业的根基。面对扑面而来的数字化阅读浪潮，出版业没有更多的选择，只有主动汇入时代发展主流，积极开辟出版业发展的新领域新赛道，不断塑造发展的新动能新优势，才能在新的时代继续为人类知识生产与传播事业创造价值，获得生存与发展的机会。

"三化"出版，是新形势下出版业现代化发展的最佳路径。坚持原创化，解决的是内容问题。对出版企业来说，拥有优质的内容始终是发展的根本，只有具备了强大的原创出版能力，才能在内容建设上不受制于人，才能构建起自己的核心竞争优势。坚持特色化，解决的是市场问题。"人无我有、人有我精、人精我特"，才是吸引读者的根本原因。只有具备了独特的出版风格、树立起独特的出版形象，才能在竞争激烈的出版市场上独树一帜、乘风破浪。坚持融合化，解决的是发展问题。任何一个行业，如果只关注眼前利益，未来终将付出代价。对出版业来说，加快融入数字化潮流，深度融入数字化产业，是优化出版发展生态、转变出版发展方式、构建出版发展新格局的必然选择，也是新时代赋予出版业的重大使命和责任。

（三）坚定"三化"出版之路，为出版业现代化发展贡献文轩力量

党的十八大以来，新华文轩深入推进"振兴四川出版"战略，取得了显著的成绩，精品力作不断涌现，社会效益显著增长，《我用一生爱中国：伊莎白·柯鲁克的故事》荣获中宣部第十六届精神文明建设"五个一工程奖"，《〈格萨尔王传〉大全》等荣获第五届中国出版政府奖。到2022年，文轩出版在全国出版集团的市场排名从中后位次提升到第8位，在地方出版集团排名中提升到第5位。但是，文轩出版还存在原创出版能力不强、出版特色不鲜明、出版融合效果不突出等问题和不足。在党的二十大精神指引下，

新华文轩将坚定不移地走"三化"出版之路，为出版强国、文化强国建设做出自己应有的贡献。

1. 进一步加强出版导向管理，始终坚持党的领导

建设具有强大凝聚力和引领力的社会主义意识形态，巩固壮大奋进新时代的主流思想，是宣传思想文化战线的重要战略任务。未来，新华文轩将以社会主义核心价值观为引领，在发展社会主义先进文化，弘扬革命文化，传承中华优秀传统文化中展现自己的使命担当；加强党对文轩出版工作的领导，全面落实意识形态工作责任制，把坚持正确的出版导向与坚持严格的质量管理结合起来，严格落实出版事前、事中、事后的管理机制，充分发挥图书审读、阅评作用，筑牢坚实的出版底线。

2. 进一步聚焦原创出版，始终坚守出版初心

原创出版能力来源于时代，时代抵达的地方，思想和文学应该抵达，而思想和文学抵达的地方，出版也必将抵达。我们要深刻认识原创出版能力对出版发展、时代进步的意义，以"功成不必在我"的胸怀，摒弃"任期思维"，把主要精力聚焦到抓原创上来，抓长线产品上来，抓"十年磨一剑"的精品上来，为后人积淀更多的出版资源。

一是完善出版机制建设。我们将通过目标考核导向，优化鼓励原创出版的体制机制，加大对原创出版的激励与约束，大力减少跟风、重复选题，坚决遏制平庸、不良选题，不断扩大原创出版的比重，构建原创出版的制度基础。二是强化出版资源建设。原创出版要有优质资源做支撑。我们将组织出版单位对出版资源进行系统梳理，进一步扩大出版资源的内涵与外延，加强本土资源的深入挖掘，积极拓展出版资源开发合作，关注新生代作家，构建具有纵深性的出版资源储备体系。三是狠抓出版人才建设。我们要做好出版社领导班子和骨干编辑队伍两个层面的人才队伍建设，加强年轻干部的培养和锻炼，做好出版社班子的新老交接工作，打造年龄结构合理、专业结构

互补、充满干劲活力的出版团队。

3. 进一步凸显出版特色，始终坚固发展根基

新时代满足人民群众的精神文化需求，不是解决人民精神生活的温饱问题，而是解决精神生活的小康问题。要从物质小康迈入文化小康，需要为人民群众提供高品质的出版产品。我们强调特色化出版，核心就是高品质出版，通过在专业领域的专注力，构建出版内容和产品的独特性，从而提高出版品质，更好地满足人民群众的精神文化生活需要。

一是优化出版结构。我们将继续坚持出版社的专业分工，进一步明确出版社的差异化定位，鼓励出版社把原来散、杂、乱的出版结构聚焦到特色专业上来，聚焦到优势领域上来，筑牢出版发展的根基。二是打造特色产品。推动出版社善于从小切口做好大文章，采取差异化发展策略，持续推出"人无我有、人有我精、人精我特"的优秀作品。三是塑造出版品牌。推动每家出版社至少要打造一个像"米小圈"那样在全国知名的出版品牌，让知名品牌为本社代言，为文轩出版代言。四是创新营销方式。要针对自身产品特色不断创新出版传播方式，构建特色化的营销渠道，策划特色化的营销活动，提高出版营销的针对性。

4. 进一步深化出版融合，始终坚定发展方向

从出版业的角度看，出版融合的本质是内容作为文化生产要素进行跨界流动，从出版业进入更多行业，内容的要素化生产使得"出版＋"成为行业新的增长点。内容的要素化生产通过数字技术、数字创意手段、数字传播工具等得以实现，形成"内容资源—内容要素转化—跨行业生产"的产业链条，通过"文化IP＋""文化内容＋"等模式给出版业带来更加广阔的发展空间。

一是加强出版生产的融合，构建出版融合技术底层架构，通过新技术打通内容、渠道、平台、经营、管理等方面的阻隔，推动出版生产体系的现

代化改造升级。二是加快出版内容的融合,充分发挥文轩出版长期积累的内容优势、渠道优势和品牌优势,围绕优质内容资源进行纸电声、知识产品和服务等多介质、多形态的出版产品和服务开发,满足不同消费者的需求。三是加大出版传播的融合,充分发挥线上线下渠道各自的优势和特色,调动多种营销资源,科学调整不同产品的渠道配置,采用多种销售方式,为消费者提供便捷、高效的出版服务。

(2022年11月)

后　记

若不是有幸承担了中宣部"文化名家暨'四个一批'人才"课题，这本书大概是无法问世的。了解我的人都知道，我本身的性格，是更喜欢俯身去做一些务实的事情，而非长篇大论地讲述，尤其是以第一人称的视角去回顾自己的经历，这更非我所愿。一是因为在讲述中总会或多或少提到自己取得的一些成绩，获得的一些荣誉，难免会有自卖自夸的嫌疑；二是书中讲述的诸多故事并非久远，在这些人与事的交织中，稍有不慎，便容易被他人误解。

纠结许久后，我还是下决心要写这本书作为课题研究的成果。一是我作为在党的关怀下成长起来的少数民族干部，早已将我的满腔热血都洒在我挚爱的民族文化事业之中。从业四十余载，我从出版最基层的工作做起，历经各个岗位、各个环节，对这个行业有着自己切身的感悟和收获，将这些记录下来，可以给后来者以启迪和借鉴，从这个角度来看，这本书可以看作是我个人的出版工作经验谈。二是我从四川民族出版社起步，不仅经历了四川出版发行业的大调整大融合，还在其中扮演了联结者和操盘者的角色，后来又先后被组织委以重任，亲身推动了四川出版集团再造重生的历程，经历了四川出版集团与发行集团的合并。作为四川出版业重大体制变化的亲身经历者甚至是操盘者，我把经历和经验记录下来以飨业界的各位同人，还有一定的价值，因此这本书也可以看作是一本四川出版发展小传。三是我也想通过此书，表达我对祖国民族发展事业，尤其是民族出版事业深沉的热爱。生于斯长于斯爱于斯，没有党和国家对少数民族干部的关心、爱护和培养，没有历任领导对我的信任和关爱，我也难以拥有如此丰富多彩的职业生涯，更何谈能够获得党和国家授予的一项项沉甸甸的荣誉。因此对我来说，这更是一封我对党和国家的感恩信、对民族出版事业的表白信。

还记得，当年跋山涉水，来来回回，从世界海拔最高的咸水湖——"高原圣湖"纳木错，到牛羊遍野的绿色草原，祖国西部壮丽的景色每时每刻都在撩拨我的心弦，促使我频频举起手中的相机，想把它们介绍给更多的人。现在还清楚地记得，当我得知由我编辑并参与拍摄创作的《九寨沟》《黄龙》画册助力九寨沟和黄龙两大景区申遗成功时那激动的心情。这些总是会在夜深人静时浮现在我的脑海中，使我仿佛又回到了那个胸怀凌云志的青年时代。

还记得，我在四川民族出版社活力满满的21年，那也是我职业生涯中在一家单位工作时间最长的一段时光。在那里，我不仅收获了真正的成长，和大家一起建立了其乐融融的民族出版大家庭，更为重要的是，我深刻认识到了自身肩头的责任，四川民族出版社的发展、民族文化的传承、中华优秀传统文化的弘扬，那些年里在我心头反复掂量，反复体会。现在回首，可以自豪地说，那21年时光，我和四川民族出版社的兄弟姐妹一起，通过抢救和保护少数民族文化、发展民族教育出版，为民族出版和民族教育事业做出了无愧于内心、无愧于时代的贡献。

还记得，在李正培局长、莫世行董事长、龚次敏董事长的领导下，在戴川平、杨杪、张京等四川新华发行集团领导、新华文轩经营管理团队成员的大力支持下，多少个不眠之夜，我和同事们一起挑灯夜"战"于四川出版发行整合；多少次促膝长谈，只为让大家放下心中芥蒂能拧成一股绳；多少次大会小会，只为建设一个美好的新文轩。那时，我们敢为天下先，没有任何行业经验可以借鉴，凭借一股闯劲和集合全公司上下的智慧，最终走出了一条先行之路，首次以股权整合方式完成出版发行资源整合，将新华文轩打造成了行业改革发展的一面旗帜、一个标杆。

还记得，当我"重回"剥离了主业的四川出版集团之时，发现大家对前途感到迷茫，人心涣散。集团领导班子仔细思考，上下求索。集团虽然"空心化"了，但人不能"空心化"。我们举旗定向、凝心聚力，通过资源整合、资本运作等手段，将四川出版集团成功转型为经营业绩翻倍的四川文化产业投资集团，让四川出版集团实现了凤凰涅槃，也给主业剥离后的产业集团二次创业之路提供了宝贵的经验。在出版集团工作期间，陈云华总裁和唐雄兴等其他领导班子成员全力支持我的工作，让我倍感欣慰。

还记得，我时隔8年再次执掌新华文轩，根据省委的部署推动四川出版与发行两大集团的合并，彻底了结了四川出版与发行的"恩怨"。我们制定"十四五"规划，推出"三链"战略，对集团多元化产业进行调整，重新聚焦主责主业，使集团产业发展取得持续进步，近6年连年被评为"全国文化企业30强"；我们坚持"三化"出版，不断推出精品力作，连续斩获中国出版政府奖、"五个一工程"奖等新华文轩缺席多年的国家级大奖，极大提振了集团与新华文轩的士气与信心。在集团工作期间，集团领导班子成员刘龙章、罗军、柯继铭、赖明、李昆，还有新华文轩经营管理团队成员李强、陈大利、王华光、黎坚等，对我的工作给予了鼎力支持和大力帮助，他们是与我合作愉快、亲密无间的好搭档、好战友，让我深切感受到大家庭的温暖。

我将一生对出版事业的热爱，相许于此。感谢中宣部授予我"文化名家暨'四个一批'人才"课题，让我有机会完整地审视自己几十载的职业生涯，不论是在出版社还是在集团，我为四川出版做了一些事，特别是做成了一些事，为此深感欣慰。在写作本书期间，很多同志做了大量的工作，包括翻阅、搜集、整理尘封多年的资料，采访不同事件的当事人，并提出了大量的宝贵意见。这本书可以说是一个集体成果,凝结了众多有识之士的智慧。在此,谨向赵学锋、马晓峰、孟庆发、刘定国、泽仁扎西、陈蓉、周文炯、吴军、谭鏖、李润权、何佼佼、徐邦焱等同志表示衷心的感谢!

感谢三联书店对本书出版给予的大力支持。还要感谢我的家人对我写作所给予的建议和支持,让我在工作之余能顺利完成这个课题。

长江后浪推前浪,四川出版事业代代相传。而今,我们正豪情满怀地走在中华民族伟大复兴之路上,这是一个文化事业大繁荣、文化产业大发展的时代,也是一个人才辈出、大有可为的时代。四川出版人有着埋头苦干的优良传统,也有不怕困难的攻坚精神。我相信,年轻的四川出版人一定会站在前人的肩上,吸取过往的经验教训,续写四川出版的新辉煌,用优异的成绩,为出版强国建设交出满意的四川答卷。

罗勇

2023年夏